坐花园·斗牛·跳园

黔中地区人群的文化空间与社会关系实践

◎ 郎丽娜 著

中央民族大学出版社
China Minzu University Press

图书在版编目（CIP）数据

坐花园·斗牛·跳园：黔中地区人群的文化空间与社会关系实践 / 郎丽娜著. —北京：中央民族大学出版社，2024.4（2025.3重印）

ISBN 978-7-5660-2197-7

Ⅰ.①坐… Ⅱ.①朗… Ⅲ.①社会关系—风俗习惯—研究—贵州 Ⅳ.①K892.27

中国国家版本馆CIP数据核字（2024）第075809号

坐花园·斗牛·跳园：黔中地区人群的文化空间与社会关系实践

著　　者	郎丽娜
责任编辑	舒　松
封面设计	布拉格
出版发行	中央民族大学出版社
	北京市海淀区中关村南大街27号　邮编：100081
	电　话：（010）68472815（发行部）　传真：（010）68932751（发行部）
	（010）68932218（总编室）　　　　（010）68932447（办公室）
经 销 者	全国各地新华书店
印 刷 厂	北京鑫宇图源印刷科技有限公司
开　　本	787×1092　　1/16　　印张：16.75
字　　数	260千字
版　　次	2024年4月第1版　2025年3月第2次印刷
书　　号	ISBN 978-7-5660-2197-7
定　　价	75.00元

版权所有　翻印必究

前　　言

　　本书所研究的黔中地区的人群是位于贵州省中部的一个苗族支系，自称"蒙白"，他称"白裙苗"，在书中我以"蒙白人"对这一人群进行称呼。

　　在田野调查、文献资料搜集以及初步研究之后，发现"坐花园""斗牛"与"跳园"是与蒙白人社会中的"血缘家族"和"排"社会结构以及蒙白人的区域社会相对应的三个文化空间，并且在每年的岁时节令的文化仪式展演中，对蒙白人社会的秩序整合、社会关系的梳理与再生产等，都产生了作用。不仅促进了蒙白人的人群认同，而且实现了其文化知识体系的创新与再造，使蒙白人的社会与文化持续前行。本书由文化空间切入，探讨蒙白人文化空间所具有的对社会和文化的形塑力，以及空间实践及其社会生产之间的关系。

　　在蒙白人社会中，农历正月间的"跳园"是一年一度最重要的节日庆典仪式。节日期间，临近"排"的蒙白人男女老少都会聚集到"跳园场"上。"跳园场"不只一处，而是在三个相对较集中的蒙白人聚居地各有一处，过节的时间也不在同一天，因此，"跳园场"界定着"排"的边界。蒙白人是通过分日子、分批次、分先后，在不同"排"的"跳园场"里过节。这不仅体现出时间与其社会结构的逻辑关系，而且呈现某种文化的空间表达和再生产，即"跳园"体现蒙白人的区域社会的结构和意义，体现不同的称为"排"的群体之间的认同边界、凝聚和合作的社会关系。蒙白人所理想的区域社会秩序也在一年一度的"跳园"之中得到梳理、重构、维护和促进。与"跳园"关联紧密的还有"坐花园"和"斗牛"，可以说是伴随着"跳园"进行的两项文化空间的行为实践。如果说"跳园"表征的是整个蒙白人的社会区域，那么"坐花园"则表征的是蒙白人的血缘家族及其向外延伸与连接的姻亲集团的社会关系。专为"坐花园"而搭建的"花园"是以血缘家族为边界的一个文化空间，它只提供给家族内未婚女性接受可婚家族未婚男子前来"坐花园"交友的合法场所，由此缔结的婚姻实现了蒙白人家庭社会关系的拓展和人的再生产。为"斗牛"精心挑选的"斗牛场"，是蒙白人社会的另一个重要文化空间，他们设置的"正场"和"草坝场"，用以区分其社会内部村落之间、排与排间的亲与疏、内与外、世俗与神圣等之间的关系，借助一定的空间实践和一定的"空间形塑力"，进行了"空间表征"建构出了构想性的"权力的空间"和"秩序的空间"，对三个排的蒙白人群体起到了界定、限制与调节的作用。通过每年"正场"上的斗牛活动，把排内群体的印记表露在他们拥有的空间之上，表征了排内群体的认同，而又通过"草坝场"上的斗牛活动，将这种排内群体认同进行了扩大，实现了排与排间的认同，所以斗牛作为"表征空间"，不仅对蒙白人社会在一定区域中的空间进行形塑和分布，以区隔他们社会内部的层次和差异，同时又对社会关系进行了再生产，使得他们在一个更大的空间范围内被结构起来，展现为一种更大的区域社会存在关系，确立了自己作为蒙白人的明确的文化和社会边界。

显然，蒙白人就是通过"花园""斗牛场"和"跳园场"三个文化空间年复一年的实践，不仅维护其社会的再生产与社会的延续性，而且保持一种和谐连续的发展状态。

目　　录

绪论 ··· 001
　一、选题缘起与研究意义 ·· 001
　二、国内外研究现状综述 ·· 009
　三、研究方法与研究思路 ·· 033
　四、田野点概述 ·· 038

第一章　蒙白人的历史、文化与区域关系 ·························· 052
　第一节　蒙白人的历史 ·· 052
　第二节　蒙白人的社会生活 ·· 055
　第三节　蒙白人的区域关系 ·· 063

第二章　"花园"、家族与婚姻 ··· 077
　第一节　蒙白人的结亲倾向 ·· 077
　第二节　"花园"的隐喻 ·· 084
　第三节　蒙白人的"太多果" ·· 091
　第四节　蒙白人的婚俗 ·· 100

第三章　斗牛场、斗牛与"排"的互动 ································· 116
　第一节　斗牛场、主与客 ·· 116
　第二节　正场的排内互动与草坝场的排间互动 ····················· 128
　第三节　斗牛场、斗牛与"表征空间"的生产 ························ 137

第四章　"跳园"与排内排外的社会整合 ······························ 143
　第一节　蒙白人的"跳园"
　　　　　——"圣地"上的敬畏与欢腾 ··································· 143

第二节　"跳园场"上的文化认同与互动 ………………… 151
　　第三节　"跳园"与区域社会整合 ………………………… 162

第五章　蒙白人的社会关系实践 ………………………………… 174
　　第一节　蒙白人与牛 ……………………………………… 175
　　第二节　以牛为祭品的祭祀 ……………………………… 182
　　第三节　社会关系的象征性实践 ………………………… 197

结论 …………………………………………………………………… 211
参考文献 ……………………………………………………………… 217
附录 …………………………………………………………………… 230
后记 …………………………………………………………………… 260

绪　　论

一、选题缘起与研究意义

（一）选题缘起

法国的人类学家葛兰言（Marcel Granet）认为《诗经》的情歌表达了男女两性在春季的特定时间里，在一个特定的场景中举行的集会，通过相互之间的对唱，产生了爱情，缔结了婚姻……[①]对两性的结合进行时间和空间的规定，正是说明了两性的结合是社会结合的原则。这种因特定时间和空间所缔造出的文化平台和文化空间不仅承载了两性结合的婚姻文化，还对其社会秩序的构成和运行产生深刻而广泛的影响。生活在中国南方的苗族，由于历史迁徙和自然环境的原因，其生活状态表现出的是各个不同的群体被广泛地分布在南方的一些偏远山区之中，这样的平台和文化空间，不仅有助于其婚姻的缔结，而且对他们各个群体的文化认同、社会整合以及各群体社会的内在秩序的运行，显得更为重要。又由于农耕生计的岁时节令性质，这样的平台和文化空间与岁时节令融为一体，成为不同节日文化中的重要组成部分，这样的情形在贵州苗族中尤为盛行。

在贵州苗族中，关于男女谈恋爱或择偶的节日有很多，依举办的时间总结下来，有正月间的跳花、仲春时节的跳场、玩"四月八"、六月

[①] ［法］葛兰言著. 古代中国的节庆与歌谣［M］. 赵丙祥，张宏明，译. 桂林：广西师范大学出版社. 2005：175-178.

中旬的尝新、六七月间跳谷花场等。在这些节令中，"跳花""跳场"是表现男女婚恋行为的专门节日空间。关于"跳花"和"跳场"，在不同区域、不同支系苗族中又有不同的叫法，除跳花外，还有叫跳月、跳场、跳洞、跳园、踩山节、花山节等，在下文中对这些节日名称的分类、节日内容、不同节日名称间的异同点有详细讲述。在这些节日里，苗族青年男女常以情歌对唱、吹笙跳舞以为乐。除专门的恋爱择偶节日外，苗族青年男女还有多种多样的聚会，像平常的"赶场"、有月亮的夜晚的对歌、跳米花月、结婚、葬礼、祭祖以及平常亲戚间互相探访等。但是"任何一种习俗或一族习俗的功能并非必然就是人们感知的该习俗的目的，而是更深入地分析所揭示的它对社会系统——该习俗是其一部分——的贡献"①。在笔者学习人类学的田野实践中，接触了许多苗族支系的"跳花"和"跳场"的习俗，也在一定程度上理解了这些文化空间的存在对于苗族群体社会秩序运行的重要性。在繁花似锦的场域中，一个苗族群体的社会秩序得到梳理、重整和强调，一些新的文化被"生产"出来，促使这一群体走向新的未来。也正是有这样的学习和理解，使笔者有了想探讨节日习俗背后意义的想法。因此，在本书中，笔者从空间的视角，对节日进行了解读，探讨了节日习俗背后的意义，也即文化空间的文化与社会意义。

龙里县民族事务委员会1989年编印的《龙里县民族志》中记载，龙里县境内有一支自称为"蒙白"（Homsbeeb）的苗族，又因生活区域在山上，所以也称为"高山苗"，也即今天的"白裙苗"②。所以，"跳园"是龙里县草原乡自称为"蒙白"的苗族支系于每年正月期间从正月初五到十二所举行的隆重的节日活动。"跳园"在当地的蒙白人中，不是在同一个时间举行，而是按照时间先后顺序，依次在他们所聚居的三个排——上、中、下三排（"排"是当地人对区域的一种表达方式）举行，有的举行两

---

① [美]罗伯特·F. 墨菲著. 文化与社会人类学引论[M]. 王卓君，译. 北京：商务印书馆，2009：64.

② 当地人说，因为他们苗族的妇女所穿的裙子最下面的一截为白色，所以外人喊"白裙苗"，这是他称，但当地的苗人亦认可。

天，有的举行三天，是当地苗族一年中最隆重的节日。此外在"跳园"前后，还伴随有"坐花园"和"斗牛"活动，节日中这些习俗内容的时间、空间排列以及展示方式，还有一系列的流动在民族民间的传说，都呈现了独特的意义，一年一度的隐去和彰显的固定节奏，意义非凡。

在田野调查中，"跳园"是蒙白人文化的重要组成部分，同样"跳园"也是深嵌在蒙白人社会中的文化。同时，在史籍和现有的研究中我们又发现，除蒙白人的"跳园"外，在贵阳高坡一带的红毡苗人，于正月间举行的节庆仪式活动为"跳洞"①；贵阳青苗人、安顺花苗人与青苗人、紫云青苗人、贵州水城南开乡三口塘小花苗人皆谓之"跳花"②，贵阳花溪河谷中的苗族称为"跳花场"③，麻江青苗人则谓之"跳芦笙"或"跳月"，清镇青苗人、贵阳花溪桐木岭的苗族则谓之"跳场（厂）"④ 等。无论是"跳洞、跳花、跳场、跳月、跳园"，其表面的形式都有一个共同点即是小伙子吹芦笙，姑娘跳舞，众人围观，大家寻求快乐，正如罗荣宗在《苗族之娱乐》中所说的"苗族生活、枯燥单调、无多大变化，因此，在节日里，大家聚集一处，欣享娱乐之情"⑤。但这只是一种表面的意义认知，其背后的意蕴深刻而悠远。民国时期的一些学者对它们就进行了一些区分和界定，如在《贵州省苗民概况》中曾记述道："苗民跳花有一定地点与一定时期，大都在阴历正月，其日期各地相同，依据成例，不能改变……跳场类于跳花，其所异者，跳场无花树，以夏季四月，秋季七月为期。在四月者多用箫笛，其在七月，则用芦笙。跳月系对苗民夜间聚会之称谓，最普通为中秋前后，自六月至八月间，插秧完毕，农隙之时，或新谷登场，一

---

① 周畅. 高坡苗家的跳洞舞 [J]. 民风，2008（2）：46.
② 罗红英. 六盘水苗族跳花节文化形态研究 [J]. 六盘水师范学院学报，2013（12）：49-53.
③ 汤芸. 多族交互共生的仪式景观分析——贵州黔中跳花场仪式的人类学考察 [J]. 西南民族大学学报（人文社会科学版），2013（4）：16-23.
④ 杨通儒调查整理. 贵阳桐木岭苗族跳场情况 [A]. 苗族社会历史调查（三）[C]. 国家民委《民族问题五种丛书》之五，中国少数民族社会历史调查资料丛刊（修订本），北京：民族出版社，2009：66-73.
⑤ 罗荣宗. 苗族之娱乐 [A]. 民族研究参考资料第二十集·民国年间苗族论文集（内部资料）[C]. 贵州省民族研究所编，1983（12）：263.

般青年男女，常于月明之夜，举行跳月以为娱乐。"①杨万选在《贵州苗族考》中也做了区分"跳月不必在春年一二度合男女放野，择平壤为月场，鲜衣艳妆，吹笙合舞，谑浪歌笑，日暮结所私归……跳花仪式与跳月同。举行地点，乃在大姓丧堂喜堂之前，利用他人婚丧喜宴，为自己合欢定情之机会"②。在《苗夷璨谈》则称："苗族跳花盛于跳月，其时期在旧历正月上浣中浣下浣，均有一定，其场所有山巅，山腰，平地各有不同。……跳场时期在栽秧后及禾稻扬花时，必市集期……跳月则不拘何时，遇星月交辉之夜，青年男子，数人一群，或十数人一群，于近村敞地旷野间，做队队鱼贯形，或做全体圆形，吹笙跳跃，步调亦如跳花，村中妇女往观，亦为通情之机会。"③

依据上面的区分，我们也可以做一归纳：

跳花：一般在正月期间举行，场地中间有一棵花树，男吹芦笙于花树前，女振铃于后，共绕花树而舞。跳花结束后，将花树拉倒，赠予无子之家，其家必设宴款待送花树者。人们认为用花树制床板，无子的夫妇睡在花树板做成的床上，可以生子。因此，跳花除了青年男女寻找配偶之外，于结婚后未有生育的夫妻来说，还带有求子的功能，老年人则是带着祈求丰收的愿望而来的。主要流行于贵阳青苗、安顺花苗与青苗、紫云青苗之间。

跳场：在每年的四月和七月间举行，场地中间没有花树，只是男吹芦笙于前，女振铃于后。主要流行于清镇青苗间。

跳洞：正月期间，贵阳高坡的红毡苗人聚集于洞中，男吹芦笙于中间内圈，女手牵手舞于外圈。

跳月：自六月至八月的月明夜间，男女青年聚集在村寨外的旷野，男吹芦笙，女跳舞。主要流行于麻江青苗间。

跳园：正月期间，场地中间没有花树，只是男吹芦笙于前，女振铃于

---

① 罗荣宗. 苗族之娱乐 [A]. 民族研究参考资料第二十集·民国年间苗族论文集（内部资料）[C]. 贵州省民族研究所编，1983（12）：263.

② 杨万选，杨汉先，凌纯声等. 贵州苗族考 [M]. 贵阳：贵州大学出版社，2009：33.

③ 罗荣宗. 苗族之娱乐 [A]. 民族研究参考资料第二十集·民国年间苗族论文集（内部资料）[C]. 贵州省民族研究所编，1983（12）：263.

绪　论

后。平塘县西北部的新塘乡苗族将老人去世后举行的活动也叫跳园。跳园时，同样是男吹芦笙、女跳舞，老年人聚在一起，观看并唱酒歌。

除跳月以外，其他均于白天举行，而且跳月只是男女青年聚会，其他则是公开性的。

由此，我们可以看出无论"跳花、跳园、跳场、跳月"皆为贵州苗族青年男女谈恋爱的节日。此外，不仅在贵州的苗族中这些节日很多，在湖南、广西、四川的苗族中也有类似的青年男女谈情的节日，如在湖南湘西凤凰山江镇的苗族以"跳花节"为名，与"跳花节"相类似的节日，广西隆林德峨苗族称为"跳坡节"[①]，四川省泸州市叙永县枧槽高山苗称为"踩花山"[②]等。大多数学者认为，无论是"跳花节""踩花山""跳月"还是"跳园"，它们虽然在叫法上有所不同，但在内容上是大同小异的，是语言、翻译以及居住地域等的差异，导致了名称上的不同。虽然有这么多的叫法，但在汉文献的记载中多以"跳月"出现。

明弘治《贵州图经新志》，其"东苗""西苗"条云，其俗婚娶，男女相聚歌舞，名为跳月。情意相悦者为婚。"康佐苗"条云，男女未婚，每岁三四月聚集于场圃间，中间立一竿为鬼竿，环绕跳跃，戏谑歌唱，相得者，至晚则负女以归。"龙里卫（今贵州龙里）苗人"条云，春月，以木刻马为神，召集男女，祭以牛酒，曰木马鬼。老者坐饮马傍，未婚男女俱盛饰衣服，吹芦笙唱歌，旋马跳舞……谓之跳月。[③]

《百苗图》中的"克孟牯羊苗"条载，男女吹笙而偶，生于免乳后，方归聘财。"花苗"条载，每岁孟春，择平壤之所为月场，未婚男子吹笙，女子振响铃，歌舞戏谑以终日。暮，则约所爱者而归，送私焉。"黑苗"条载，孟春，各寨择地为笙场。跳月不拘老幼。以竹为笙，笙长尺余，能吹歌者吹之，跳舞为欢。人死，则前生所私者以色锦系竹竿插于坟前，男女拜祭也。[④] 李宗昉《黔记》卷三记载："车寨苗在古州。男多艺业，女工

[①] 吴俸学. 德峨苗族跳坡节 [J]. 当代广西, 2008: 55.

[②] 刘芳. 枧槽高山苗——川滇黔交界处民族散杂区社会文化变迁个案研究 [M]. 北京: 中央民族大学出版社, 2006: 125.

[③] 吴永章, 田敏. 苗族瑶族与长江文化 [M]. 武汉: 湖北教育出版社, 2007: 134.

[④] 李汉林. 百苗图校译 [M]. 贵阳: 贵州民族出版社, 2001: 54, 15, 58.

针指。未婚者于旷野为月场，男弦女歌最清美，与诸苗不同，相悦者自为配合，亦名'跳月'。"①

此外，在清代方亨咸《苗俗纪闻》、清代陈鼎《滇黔土司婚礼记》、清初陆次云的《洞溪纤志》、清《黔南识略》、清《说蛮》、清《黔苗图说》《黄平州志》《续文献通考》中都有关于"跳月"的记载。

为什么文献记载中"跳月"之名比较普遍，而且李宗昉《黔记》中的"车寨苗"为今天侗族，也有跳月活动，在罗荣宗的《苗族之娱乐》中这样认为，"……跳月不必在春，更不必以夜，跳月称谓，已成为跳花、跳场外，一切吹笙合舞之名词。"所以，由此推之，跳月之名，取代其他跳花、跳场等名字在各种文献中的出现也就不足为奇了。因为，跳月在清代文献中，已成为贵州地区各民族凡以歌为媒以择偶为目的的男女社交活动的泛称。

但直到现在，对苗族的这类节日，进行深入研究的还比较少。已有的成果，就事论事的多，真正从实地的田野调查所获得的资料入手，解读其与当地民族的社会组织、社会生活、社会结构的还比较少，在这少之又少的研究成果中，汤芸的《多族交互共生的仪式景观分析——贵州黔中跳花场仪式的人类学考察》一文，从区域社会的角度，考察了贵州黔中地区半边山河谷汉族、布依族、苗族等共同参与的"跳花场"活动。通过深入的田野调查和理论分析，作者认为，"多民族参与的这一'跳花场'活动，并不单单是当地苗民祈丰庆余的一种民俗展演，而是这个地方完成多种社会互嵌融合与实现多元文化并置对接的一种生活实践"②。这正是对节日习俗的文化象征意义和社会性的探讨。当然对于本研究也有一定的借鉴意义。

通过以上对相关文献和已有的相关研究的梳理，我们可以知道，"跳园"作为蒙白人一年中最隆重的节日活动，绝不仅仅是青年男女谈恋爱、亲朋相聚这么简单，它所蕴含的意义将在后文中进行讨论，而在此先对"跳园"予以简单介绍。

---

① [清]李宗昉著. 黔记（卷三）[M]. 上海：上海及各埠商务印书馆，民国二十五年. 1998年再版：28.

② 汤芸. 多族交互共生的仪式景观分析——贵州黔中跳花场仪式的人类学考察[J]. 西南民族大学学报（人文社会科学版），2013（4）：16-23.

绪 论

"跳园"作为蒙白人一年一度举行的节日仪式，它有固定的时间和固定的空间，如上文所提到的于每年正月期间从正月初五到十二，分别在三个地方依先后次序举行。到了这个时间，蒙白人青年男女就聚集到"跳园场"上了。而这里的"跳园场"就如同施坚雅（G. WilliamSkinner）笔下的基层市场。① 在"跳园"时，"跳园"的场地就如同市场上的小茶馆，人们也在这里交流，互相了解各家的故事，建立起了一个熟人的圈子。蒙白人青年男女穿着盛装在圈内"跳园"时，伺机寻找自己的意中人；而圈外的家长们也会相互攀谈，评论哪家的姑娘长得漂亮，哪个姑娘衣服的"针脚"② 绣得细腻，哪家的后生长得干净，身上系的"腰带"多且绣得好，等等。寻找儿媳和女婿也就在"跳园场"上有眉目了，或者结识新朋友，扩展自己的熟人关系圈子，等等。其实也就通过一个"跳园"仪式展演，在表征着他们这一群体的社会区域，表征着他们这一群体的文化认同和边界。"跳园"，从外观上具有青年男女谈恋爱和择偶的功能，他们以"跳园"这一节日作为缔结婚姻的纽带，进而形成了他们的通婚圈，基于其上建立起的通婚圈对于人群文化的认同起到的是地域上的限制，而在"跳园"时，人们聚集在一起参加本人群共同的节日，则是对人群文化认同起到了精神上的加固作用，也可以说形成了他们生产、生活的区域和空间，并且构建起了人与人间的关系。

所以，"跳园"是蒙白人一年一度中最盛大的聚会，也是具有多种文化功能的社会生活实践。从功能论的角度来看，一种文明中的习俗、信仰、物质、制度等都对这一社会整体起着作用，但在某些节日庆典的聚会中，却能把一系列的社会实践和文化整合聚集在一定的，或者说特定的空间里，形成一种"文化富集"③ 效应，使一段时间中的某些空间意义特别，

---

① ［美］施坚雅著. 中国农村的市场和社会结构［M］. 史建云，徐秀丽译. 北京：中国社会科学出版社，1998：40-46.

② "针脚"，即妇女刺绣时两个针孔之间的线，"针脚"的平整、细致等是评价刺绣技艺的基础性标准。

③ 富集，是生物学上的一种增大物质浓度的方法，具体的做法则是个体将周围环境的某种元素或难分解的化合物进行吸收后并积累起来，由此导致该物质的衡浓度增大，并超过环境中浓度的现象。本书中用文化富集，则是想表达"蒙白"苗人"跳园"在整个"蒙白"文化中的意义，以及对整个"蒙白"苗人文化所具有的"提纲挈领"式的表达。

蒙白人的"跳园"就是这样的节日庆典，并且它在蒙白人的社会关系、社会结构、社会秩序中的作用显著，是蒙白人文化一年一度的重整，是其文化逻辑关系的梳理和再确认。但理解这样的"文化富集"效应，说明了它在这一社会中存在的意义，也就需要对"跳园"进行"深描"的解读。

"跳园"，在当地人的说法中，是以节日来归类的。从时间上来看，在春节之后举行的"跳园"既表达了一年之始的自然节律，也表达了人类生命律动与自然节律的吻合。在笔者参与了一次"跳园"后，发现在"跳园"一开始有身穿红袍的大师傅祭祖的"踩场"仪式，接下来才是蒙白人青年男女进行交往择偶的娱乐活动。"跳园"作为一个仪式空间存在，它表征的是蒙白人生产生活的范围和社会交往的网络。在一个较为宽泛的生活区域中，这一巨大的、区域间的关系网，把许多人以确定的社会形式联系起来。在这个网里，人们受到确定的关系和互惠责任的约束，因而要共同遵守非常细微的规则和礼俗。因此也可以说，"跳园"又是一种社会机制。无论将其看作时间上的节日，还是仪式，抑或是连接人们的社会关系网、社会机制，"跳园"都是当地蒙白人社会关系交织的重要节点，因此是一个切入解剖其社会的良好路径。

本书试图从人类学有关空间的视角，以"跳园"作为研究的切入点，来探讨蒙白人的通婚空间、社会交往空间、生产、生活空间——即探讨作为总的社会现象的"跳园"在蒙白人社会生活里所起的作用，以及"跳园"对于蒙白人社会秩序的保持、社会机制的运行以及群体的凝聚状态。

（二）研究意义

本书以"跳园"为切入点，从人类学的空间的视角来剖析蒙白人的区域社会，不仅可以从更深层次来理解"跳园"，理解蒙白人的文化、社会以及蒙白人这一人群。而且如同以往的"区域社会"研究模式："宗族范式""市场层级""祭祀圈""信仰圈""通婚圈""区域水利社会"等一样，是"以某种独特的社会事实或文化机制为切入点，来研究整个区域社会是如何被组织起来并得以持续运转的"[①]。本书通过对"跳园"及其关联文化空间的

---

① 杜靖. 超越村庄：汉人区域社会研究述评 [J]. 民族研究, 2012 (1)：92–102.

研究，从象征的角度，来看待一个区域社会中的人们是如何来看待他们所生活的空间，又是如何来制造文化空间，从而进行空间生产，社会关系的生产。换句话说，从蒙白人的文化空间切入其社会关系生产、区域社会整合的机制之研究，是对"区域社会"研究模式的一种新尝试，具有创新意义。

此外，"跳园"作为蒙白人一年一度、最隆重的仪式庆典，表达的是一种集体欢腾，站在他们的角度来看，展示出的是蒙白人的集体意识和集体情感；而从外部视角看，它深刻地反映了蒙白人对于和谐社会的理解。在当今全球化、市场化、信息化的时代背景下，我国正处于经济、文化、科技信息高速发展的时代，各民族也都不同程度地卷入了这一浪潮之中，带来的后果则是改变了他们的思维观念、思想表达、行为实践，有些甚至是语言、文化等多方面的消失。在世界上的其他国家也意识到了这种全球化给人们所带来的影响和冲击，于是发出了文化多样化的声音。在我国，政府针对各民族丰富的传统文化内容采取了多种积极的保护措施和支助政策，如我国目前正在开展的"非物质文化遗产保护"工作。因此，笔者的研究将有助于更好地挖掘蒙白人的文化，针对当前，蒙白人所在的黔南布依族苗族自治州开展的对"跳园"申报"省级非物质文化遗产"工作，尽一点绵薄之力。

二、国内外研究现状综述

（一）人类学视野下的空间研究

爱弥尔·涂尔干（Emile Durkheim）在谈道"分类与社会"时，认为"只有当构成社会的个体和事物都被划分成某些明确的群体，也就是说被分类以后，只有当这些群体按照其相互关系被分类以后，社会才有可能形成。……但为了避免发生冲突，社会必须为每个特定群体指定一部分空间；换句话说，就是对一般空间进行划分、区别和安排……"[①] 在此即可

[①] ［法］爱弥尔·涂尔干著. 宗教生活的基本形式 [M]. 渠东、汲喆，译. 上海：上海人民出版社，1999：580.

看出爱弥尔·涂尔干是将空间看作社会得以形成的基础。因为"社会是包容一切的整体，是包容所有其他类别的最高类别，社会中的各种事物都被指定在社会空间的各个位置上"①。显然，爱弥尔·涂尔干对空间的理解，注重的是空间的物理性，是作为社会中进行分类的工具和各个事物的一个容器。

克洛德·列维-斯特劳斯（Claude Levi-strauss）的社会组织结构原理也是通过空间来进行表征的，而在此，空间就具有了文化意义，这在其对所搜集的资料进行分析中显露无遗。在北美五大湖地区的温内巴戈人（Winnebago）部落分为两个半族——wangeregi（上分支）和 manegi（下分支），他们实行外婚制，而且有定义明确的相互权利和义务，每个半族都必须为对方的死者举行葬礼等。上分支半族报告人描绘了一座圆形的村落结构，两个半族被一条自西北方向至东南方向的理论上的直径线隔开，东北半边为上半支熊氏族的住处，西南半边为下分支勇士、野牛和雷鸟氏族的住处；而下分支的半族报告人则把村落描绘为两个圆圈，大圆圈套小圆圈，房屋聚集在内圈中，外圈有空地，再外面有原始森林环绕。对于两个报告人的不同描述让人难以确定哪一个是真正的村落结构，但列维-斯特劳斯认为这是由于上下两个半族在社会结构中的状态，决定了他们各自用不同的方式对村落结构进行概括和描述，这取决于上分支的半族人认为村落结构为直径结构，下半支半族人则认为是向心结构。在马林诺夫斯基所调查的特洛布里恩群岛的奥马哈卡纳（Omarakana）村的设置为两个同心圆，中心的广场为公共和节日活动场所，广场周围是一些存放薯蓣的仓库，性质为神圣，且产生许多禁忌。仓库外周是环形街道，已婚夫妇居住的茅屋围成一个圈，为村中的世俗区。列维-斯特劳斯从这个村落的同心环形结构看出了各种对立：中央和周边、神圣和世俗，仓库只允许储存生的食物，烹煮食物是不允许的，烹煮和食用食物只能在外围家庭周边进行，只允许头人、单身汉住里圈和已婚夫妇住外圈的对立，内圈为男性与外圈为女性的对立，这是一个包括许

---

① [法]爱弥尔·涂尔干著. 宗教生活的基本形式[M]. 渠东、汲喆，译. 上海：上海人民出版社，1999：578.

多对立面的一个复杂系统。① 因为列维-斯特劳斯认为，人类思想中普遍存在一种无意识的二元心智结构，也即"二元对立"的分类思想，而"这些结构说明了社会形式与和空间结构相关的象征形式具有一致性"②。

这种社会形式与空间结构的象征性一致，在下面的两项研究中也有体现。潘艳勤通过对广西中越边境龙州县金龙镇横村的布傣村落进行研究，得出布傣村落的神圣空间不仅是村落重要的一个组成部分，同时也是布傣信仰空间的重要环节，从佛公塘佛的路线，我们可以看到，佛公必须要经过土地、官板、山神、祖坟等一系列的地方，而且沿途还要经过高山、河流等地，才能到达他们所认为的祖先所在地，或者是最高神玉皇的玉皇殿，也即到达目的地。所以"横村布傣的信仰空间和他们村落的空间关系密切，并有叠合的一致性，信仰空间是村落自然空间的反映……村落空间和信仰空间互相联系成为一个有机的整体"③。贺喜通过对雷州雷祖祠周边乡村的研究，认为在这些乡村内部，"祭祀的核心单位是'境'，每一个'境'的范围与具体的一尊神建立关系，当地人称为'地头'。规模小的村子只有一个境，而大村落则可以是几个'境'的联合。乡村内部空间感以及身份的确定与调适往往体现于地头神的巡游以及祭祀中"④。劳格文（John Lagerwey）在讨论中国宗教的合理性时，考虑到"乡村地理空间与祭祀地点之间在对应上存在着某种结构"⑤。表面来看，这即是说村落空间与祭祀空间的象征性对应关系，其实表达的是村落内群体认同在祭祀空间中的表征。

---

① ［法］克洛德·列维-斯特劳斯著. 结构人类学［M］. 张祖建，译. 北京：中国人民大学出版社，2006：123-126.

② Letha M. Low and Denise Lawrence—Zuniga, eds. The Anthropology of Space and Place: Locating Culture ［M］. Blackwell Publishing. 2003：9.

③ 潘艳勤. 金龙布傣的村落、信仰与仪式空间——以广西龙州县金龙镇横村的"求务"为例［A］. 载劳格文，科大卫编. 中国乡村与墟镇神圣空间的建构［C］. 北京：社会科学文献出版社，2014：231-247.

④ 贺喜. 祭祀空间与地域社会——雷州雷祖祠及其周边乡村的灵物、神庙与祠堂［J］. 历史人类学学刊，2014（1）：73-110.

⑤ John Lagerwey, China: A Religious State ［M］. Hong Kong: Hong Kong University Press. 2012：168-170.

埃文思-普里查德（Sir Edward Evans-Pritchard）受到"二元对立"思维观念的影响，认为努尔人受雨季和旱季这样的生态环境影响，在居住的空间结构上呈现出了村落（"此英"）与营地（"韦克"）的分别，而且因居住空间的差异，生活也呈现出了不同，"旱季里的生活通常是平淡的，而且从一个月到另一个月的生态学关系和社会关系比雨季里单调得多，在雨季里经常会有宴会、舞会和仪式典礼"①。可以说努尔人对这种空间分布赋予了不同的价值观念。

关于"二元对立"的分析原则，也多用于对家屋的研究。马歇尔·萨林斯（Marshall Sahlins）在对莫阿拉人房屋进行研究时，发现其"住房的轮廓呈椭圆形，沿着长轴分成传统上与海洋相平行的'酋长边'和朝向内陆的'平民边'。在每一边，都有一个与之相关的末端：房屋的后部（位于主要的角柱之间）是'上'端，并与酋长边'相配'；相对的前部入口则是'下'端，传统上朝向下风向，并与平民边'相配'。这些关联既是象征性的，同时也是实践性的……"② 在家屋内部，"任何仪式化活动例如卡瓦会或公共宴会当中，人们都要依照他们的共同体或家庭地位来安排空间座次。因而，建筑和一般文化范畴之间的同构性不仅是一种形象的类比。既然房屋是以象征方式进行划分的，它也就成了不同行为的建构物"③。萨林斯对房屋空间的研究体现出了空间的等级象征关系。

在国内的一些学者也沿用了西方家屋研究的路径。如李锦的家屋空间秩序的研究，作者在四川省雅安市宝兴县硗碛藏族乡的藏族居住区发现，"其家屋空间以人与神的分界为原则而呈现上下关系，而且又以对不同类型人的行为规范使这一秩序内化为僧俗两类人之间的秩序"④。此外，李锦

---

① ［英］埃文思-普里查德著. 努尔人：对尼罗河畔一个人群的生活方式和政治制度的描述［M］. 褚建芳，阎书昌，赵旭东，译. 北京：华夏出版社，2001：122.

② ［美］马歇尔·萨林斯著. 文化与实践理性［M］. 赵丙祥，译. 上海：上海人民出版社，2002：35.

③ ［美］马歇尔·萨林斯著. 文化与实践理性［M］. 赵丙祥，译. 上海：上海人民出版社，2002：36-37.

④ 李锦. 人神分界和僧俗分类：家屋空间的上下秩序——对雅安市宝兴县硗碛藏族乡的田野调查［J］. 西南民族大学学报（人文社会科学版），2012（8）：11-16.

在怒江流域的阿怒人居住区,发现"阿怒人的空间观受到藏彝走廊区域的高山峡谷这一基本地形地貌条件的影响,其家屋空间的构建自然适应当地的自然地理空间,而且也有其社会文化结构中以上下秩序为主轴的这一传统的体现"[①]。贺喜的研究则体现的是人与人之间的亲疏关系在家屋空间中的表达,他以对"广东西南地区的高雷半岛以及北部湾沿岸上岸水上人祭祖方式的考察为例,认为环境的改变不会引致亲属结构的变化,这些上岸水上人所表达的人与人之间的亲疏关系是同辈之间以及后代之间以房子(在水上的时代是船)为基础的亲疏"[②]。许瑞娟通过对"永宁摩梭人家屋空间结构的调查发现,摩梭人的家屋空间结构体现了他们对社会性别的文化隐喻,摩梭社会以女性为中心、母尊女贵的文化习惯与实践在摩梭人的家屋空间结构中得到充分体现"[③]。刘松通过对"江华瑶族传统家屋在建筑形式、建造、使用继承的分析发现,江华瑶族传统家屋重视次序结构,体现了空间的分配与独特的亲属制度,亲属关系和社会网络的建立和实践都是以家屋为追溯原则,他们创造和延续家屋的方式,深刻影响着其社会的结构和功能"[④]。黄卫认为"在云南省临沧市耿马县孟定镇傣德人的家屋与人的生命体之间是一种同形同构的关系,家屋不仅是人容留身体的物理空间,更是后者安顿魂魄的魂体空间。因为家屋与人的身体一样都是有生命、需喂养、要维护的"[⑤]。以上对于家屋空间的研究,更多体现的是家屋空间的文化象征意义。

爱弥尔·涂尔干在谈到宗教信仰时,认为宗教信仰对所有事物都预设了分类,把人类所能想到的所有事物,不管是真实的还是理想的,都划分成两类,也即凡俗的与神圣的。正因为如此,"整个世界被划分为

[①] 李锦,王含章. 阿怒人的家屋社会和空间观念 [J]. 西南民族大学学报(人文社会科学版),2016(3):30-35.

[②] 贺喜. 从家屋到宗族——广东西南地区上岸水上人的社会 [J]. 民俗研究,2010(2):224-246.

[③] 许瑞娟. 摩梭家屋空间建构的隐喻象征意义解析 [J]. 云南民族大学学报(哲学社会科学版),2015(3):49-54.

[④] 刘松. 江华瑶族传统家屋的空间与社会 [J]. 怀化学院学报,2014(12):10-12.

[⑤] 黄卫. 体与魂的双重居所——孟定"傣德"家屋研究 [J]. 云南民族大学学报(哲学社会科学版),2012(4):39-43.

两大领域,一个领域包括所有神圣的事物,另一个领域包括所有凡俗的事物"①。爱弥尔·涂尔干的这一"二元对立"的世界分类观点影响了一大批后来的人类学者。

如米尔恰·伊利亚德(Mircea Eliade)就将神圣与世俗视为世界存在的两种样式。在其著作《神圣与世俗》中,将空间分为神圣空间与世俗空间②。而维克多·特纳(Victor Turner)或许正是受到伊利亚德的神圣与世俗这一空间划分思想的影响,建构了仪式空间。特纳从象征意义方面探讨恩丹布人的仪式体系,认为他们的仪式都是围绕着某些主要象征而组织起来的,而通过对仪式空间的神圣地点的选择、神圣物品包括药物的收集,组织人员的选定,仪式过程的阐述,来探寻仪式象征所包含的意义,建构起了神圣的仪式空间,而这正说明了空间通过仪式获得了神圣性,具有了象征性意义。因为在仪式空间中,许多村落的人都来参加,超越了单个村落内部的界限,通过仪式空间的象征性表达了恩丹布人的共同社会价值观念,社会内部的冲突和矛盾也通过定期的仪式,得以受到遏制。③ 这样的仪式空间的研究不仅体现了空间的文化意义,表征了空间的文化性,而且仪式空间功能的研究也表征了空间的社会性。

空间具有物理属性、文化属性和社会属性,这在陈蕴茜的对中国近代公园的研究中有着深刻的体现。目前学界一般认为中国最早的公园是由英租界工部局于1868年8月在上海建成开放的外滩公园,当时称"公家花园"。但作为公共空间,中国人不能随意进出,因此"租界公园不仅成为殖民主义空间的物化载体,而且因华人不能入园问题而成为歧视华人的象征符号,构成对华人精神的严重戕害,这使中国人对殖民主义空间化产生了前所未有的反弹心理与深刻的民族集体记忆"。所以"近代公园进入中国时既是作为文明的象征又是殖民主义空间……中国公园成为兼具娱乐、教育与政治性质的特

---

① [法]爱弥尔·涂尔干著. 宗教生活的初级形式 [M]. 渠东、汲喆,译. 上海:上海人民出版社,1999:43.

② [罗马尼亚]米尔恰·伊利亚德著. 神圣与世俗 [M]. 王建光,译. 北京:华夏出版社,2002:1-2.

③ [英]维克多·特纳著. 仪式过程——结构与反结构 [M]. 黄剑波,柳博赟,译. 北京:中国人民大学出版社,2006.

殊空间"①。因此，中国公园这样的空间完全不是一般公园所具有的娱乐休闲特质，而是亨利·列菲弗尔（Henri Lefebvre）所言的"空间里弥漫着社会关系；它不仅被社会关系支持，也生产社会关系和被社会关系所生产"②。

以上的这些研究，都将对本书中"跳园"与"蒙白"苗人社会的研究形成理论上的支撑和方法上的指引。

（二）人类学视野下的区域社会空间研究

从空间的角度来看社会在中国传统人类学中的出现，是将村落作为一个社会单位来研究。马林诺夫斯基（Malinowski）就认为，"只有在一个边界明晰、自成一体的社会单位里，才能研究整体文化中各个因素的功能"③。早期的民族志研究集中在两方面："一是社会的全景式描写；二是专题式研究，二者都热衷于对村落社区文化结构的深描"④。但"社区理论"的这种"社区是整个中国社会的缩影"的观念，受到了莫里斯·弗里德曼（Maurice Freedman）的批判。他认为，中国社会"不同于传统人类学研究中的原始部落，它是有历史的文明社会，所以在这样的复杂社会里，社区不是社会的简单缩影，功能的整体分析不足以反映其整体社会事实和特点"⑤。施坚雅（G. William Skinner）对"社区理论"也持批评态度，他认为"中国社会的单位根本就不是村庄（社区），因为农民的实际生活区域是由基层市场的范围决定的"⑥，等等。因此，有关中国社会的研究开

---

① 陈蕴茜. 日常生活中殖民主义与民族主义的冲突——以中国近代公园为中心的考察 [A]. 载王笛主编，时间、空间、书写 [C]. 杭州：浙江人民出版社. 2006：275-297.

② [法] 亨利·列菲弗尔著. 空间：物质生产与使用价值 [A]. 见包亚明主编. 现代性与空间的生产 [C]. 上海：上海教育出版社，2003：48.

③ 胡鸿保，姜振华. 从"社区"的语词历程看一个社会学概念内涵的演化 [J]. 学术论坛，2002（5）：123-146.

④ 尤小菊. 民族文化村落的空间研究——以贵州省黎平县地扪村为例 [M]. 北京：知识产权出版社，2013. 10.

⑤ 崔应令. 回顾、反思与重构：近百年来中国社区研究 [J]. 华中科技大学学报（哲学社会科学版），2011（1）：98-105.

⑥ [美] 施坚雅著. 中国农村的市场和社会结构 [M]. 史建云，徐秀丽，译. 北京：中国社会科学出版社，1998：40-44

启了区域社会的研究范式。

从 20 世纪至今,从宗族范式、通婚圈、祭祀圈、信仰圈、水利社会等研究角度对中国区域社会所作的研究,从地理角度来讲,表现出的是一定的区域范围。然而正如黄应贵所认为的"区域是一个与人相联系的概念……"① 所以不同的区域空间是被不同的社会群体所占有,不同的区域空间形态决定了人们不同的生活方式和思维方式,而人们的思维方式反过来也会对一定的区域空间形态起形塑作用。也就是说"空间的各个部分并不是同质的,空间的形象是特定社会组织形式的投射,由此人们才可能在空间中安排具有不同社会意义的事物"②,表达人们不同的社会情感价值。也正如盖奥尔格·西美尔(Georg Simmel)所讲的,"各种历史空间形态要求种种心灵的功能,从根本上来讲,空间只不过是心灵的一种活动,只不过是人类把本身不结合在一起的各种感官意向结合为一些统一的观点的方式"③。也即是说,西美尔所认为的社会空间是一种被人们赋予特殊意义的一种空间感受。因此,区域社会表达更多的是区域生活中的人们的一种"身份认同"在社会活动实践和社会关系上的体现。虽然以上的这些区域社会研究模式,还未明确提出社会空间的概念,但这些研究视角,却也表达的是人们对区域空间的共同感受。

因此,从广义角度来讲,以上的这些"区域研究"的范式,我们都可以将其看作从不同角度对社会空间的理解,都是将对社会空间的理解引入对区域的研究中来,是将空间作为一种思考的维度或者一种分析工具,来看不同的社会空间中社会的运作机制。

在西方社会科学领域对空间的研究中经历了只把空间看作自然的、静止的、僵死的容器,再到将空间看作社会化的空间,是包含着各种社会关系的空间这样一个过程。也即是指空间成为一个具有物理性、文化性和社会性的"三位一体"的空间架构,也就是说"空间不仅是社会关系发展演

---

① 张俊峰,殷俊玲. 首届区域社会史比较研究中青年学者学术讨论会综述 [J]. 历史研究,2005 (1):179-182.

② 郑震. 空间:一个社会学的概念 [J]. 社会学研究,2010 (5):167-191.

③ [德] 盖奥尔格·西美尔著. 社会学——关于社会化形式的研究,林荣远,译. 北京:华夏出版社,2002:460.

变的静止容器或者精神产物，而且是生成的，具有社会性的，同时又反过来对社会和人的行为具有某种内在关联的动态实践过程"①。

而在空间理论中谈论最多的即是米歇尔·福柯（Michel Foucault）的权力空间理论，福柯认为典型化的权力空间即是"全景敞式监狱，其构造是：四周是一个环形建筑，中心是一座瞭望塔。瞭望塔有一圈大窗户，对着环形建筑。环形建筑被分成许多小囚室，每个囚室都贯穿建筑物的横切面。各囚室都有两个窗户，一个对着里面，与塔的窗户相对，另一个对着外面，能使光亮从囚室一端照到另一端。然后，所需要做的就是在中心瞭望塔安排一名监督者，在每个囚室里关进一个犯人，通过逆光效果，人们可以从瞭望塔的与光源恰好相反的角度，观察四周囚室里被囚禁者的小人影。但是对于囚犯而言，他们不能看到监视塔里的人，因此必然的则是他们会认为时刻受到监视"②。通过这样的权力空间，"规训便很容易地进入了在被监视者的潜意识，从而被监视者得到驯服"③。在这里的全景敞式监狱，已不仅是一个物理空间，其本身就是一种权力策略的运用，只不过这种权力关系以空间形式进行表达，这样不仅对被监视者形成了控制，还可以对他们的行为进行重塑。这样的监狱建筑形式不再只是"监禁和拘留罪犯的场所，或是威吓犯人的'恐怖符号'"④，也即是说监狱空间不再只具有物理性和象征性，而要以对犯人的改造、规训和形塑为目的，使监狱空间本身变成一种权力策略。而且这样的权力空间也还可以被用在军事学校里的宿舍，精神病疗养院等等机构中。虽是如此，但"福柯这一权力空间理论分析的是一种结构化或体制化的空间，他并没有对日常生活空间展开分析"⑤。

相对于福柯的结构化或体制化的权力空间，安东尼·吉登斯（An-

---

① 杨有庆，范建刚. 列斐伏尔的空间生产理论及其影响 [J]. 甘肃高师学报，2011（6）：124-128.

② [法] 米歇尔·福柯著. 规训与惩罚 [M]. 刘北成，杨远婴，译. 北京：生活·读书·新知三联书店，1999：224.

③ 王方编译. 福柯与建筑——一种权力空间的陈述 [J]. 时代建筑，2002（5）：92-95.

④ 王方编译. 福柯与建筑——一种权力空间的陈述 [J]. 时代建筑，2002（5）：92-95.

⑤ 尤小菊. 民族文化村落的空间研究——以贵州省黎平县地扪村为例 [M]. 北京：知识产权出版社，2013：18.

thony Giddens）则是从日常生活空间展开的，吉登斯认为"要解决社会结构概念与个人能动性概念之间的张力问题，就要在日常生活中的各种活动中实现"①。因为"即使最复杂的社会组织形式，从根本上说也是由日常生活的例行常规构成的。在此的日常生活即指时间和空间这类客体性因素。传统社会的整合强调共同在场，以身体的空间性为基础，同时面向他人及经验中的自我，这种以身体为核心的在场的时空关联，被纳入的是一种'情境空间性'，是积极活动的身体面向任务的情境定位"②。他用"脸面"来说明这种共同在场的社会整合。"在人身上，脸面不仅只是言语的生理器官，还是体验、情感和意图复杂交错的主要身体区域，在人的社会关系中，脸面会通过某些方式，影响个人在共同在场情境下彼此的空间安排……因为脸面作为表达与沟通媒介的首要地位具有道德方面的意涵……"③吉登斯所要表达的即是时间和空间，也是个人创造社会的客体性制约因素，而且通过空间的共同在场实现社会的整合。

而对空间的社会性形成一套完整的理论方法的则是亨利·列菲弗尔（Henri Lefebvre），他明确提出了"空间生产"的"三位一体"概念："空间实践"（spatial practice）、"空间表征"（representations of space）与"表征空间"（representational space）④。对于"空间生产"的"三位一体"的理解，各人有各人的看法。"英国学者谢尔兹将亨利·列菲弗尔的'空间实践'概念与常识意义上的知觉空间相对应，把'空间表征'理解为关于空间的话语或者推论性的分析机制，以及作为空间构想的那些规划设计的职业与专业知识，而把'表征空间'理解为空间的话语，作为可能的空间以及体验式的空间，形成了社会的想象。另一位英国学者埃尔登则认为，'空间实践'是知觉的空间、物理的空间，'空间表征'是构思的空间，是

---

① ［英］安东尼·吉登斯著. 社会的构成［M］. 李康，李猛，译. 北京：生活·读书·新知三联书店，1998：6-7.

② ［英］安东尼·吉登斯著. 社会的构成［M］. 李康，李猛，译. 北京：生活·读书·新知三联书店，1998：138-139.

③ ［英］安东尼·吉登斯著. 社会的构成［M］. 李康，李猛，译. 北京：生活·读书·新知三联书店，1998：141.

④ Henri Lefebvre, The Production of Space［M］. Blackwell, Ltd. 1991：33.

绪　论

一种精神构造以及一种被想象的空间，而'表征空间'是体验到的空间，是一种在日常生活中被加工改造过的空间。德语学者施米德则是将亨利·列菲弗尔的空间生产的'三位一体'理解为三个领域：一是自然与物质性的物理领域，以一种实践与感觉的方式描绘出来的；二是逻辑的与形式化的抽象物的精神领域，通过数学与哲学的方式来规定；三是社会领域，这是一个规划设计与展望的领域，一个象征的与乌托邦的领域，一个想象的与欲望的领域"[1]。后现代地理学家爱德华·索加（Edward So ja）在其著作《第三空间——去往洛杉矶和其他真实和想象地方的旅程》中对亨利·列菲弗尔的空间生产的"三位一体"进行了三种空间的解读，"第一空间则对应于'空间实践'，主要关注空间具象的物质性，在这里城市空间被物理地与经验地感知为形式（如建筑环境）和过程（社会关系和人类行动），意识为都市生活可衡量、可标志的形态和实践，是可由经验描述的事物。第二空间对应于'空间表征'，是一种思想性和观念性的领域，这是一种概念化的构想性空间，缘起精神或认知形式中的空间思考的表征。这是科学家、规划者、城市学家、政要、技术专家、哲学家、艺术家、文学家的空间，他们将感知到的空间等同于构想的空间。第三空间对应于'表征空间'，他将其界定为理解和行为的一种他者方法，目的在于改变人类生活的空间性，它是一种独特的批判性空间意识"[2]。叶涯剑在其博士论文《空间重构的社会学解释：黔灵山的历程与言说》中对亨利·列菲弗尔的"三位一体"的理解是，"'空间实践'指的是社会空间与物质空间的结合，两者之间形成辩证关系，行动者以自己的行动把这种关系具体化了，而最终呈现出来的部分往往是某种物质形态，社会空间则隐藏在物质形态之后。'空间表征'和'表征空间'都属于精神或意识层面的空间，其中'空间表征'是科学家、规划师、'专家治国论者''社会工程师'采用的知识和术语，而'表征空间'是艺术家、哲学家、作家创作的作品，采用的形式是图形、符号、象征物，其深层的东西是某种象征、意义

---

[1] 刘怀玉.《空间的生产》若干问题研究 [J]. 哲学动态，2014（11）：18-28.
[2] [美] 爱德华·索亚著. 第三空间——去往洛杉矶和其他真实和想象地方的旅程 [M]. 陆扬等，译. 上海：上海教育出版社. 2005. 84-88.

或意识形态"①。富晓星在其博士论文《空间、文化、表演：东北 A 市男同性恋群体的人类学观察》中，对三维空间的理解则是，"空间性/物质化'空间实践'的感知空间：可理解为田野中经验性感知的原始材料，包括田野的物质形态，可观察到的报道人的行为在物理空间的具体表现形式等；空间思考/'空间表征'的构想空间：可把空间当作抽象的文本来建构，通过人类学者的思考和阐释，追踪社会话语的取向，赋予空间和行动以意义。这样的过程实则是文化分析的过程；空间想象/鲜活的'再现空间'：发掘空间的无限潜能，发挥人类学的想象和创造，通过多维视角的分析，结合一二空间的产出（通过再现将空间中的物质和思维整合起来）建构一个他者的世界，将人类学的想象（主观性知识）引入民族志的现实"②。虽然亨利·列菲弗尔只注重对空间进行理论分析，而没有进入经验研究的层面。但从以上对于亨利·列菲弗尔的"空间生产"的"三位一体"的理解可以看出，其作为一种空间理论的分析方法，已经被应用到人类学民族志的空间分析中。

综上，对于亨利·列菲弗尔的"空间生产"的"三位一体"的理解，将"空间实践"看作物质性的、可以感知到的物理区域，以及行动者的社会实践过程，而将"空间表征"认为是属于精神、意识层面的空间，是构想的、观念的空间，这两点是大家共识的，但对于"表征空间"的看法上有一定的差异，一些人将其认为是体验到的空间，一些人将其认为是象征性的、美好的、欲望的空间，一些人又将其看作对他者进行理解的一种方法，建构一个他者的世界，而另一些人又将其看作一种非科学认识空间的路径。

亨利·列菲弗尔的"空间生产"理论，虽然是针对城市化中出现的问题提出来的，正如大卫·哈维所说："城市化和空间的生产是交织在一起的"③，而且众多理论家也多是围绕城市空间生产并以城市为案例进行他们

---

① 叶涯剑. 空间重构的社会学解释：黔灵山的历程与言说 [M]. 北京：中国社会科学出版社，2013：44.

② 富晓星. 空间、文化、表演：东北 A 市男同性恋群体的人类学观察 [M]. 北京：光明日报出版社. 2012：90.

③ [英] 大卫·哈维著. 列菲弗尔与《空间的生产》[J]. 黄晓武，译. 国外理论动态，2006.（1）：53-56.

的研究工作，但如果将空间的视角引入人类学的研究，"不仅能提供我们对于人类学研究议题的新的着手点与探讨方式，而且有助于对空间本身能有新的认识和了解"[①]。

台湾地区中央研究院民族学所1994年主办了"空间、力与社会"研讨会，会后编成了一本论文集《空间、力与社会》，该论文集，由10篇论文组成。这些论文即是从空间的视角进行的人类学的研究。第一篇是黄应贵所著的《空间、力与社会》，这是本书的导论，也是本书的书名，其余9篇论文为，施添福《区域地理的历史研究途径——以清代岸里地域为例》，黄应贵《土地、家与聚落——东埔社布农人的空间现象》，陈玉美《夫妻、家屋与聚落——兰屿雅美族的空间观念》，蒋斌、李静怡《北部排湾族家屋的空间结构与意义》，杜正胜《内外与八方——中国传统居室空间的伦理观和宇宙观》，邱博舜《从"天圆地方"的观点看"八宅"操作架构》，叶春荣《风水与空间——一个台湾农村的考察》，张珣《大甲妈祖进香仪式空间的阶层性》，余舜德《空间、论述与乐趣——夜市在台湾社会的定位》。这九篇文章正如黄应贵在导论《空间、力与社会》中所阐述的，分别讨论了"汉人以及属南岛民族的布农人、排湾人、雅美人以及历史上的平埔族的空间现象，也即探讨的是：有文字的汉人社会及没有文字的台湾原住民社会。讨论主题由区域地理、夜市、聚落、家一直到仪式空间等都包括在内"[②]。黄应贵认为，这九篇文章都是围绕着空间、力与社会来展开的。而且可以说从人类学的角度对亨利·列菲弗尔的"三位一体"——"空间实践""空间表征"与"表征空间"的空间生产理论有了新的认识。

在这些文章中，都将空间认为是"以自然的地理形式或人为的建构环境为其基本要素及中介物，然后，在其上依人的各种活动而不断地进行建构"。就如同亨利·列菲弗尔的"空间实践"所指的空间中的生产；这些建构的结果便是产生具有各种不同性质的空间，"如视空间为一种社会关系（个人之间及集体之间）、视空间为'某种先验的非意识'的认知架构、视空间为宇宙观或一种象征、视空间为有如意识形态或政治经济条件、视

[①] 黄应贵. 空间、力与社会 [J]. 广西民族学院学报（哲学社会科学版），2002（2）：9-21.
[②] 黄应贵. 空间、力与社会 [J]. 广西民族学院学报（哲学社会科学版），2002（2）：9-21.

空间为文化习惯等",这些就如同亨利·列菲弗尔的"空间表征"也即构想的空间、概念化的空间生产。亨利·列菲弗尔强调空间的能动性,也即空间的内在逻辑性,黄应贵从"空间的力"着手,认为"不仅具体的物质性地理形式或建构环境有其形塑人类生活的'力',人的活动与物质性空间相互结合运作而产生出的各种新的空间建构,也能产生各种不同的意念机制来发挥构成或界定、限制及调节或超越的'力'"①。这些"力",在社会关系空间、认知空间、象征空间、意识形态空间都对人及群体起到了界定、限制、调节、构成的作用。"空间实践"与"空间表征"正是在这两种"力"的结合驱动下产生了"表征空间",即人们生活和感知的空间,同时,也可以说是美好的、象征的空间。

那么在本书的探讨中,蒙白人的社会活动具有显著的"空间性",通过从空间的角度,可以更好地理解蒙白人的社会、文化和生活。那么将他们的社会生活结合亨利·列菲弗尔的"空间生产"的"三位一体"来理解,则是:

"空间实践"的空间中的生产:则指在蒙白人生活区域,能够让人感觉到的具体场所和建筑物,如与蒙白人日常生活息息相关的田土、房子、水井、洗衣池、村寨等,以及他们在这些可感知的空间里的行为和交往。这些在本书中以蒙白人的自然和社会文化环境进行论述。当然一年一度的"跳园"中,所包含的具体的"跳园场、花园、斗牛场"则是蒙白人社会中具有标志性的空间实践。

"空间表征"的构想空间的生产:则是指蒙白人通过共同的居住区域、共同的语言、共同的服饰、共同的习俗形成的概念标准,以此来指导他们进行概念化空间的生产,如"达贝"(家族)圈、通婚圈、自然寨与自然寨间的关系、排内的关系、排间的关系等。在"跳园"时的"花园、斗牛场和跳园场"这些蒙白人社会中的具有标志性的空间实践里,表征着家族认同、排内认同和区域认同,是某个群体自我身份的界定,进而在自我和他者之间构成了一条隐形的文化边界。当然也可以说是笔者通过思考和阐释,对蒙白人社会进行空间的概念构想。

---

① 黄应贵. 空间、力与社会 [J]. 广西民族学院学报(哲学社会科学版),2002(2):9-21.

绪 论

"表征空间"的象征性、体验式空间的生产：是指通过观念意象以及与社会生活密切联系的象征符号体系直接生产出来的空间，蒙白人"跳园"时，所包含的"坐花园、跳园、斗牛"等活动就属于这样的空间。这样的空间既不同于"空间实践"的物理空间，也不同于构想空间的"空间表征"，它则是通过一定的符号与象征，在能感知到的物理空间的基础上，通过行动者进行的象征性实践建构出的新的空间，也即是一种社会关系网络。在本书中，"表征空间"的空间生产的社会关系即是："坐花园"空间生产的姻亲关系网，"斗牛"空间生产的排内关系网，以及"跳园"空间生产的超越排的区域社会关系网。因此，可以说，表征的空间是从实际生活的空间出发的、可以同时涵盖这二者的一个开放性的和动态的空间。

蒙白人的社会中以"花园""斗牛场"和"跳园场"（三个标志性的空间）等不同的物质性的地理空间为基础，通过共同的居住区域、共同的语言、共同的服饰、共同的习俗形成的概念标准，界定了他们的"达贝"（家族）空间、通婚圈、共用大师傅的空间、亡人魂魄游走的空间等，然后又通过一定的象征符号，以及行动者进行的象征性行为实践构建出生活的、感知的、象征的空间。这些建构出的空间，就是亨利·列菲弗尔的"表征空间"，是"空间的生产"，也是蒙白人的社会再生产。正如黄应贵所总结的"传统原住民社会的空间的秩序与社会的秩序相一致。"蒙白人的空间的秩序与社会的秩序也是相一致的。

在以上的三个标志性空间中，"跳园"是最为核心的，具有一个地方或一个社会的"标志性文化"[①]的意义，其他两个空间都围绕它展开。

（三）"文化空间"及其内涵

"文化空间"是在联合国教科文组织实施非物质文化遗产保护领域提出来的，在1998年通过的《人类口头和非物质遗产代表作条例》中最早提出了这一词，它是非物质文化遗产保护项目中的一个关键性概念，也是一种重要的形态。联合国教科文组织在《人类口头和非物质遗产代表作条例》中，

---

① 刘铁梁. "标志性文化"统领式民俗志的理论与实践 [J]. 北京师范大学学报（社会科学版），2005（6）：50-57.

从人类学的角度对"文化空间"有一个说明,"在进行这种宣布的范围内,文化空间或文化场所(culture place)的人类学概念被确定为一个集中了民间和传统文化活动的地点,但也被确定为一般以某一周期(周期、季节、日程表等),或是以事件为特点的这段时间。这段时间和这一地点的存在,取决于按传统方式进行的文化活动本身的存在"[1]。国务院办公厅印发《关于加强我国非物质文化遗产保护工作的意见》(国办发〔2005〕18号)附件《国家级非物质文化遗产代表作申报评定暂行办法》第3条的相关规定中,文化空间是这样被解释的:"文化空间,即定期举行传统文化活动或集中展现传统文化表现形式的场所,兼具时间性和空间性。"[2]

很多学者也从自己的研究角度出发,对"文化空间"提出了自己的看法。苑利、顾军认为"文化空间"是对一个特别地区内所蕴藏的多种非物质文化遗产的统称。从非物质文化遗产保护的角度,他们认为"以'文化空间'这样一个笼统的空间概念,把这里所有的非物质文化遗产作为一个整体进行申报,并实施整体保护"[3]。与苑利和顾军强调"文化空间"的综合性和整体性不同,刘朝晖则是从微观的视角,对文化空间的特点进行了总结:"一是传统文化色彩比较浓厚,并且多表现为与宗教活动有关的祭祀、礼仪、音乐等;二是以某一文化特色作为主要的文化表现形式,'文化丛'中的各文化成分之间存在较强的内在逻辑性和关联性;三是文化表现形式的历史悠久;四是周期性的表演和活态的存续形式"[4]。在谈道"文化空间"与"文化生态"的区别时,陈桂波认为,"在非物质文化遗产的特定语境下,文化空间则指的是存在于特定时间与空间中的多个相互关联的非物质文化遗产本体,强调的是相互关联密不可分,必须作为一个整体进

---

[1] 关于"文化空间"的概念,见中国民间文化遗产抢救工程普查手册[Z]. 北京:高等教育出版社,2003:219.

[2] 中国档案资讯网(www.zgdazxw.com.cn),http://www.zgdazxw.com.cn/culture/2014-04/10/content_39981.htm,2017.3.16.

[3] 苑利,顾军. 文化空间类遗产的普查申报以及开发活用[J]. 原生态民族文化学刊,2009(4):63-71.

[4] 刘朝晖. 中俄非物质文化遗产保护比较研究:基于文化空间的分析视野[J]. 中南民族大学学报,2010(1):24-40.

绪　论

行保护的文化遗产本身"[①]。尤小菊对文化空间进行了说明，"文化空间为非物质文化遗产中的一种表现形式，而且是一种集中表现形式。它具有一定的时间性和空间性，空间是文化之显现处所。最为重要的一点是，文化空间不同于其他非物质文化遗产之处在于，它并非是某种单一的文化表现形式，而是多种文化表现形式之集合体，或者说是多种文化表现形式之集合表现。但其内涵仍不脱离非物质文化遗产之范畴，即各种传统及口头表达方式（包括作为非物质文化遗产载体的语言）、表演艺术、社会实践、仪式和节庆活动，有关自然和宇宙的知识和实践，以及传统手工艺"[②]。

从以上对"文化空间"相关内容的梳理，可以看出"文化空间"是非物质文化遗产保护中的一个概念、一种文化表现形式，具有一定的时间性和空间性，这可以说是从空间的物理属性和文化属性对空间的呈现，也即是亨利·列菲弗尔的空间理论中的"空间实践"和"空间表征"，是空间的自然性和文化性。尤小菊认为"'文化空间'的定义只是一个操作上的定义，而非一个学术上的定义"[③]。联合国教科文组织在《宣布人类口头和非物质遗产代表作条例》中，曾明确提出"文化空间"是一个人类学的概念，因此，从人类学的角度展开对"文化空间"的研究与探讨，将有助于丰富文化空间的内涵。而且已经有一些从人类学的视角对"文化空间"所做出的研究。

如苗伟认为"文化空间与物理空间、自然空间不同，文化空间是一种意义空间"[④]。王霄冰认为"节日生活以其公共的时间性、空间性以及独特的行为方式而构成了一种特殊的文化空间，其意义在于建立集体的文化认同和加固文化记忆"[⑤]。黄龙光认为"歌场是集少数民族经济生产生活、宗

[①] 陈桂波. "非遗"视野下的文化空间理论研究刍议［J］. 文化遗产，2016（4）：81-86.

[②] 尤小菊. 民族文化村落的空间研究——以贵州省黎平县地扪村为例［M］. 北京：知识产权出版社，2013：180.

[③] 尤小菊. 民族文化村落的空间研究——以贵州省黎平县地扪村为例［M］. 北京：知识产权出版社，2013：180.

[④] 苗伟. 文化时间与文化空间：文化环境的本体论维度［J］. 思想战线，2010（1）：101-106.

[⑤] 王霄冰. 节日：一种特殊的公共文化空间［J］. 河南社会科学，2007（6）：17-21.

教信仰、乡村地方权威、艺术审美于一身，负载有立体多元的文化内涵"①。他从自然属性、文化属性和社会属性对歌场进行了分析，这也正是契合了亨利·列菲弗尔的"空间生产"的"三位一体"的空间架构。张伟则是不仅肯定了"文化空间"的自然物理性、文化性和社会性，而且认为"文化空间"具有动态性。他说"'文化空间'作为文化符号的时空载体，始终处于一种表征符号不断编码与解码的动态过程中。表征符号的演化对'文化空间'的整体结构与意义生成体系所产生的影响无疑是颠覆性的。所以整个文化空间，就会随着表征符号的不断演化，而产生信息的编码与解码。进而日常生活世界的意义得到构建，产生新的社会生活方式，重塑新的社会结构"②。即是体现了"文化空间"的动态性，以及"文化空间"所具有的自然物理性、文化性和社会性的变异性。

在本书中所要探讨的"坐花园""斗牛"与"跳园"，从非物质文化遗产的视角来看，都属于一定时间和空间下的传统文化表现形式的"文化空间"，笔者将用人类学空间的理论，对这些"文化空间"进行研究，探讨其作为"空间表征"所进行的构想式的空间生产所具有的空间的文化性，以及作为"表征空间"所进行的象征性的和体验式的空间生产所具有的空间的社会性，以此更好地去理解蒙白人的社会。

（四）黔中苗族研究

黔中，是一个地理概念，是相对于黔东南、黔西南、黔南、黔西北等而言，对于黔中苗族，在以往的研究中也有过界定，如"黔中苗族，指贵州省中部、南部的苗族，为苗族南部支系惠水亚支系的聚居区，位于苗岭中段山脊，地处长江与珠江两水系的分水岭。这片聚居区在今天的行政区域上为贵阳市、惠水县、龙里县、贵定县毗连地区"③。本书中所要探讨的龙里县境内的这支自称为"蒙白"，他称为"白裙苗"的苗族，聚居于龙里县，遵循黔

---

① 黄龙光. 试论少数民族传统歌场的文化空间性［J］. 民族音乐，2010（6）：17-21.

② 张伟. 图像转向与公共文化空间的现代重构［J］. 河南师范大学学报，2016（6）：176-182.

③ 罗康隆. 文化调适的个案分析——明代黔中苗族因军事冲突诱发的社会生活重构［J］. 贵州民族研究，1999（4）：75-85.

绪　论

中这一地理概念，则也属于黔中苗族。但对于黔中地区苗族的研究，多以"高坡苗族"[①]为主，这是因为"相对来说，高坡苗族乡，它则是一个较为完整的社区，在千百年的社会变迁过程中，虽然它也曾被分裂过和同化过，但作为一个文化社区和行政单元，它却基本上是相沿承袭的，是幸存的较为典型的黔中苗族文化的代表"[②]。对于"高坡苗族"的相关研究，笔者将在下文梳理，现在先来梳理对"黔中苗族"的相关研究。

"黔中苗族"在文献史料中的出现，最早见于元代，罗康隆通过汉文献资料中对黔中苗族的记载并结合田野调查资料，认为"黔中苗族"从明末的"奢安之乱"后，其文化进行了调适，社会生活进行了重构。如"要求接受招谕的苗族要悬挂黄旗，要穿戴具有黄色标志的服装，正是这一举措，带来了黔中苗族衣着习俗、宗教祭仪、文学艺术以及价值观念等的变革与重组。这一变革与重组在我们现今所看到的黔中苗族中仍有体现：男子盛装是杏黄色绸子制成的连衣裙长袍，妇女的盛装装饰品则是被称为'黄背牌'，敲牛祭祖仪式和丧葬仪式上大师傅的装束也是杏黄色绸子长袍，以及还有黄帝御赐黄袍的传说故事。此外苗族在地域观念上也发生了变化，'哨卡''西排''卡上'、府属、州属、县属都进入他们的地名系统……"[③]黔中苗族在应对外来影响时所进行的文化调适与重组后呈现出的文化外显，将对本书中一些文化事象的理解上提供文献资料上的帮助。

李汉林则是从历史上发生的另一个事件——清雍正时期实施的"改土归流"来谈其对黔中苗族文化的影响。"改土归流"以后，黔中苗族在生产方式、生产组织、生产工具、生产资料结构、生产技术以及生活习俗等方面都发生了变迁。如"原来的生产工具有的消失，有的转化为礼仪用品；原来黔中苗族是斯威顿耕作方式，由于斯威顿耕作具有游动性，生产组织活动区也随着苗历的季节更替而做周期性的变换，也即热季按血缘宗族集中进行大季种植与采收；冷季以姻亲集团为分野，进行手工生产和狩

[①] 高坡苗族，指的是贵州省贵阳市花溪区高坡乡的苗族，自称为'蒙茸'（蒙戎），他称为"红毡苗""背牌苗"。

[②] 杨沛燕. 黔中苗族宗族研究——以高坡苗族为例 [D]. 兰州：兰州大学，2011：3.

[③] 罗康隆. 文化调适的个案分析——明代黔中苗族因军事冲突诱发的社会生活重构 [J]. 贵州民族研究，1999（4）：75-85.

猎活动，热季在山上，冷季在平地。而'改土归流'后稻田耕作的方式，带来了稳定的居住，原先的冷季营地逐渐地演化为纯粹的节日聚会场所，热季营地早年多位于烧畲地附近，水田开辟后，寨址位置逐步移到新开水田附近"①。"在黔中地区贵阳市花溪区高坡乡杉坪寨的批弓斗牛场是五个姻亲村寨的斗牛场，各村寨在这片土地上都有自己的专有地段，举行斗牛活动时，各寨民众集合在属于自己的地段上"②。张惠泉认为这可理解为是古代苗族冷季营地的生活遗址。杨庭硕则是通过对史籍中黔中苗族的人名研究，来探寻黔中地区苗族的父子连名的命名制度，有族无姓的家族制度，以及大师傅将各世代祖宗名字熟记于心的宗族制度。这些都对本书中蒙白人文化事象的理解有了文献资料上的支持。

敲牛祭祖，是黔中地区苗族的宗教仪式，而且在东部苗族和中部苗族地区也有，只不过叫法不一。石开忠认为"黔中苗族的敲牛祭祖习俗只是牛祭习俗的三种主要形式之一，他认为敲牛祭祖属于节日牛祭，另外两种形式是喜庆牛祭和丧葬牛祭。并分析了三种牛祭形式的发展顺序、分布地区、形成背景以及形成原因"③。黔中苗族是善于唱歌的民族，张涛"从黔中苗族民歌传承现状、黔中苗族民歌的演唱形式与方法，以及黔中苗族民歌的音乐形态特征，对黔中苗族的民歌进行了研究，认为从民歌中可以体现出黔中苗族的生存区域的地理环境、生产生活方式、价值观念等"④。杨昌文的《龙里县中排乡和民主乡苗族考察记略》⑤一文，则属于全景式调查研究，从历史传说、生活习俗、节庆、婚姻、丧葬、礼俗、禁忌等方面进行展开。

如果说以上的研究是对整个黔中苗族的文化习俗、生产生活、地域环

---

① 李汉林. 文化变迁的个例分析——清代"改土归流"对黔中苗族文化的影响 [J]. 民族研究，2001（3）：74-79.

② 张惠泉. 批弓狗场万历摩崖石刻跋 [J]. 贵阳市志资料辑，1987：40-44.

③ 石开忠. 试论黔中苗族牛祭习俗的成因 [J]. 贵州民族学院学报（社会科学版）. 1986（12）：71-75.

④ 张涛. 黔中苗族民歌研究 [J]. 戏剧之家，2015（3）：108-109.

⑤ 杨昌文. 龙里县中排乡和民主乡苗族考察记略 [A]. 贵州六山六水民族调查资料选编（贵州卷）[C]. 贵州省民族研究所、贵州省民族事务委员会编. 贵阳：贵州民族出版社，2008：119.

境的总体概述，那以下的这一研究则是一种以小见大，以某一区域社会为例来看整个黔中苗族地区、西南地区"超社会体系"的形成，甚至可以看作所有"超社会"和"跨文化"世界的一个个案的呈现，是一种对以"单一化"和"同一化"的特征来界定"社会"或"文化"概念的突破和改变。汤芸在《多族交互共生的仪式景观分析——贵州黔中跳花场仪式的人类学考察》一文中，将"跳花场"仪式置于区域性和历史性的场景中，考察了在有着不同文化背景与社会形态的人群间存着的一种"分而未裂、融而不合"的交互关系与共生状态，以及他们在其交互共生的历史过程中共同形塑了一个"超社会体系"①。

在黔中苗族的研究中，以对"高坡苗族"为主的研究较多，而且起步也较早。民国时期，吴泽霖教授是从事黔中苗族研究较早且成就显著的人类学家，抗战期间他在内迁的大夏大学任职，在田野调查基础上写作并发表了《贵阳苗族跳花场》②等多篇文章。20个世纪80年代，杨庭硕、张惠泉、牟代居、李梅、岑秀文、潘定远、潘定智等学者对高坡苗族也展开了比较广泛的调查和研究，出现了一批成果，但这些研究多采用的是早期民族志的方法，尽管有对社会的全景式描写，也有专题式研究。但没有对社会结构、社会组织进行深入的理论探讨。如岑秀文著的《关于高坡苗族丧葬的调查报告》③，即是对高坡苗族的丧葬形式，如岩洞葬，棺木土葬、冷丧、火葬等做了详细的介绍，是一个丧葬的专题式研究。潘年英的《百年高坡——黔中苗族的真实生活》④一书，则是对高坡苗族的历史、高坡苗族名称演变、社会结构、社会组织、婚姻、洞葬，以及家庭生活、经济生活、节日、服饰、教育等方面，所做的一个全方位的描写和研究。王亚新的《原始记录——高坡苗族生活》⑤一书，则是以图文并茂的形式，向

---

① 汤芸. 多族交互共生的仪式景观分析——贵州黔中跳花场仪式的人类学考察 [J]. 西南民族大学学报（人文社会科学版），2013（4）：16-23.

② 吴泽霖. 贵阳苗族跳花场 [A]. 载民族研究参考资料第二十集·民国年间苗族论文集（内部资料）[C]. 贵州省民族研究所编，1983.（12）：275.

③ 岑秀文. 关于高坡苗族丧葬的调查报告 [A]. 贵州民族调查之九 [C]. 贵州省民族研究所、贵州省民族研究学会编，1992：28-36.

④ 潘年英. 百年高坡——黔中苗族的真实生活 [M]. 贵阳：贵州人民出版社，1997.

⑤ 王亚新. 原始记录——高坡苗族生活 [M]. 河北：河北教育出版社，2003.

我们展示了高坡苗族的生活环境、民族风情、生存状况，同潘年英一样，是一个对社会的全景式描写。吴秋林《美神的眼睛——高坡苗族背牌文化诠释》①，则是以"背牌"作为研究的切入点，以多个"背牌"和"射背牌"仪式的个案研究的呈现，向我们展示了高坡苗族的爱情观念和婚姻生活。

张旭的《高坡苗族的传统社会组织》，以高坡乡杉坪村苗族为例，通过文献资料和田野调查相结合，对高坡苗族的传统社会组织和仪式进行解读。他认为"在国家形成以前，高坡苗族社会并不存在国家政权组织、市场体系和统一的宗教信仰，其传统社会组织的构建是依靠血缘关系为基础来展开的，社会中的人际关系和伦理道德是围绕血缘展开的家族关系和婚姻展开的亲族关系来梳理和维系的。苗族的传统社会是以血缘为纽带的父系宗法社会"②。杨沛燕同样认为苗族的传统社会组织，"是以血缘关系为纽带并以地域关系、利益关系强化的宗族组织，而且这种宗族组织严格地规约着苗族社会群体的生活与交往。通过对高坡苗族地区宗族在苗族社会中的规约功能、政治功能、文化功能等的考察，得出在现代社会高坡苗族宗族组织的存在与发展离不开国家的发展背景，而且依然在苗族社会中发挥着重要作用，与国家主导的村委会管理体系形成一种共存互补的兼容关系"③。此外，杨沛燕在《敲巴郎：黔中苗族宗族文化探微——以贵州高坡苗族为例》一文中，通过对高坡苗族从买巴郎、到斗巴郎、再到敲巴郎的整个过程的描写，认为这个围绕巴郎的一系列祭祖习俗过程，其实构成了一条农耕社会的祭祀链，生动地演绎了苗族宗族文化的概貌。并认为"高坡苗族的这一祭祖活动发挥着教育、凝聚族众，维系社会稳定与保证人群延绵的重要作用"④。

以上这些研究则是讨论苗族社会组织、社会关系的文章，它们都认为在国家政权尚未介入以前，高坡苗族社会是以血缘关系为纽带而组织形成

---

① 吴秋林. 美神的眼睛——高坡苗族背牌文化诠释［M］. 贵阳：贵州人民出版社，2001.
② 张旭. 高坡苗族的传统社会组织［D］. 贵阳：贵州大学，2009.
③ 杨沛燕. 黔中苗族宗族研究——以高坡苗族为例［D］. 兰州：兰州大学，2011.
④ 杨沛燕. 敲巴郎：黔中苗族宗族文化探微——以贵州高坡苗族为例［J］. 贵州民族研究，2010（6）：53-57.

的家族社会、以婚姻关系为纽带而形成的亲族社会，以及以地域和利益关系为纽带而组成的地缘组织社会的统合，而且这些社会组织严格地规约着高坡苗族社会群体的社会生活与社会交往。

从以上的简单梳理，我们可以看出，对于"黔中苗族"的研究中，以节日或仪式为切入点来讨论苗族社会组织、社会关系的研究则比较少，而对于黔东南苗族关于这一研究方向的则非常多，其中以"鼓藏节"作为研究的切入点来研究苗族社会的则最多，如讨论"鼓藏节"与苗族社会秩序的就有杨正文的《鼓藏节仪式与苗族社会组织》[1]，其文章认为黔东南苗族就是通过"鼓藏节"这一定期举行的仪式，使对祖先、家族、姻亲关系得以确认与强化，使苗族社会关系获得了制度化的统合，使社会获得以有秩序运行。刘锋和靳志华则不仅认为"鼓藏节"的定期举行强化了苗族的社会关系，使社会有序运行，而且认为"鼓藏节"凸显出了以祖先为核心的社会权力秩序，是在进行着苗族乡村权力秩序的展演与重构。[2] 在靳志华和王辉的《民间仪式权力运作与乡村社会秩序构建——以黔东南苗族D村鼓藏节为例》[3] 一文中，将"鼓藏节"看作权力资源符号，对乡村社会秩序的构建具有重要作用。同样是以"鼓藏节"为切入点，蒋立松则是从人群认同的角度，认为苗族"鼓社祭"是苗族人群认同的重要场域，通过一系列仪式性行为，实现了以"血缘"关系为主导、辅之以"地缘"关系的人群认同整合，形成了家族、家园、民族的三角整合结构。[4]

此外，对于苗族社会秩序、社会整合进行研究的成果还有从规范制度、互惠交往实践、苗族古歌历法以及苗族丧葬等方面进行的探讨，如赵旭东和周恩宇的《"榔规"运行的文化机制——以贵州雷山甘吾苗寨"咙

---

[1] 杨正文. 鼓藏节仪式与苗族社会组织 [J]. 西南民族学院学报（哲学社会科学版）. 2000 (5)：16-29.

[2] 刘锋，靳志华. "鼓藏节"仪式之权力表达 [J]. 贵州民族学院学报（哲学社会科学版），2010 (6)：4-9.

[3] 靳志华，王辉. 民间仪式权力运作与乡村社会秩序构建——以黔东南苗族D村鼓藏节为例 [J]. 贵州民族大学学报（哲学社会科学版），2012 (12)：35-39.

[4] 蒋立松. 苗族"鼓社祭"中的族群认同整合——以黔东南J村为例 [J]. 原生态民族文化学刊，2015 (6)：102-106.

当"仪式为例》① 一文，认为在苗族的传统社会里，"榔规"可看作一种自治规范，在不断举行的"咙当"仪式中，"榔规"不断地强化着它所具备的权威性，调解着生活中的矛盾，规范着社会的秩序，充当着保持社会正常运行的文化机制。张原和汤芸的《传统的苗族社会组织结构与居民互惠交往实践——贵州雷山县苗族居民的礼仪交往调查》② 一文，则通过对当地苗族居民间所展开的礼仪上的交往和互惠的调查研究，从人类学的视角对苗族的社会组织结构、社会关系网络、婚姻交换制度等问题展开了分析。认为传统的互惠行为与当地社会的组织结构和关系网络是一种生产与再生产的关系，并且再现了其传统社会组织结构。曹端波的《苗族古歌中的时间、历法与社会网络》③，则认为苗族的社会网络及其组织逻辑体现在苗族的这些古歌之中，如苗族的"抢季节"古歌就以"议榔"的形式安排各村寨过节的秩序，体现了苗族"时间""历法"与"社会网络"的紧密结合，也即是以时间历法体制来展示和表现苗族的社会制度。李昕的《丧葬仪式中的多重文化表征与社会整合——以一位苗族基督徒的葬礼为例》④一文，认为，在葬礼这一集体行动过程中，苗族的社会整合性增强，使社会关系和人际关系再次整合。

本书中的研究对象蒙白人与高坡苗族同属黔中苗族，在汉文献中曾被统称为"白苗"，在文化习俗上也较为相近。蒙白人社会与高坡苗人社会一样是以血缘关系为纽带的父系宗族社会，并以姻亲、地域等关系向外进行拓展。但这样的社会是如何运行，这一社会中的群体成员又是如何以具体的行为实践进行表征，在本书中则通过蒙白人一年一度最隆重的"跳园"，所包含的"坐花园、斗牛和跳园"三个"文化空间"作为切入点，从人类学中空间的视角，从象征的角度，来研究一个区域社会中的人们是

---

① 赵旭东，周恩宇. "榔规"运行的文化机制——以贵州雷山甘吾苗寨"咙当"仪式为例[J]. 民族研究，2014（1）：71-78.

② 张原，汤芸. 传统的苗族社会组织结构与居民互惠交往实践——贵州雷山县苗族居民的礼仪交往调查[J]. 西南民族大学学报（哲学社会科学版），2005（2）：30-34.

③ 曹端波. 苗族古歌中的时间、历法与社会网络[J]. 毕节学院学报，2014（9）：72-81.

④ 李昕. 丧葬仪式中的多重文化表征与社会整合——以一位苗族基督徒的葬礼为例[J]. 西南边疆民族研究，2013（6）：109-114.

如何来看待他们所生活的空间,如何组织他们之间的社会关系,又是如何来制造文化空间,从而进行空间生产、社会关系的生产。

三、研究方法与研究思路

(一)研究方法

1. 田野调查

怀特·米尔斯(C. Wright Mills)说:"没有资料的理论是空洞的,没有理论的资料是盲目的。"[①] 人类学与其他社会科学间的区别就在于其"十分强调把田野工作作为获得社会和文化新知识的最重要来源"[②]。还有的将田野工作比喻为学术上的"成丁礼"——一个人类学家的通过标志。而对于蒙白人"跳园"的研究在以往的文献资料中的记载是少之又少,对于这样的情况,通过田野调查所获得的第一手资料则成为笔者资料的主要来源。

笔者的田野工作分为三个阶段,第一阶段于2014年农历正月初四进入贵州省黔南布依族苗族自治州龙里县草原乡做与"跳园"相关的节日调查,因"跳园"在当地举行的日期为正月初五至十二,因此,这一阶段的田野工作属于面上的参与观察和了解,并做了一些专访,这一阶段的田野工作于正月十七结束后由田野返校。第二阶段是2014年8月至9月,这一时期,村寨里剩下的只是老人和少数儿童,中青年大都在外地打工赚钱,并将孩子带在身边,老人们也闲不住,修房子、打小工、上山采药材卖钱是他们白天的工作,白天寨子里基本上是找不到一个闲人,于是笔者白天就在寨子里转一下,了解一下寨子里的情况,趁晚上大家闲的时候,对一些老人做一些专访工作,也不便做得太晚,怕影响他们的休息。第三阶段从2015年12月下旬到2016年3月,是最为集中的田野工作阶段,在外打

[①] [美] 怀特·米尔斯著. 社会学的想象力 [M]. 陈强,张永强,译. 北京:生活·读书·新知三联书店,2005.

[②] [挪威] 托马斯·许兰德·埃里克森著. 小地方,大论题——社会文化人类学导论 [M]. 董薇,译. 北京:商务印书馆,2008:36.

工读书的人大都回到了寨子，人们白天也不再有那么多的活要干，这段时间是人们开展活动比较频繁的时候，办立房子酒、立碑酒、满月酒、坐花园、跳园、斗牛都在这一阶段开展。因此，在这一阶段，笔者进行了深入、细致的访谈工作，并针对前两个阶段在田野中遇到的问题进行了解决。2016年5月中旬和11月上旬又进行了田野补充调查，并对蒙白人的"四月八节"进行了参与式观察。

  在这几个阶段的田野调查过程中，笔者住在村民家，采取与村民同吃、同住的方式，希望通过一段时间的居住、与村民的相处，使自己能够有像当地人那样看世界的能力，或者自己的存在让村民们觉得已经是习以为常的事情，就如同格尔兹所说的"不再是一片云或一阵风了……"更重要的是，只有与调查对象生活在一起，观察他们的日常作息、生产生活，才会达到马林诺夫斯基所说的"只有露天的人类学，才会给我们原始人和原始文化的八方玲珑的景色……"[1] 在田野调查期间，做田野工作有很多种方法，而要为如何进行田野工作提供一份清楚的秘方是不可能的。因此应根据具体情况、具体事象而采取不同的田野调查方法。如对于"跳园"这样的节日仪式，笔者则通过直接观察的方式，观察整个盛会的过程、组织的程序、人员的参与等，然后将其通过影像和文字的方式记录下来。而要对蒙白人的社会生活、日常行动、生活习惯等整个文化脉络有一个深入的了解就不仅要做到观察还要参与，也就是要融入他们的日常生活当中。此外对于那些发生过的或者是外人不便参与的事件就要通过访谈的方法获得，像当地人一直讲的"敲巴郎"，我们是不可能亲眼见到了，因为据当地60多岁的人讲，他们都没有进行过"敲巴郎"，原因是花费太大，搞不起。38岁的李光忠村主任讲"谁搞了'敲巴郎'其实是给他的后代增添麻烦，因为在他去世时，要给他多做一道手续，既多花钱也多花精力"，对此，笔者在田野期间也就没有机会见到"敲巴郎"的仪式场面，也只能通过访问的方式，从老人们讲述的话语中去想象那壮观的场面。而在访谈中，也要根据具体的事象采取不同的访谈方法。如在对当地人的婚姻情况

---

[1] ［英］马林诺夫斯基著. 巫术、宗教、科学与神话［M］. 李安宅，译. 北京：中国民间文艺出版社．1986：128.

的调查中，像哪家是近亲结婚（姑舅表婚、姨表婚），谁家的媳妇是以"非正常的"方式娶来的，是否达到成婚的法定年龄等等这样的情况，就可以采取非正式谈话和闲聊这样轻松缓和的方式获取信息和资料，这种方式即是非正式访谈。而像"敲巴郎"的前后过程、当地的婚礼仪式、丧葬仪式等则是要通过正式访谈方式中的非结构性访谈的方式，即我们说一个主题，然后由被采访者自由阐述等。而像在这些仪式中用到的具体的仪式物品所表达的意义，参与的人所扮演的不同角色等，我们则是要采取结构性访谈的方式，事先设计好具体问题，系统地访谈研究对象。以上讲的这些田野方法是在与当地人熟识以后，才得以展开进行的，在没熟识之前，刚到田野点的时候，格尔兹所经历的"一阵风"阶段，也是笔者有过的经历，采取的回应则是厚着脸皮在外到处乱逛，如见到妇女老人小孩子就发糖果，见到男人就发烟。对于笔者这样一个性格内向、脸皮薄、不太愿意跟人交流的人来说，确实需要很大的勇气、说服自己离开居住的地方到外面去转。而在外面转的时候，大家都在为生计而忙碌着，修房子、砍柴、放牛，而自己只是到处在串寨子，与当地的人显得是格格不入。在后来与当地人稍微熟悉了以后，他们也开始主动与笔者打招呼，"你去上班了啊""你下班回来了啊"则是对我问候的方式。等他们空闲下来了，也会邀请笔者到家里坐，会与笔者摆东家长、西家短的事情，笔者也就变成了当地人所认为的最熟悉的同时也是最闲的陌生人。从外面开车进来卖菜和水果的小商贩，会把笔者当成当地的媳妇。笔者穿着他们在"跳园"时所穿的盛装的样子，也被一些好事的大哥、大叔们保留在了手机的相册里。

此外，除笔者田野调查所获得的第一手田野资料外，当地蒙白人杨必清，现为龙里县水利站站长，向笔者提供了他自己整理的一些民俗文化资料；县民宗局也提供了一本 20 世纪 80 年代内部刊发的《龙里县民族志》。对于笔者来说，资料非常有限，这的确是一个问题，但也说明了笔者自己亲身调查所获得的第一手资料的珍贵性。笔者也正是在有限的资料和所获得的田野资料的基础上，去完成本书稿的写作的。

2. 问卷调查

问卷法是社会调查所用的方法，尤其为社会学调查所偏爱，它具有对于某些问题能够进行大范围调查，节省时间和经费，能够获得标准化答案,便于定量研究等优点。人类学常用问卷法作为田野调查的一种辅助手段,用于搜集量化材料。本书在对当地蒙白人的婚姻家庭调查中设计制作了调查表,想通过调查表的形式,对蒙白人的婚姻状况进行统计,以便了解当地蒙白人的姻缘组织的社会空间和地理空间情况。在这样的调查中,自己也收获颇丰。

(二)研究思路与框架

每一个群体都有他固定的生活场所,也即物理空间,包括自然的地理形式以及人为的建构环境在内,而且它们都对人及群体的生活起到一定的形塑作用。一片山坡、一片树林的使用权是属于某一群人或某一个家庭的,那其他的不属于这个群体的人、其他家庭的就没有在此片山坡和此片树林里进行活动的权利,这就是"空间实践"。反过来说,一定的物理空间代表了一群人或一个家庭,一片山坡上和一片树林里允许哪些人有优先活动的权利,家庭里哪一个人是户主,如何进行活动,这则是在物理空间上依人的活动而建构出的关系空间、文化规则空间,也即"空间表征",也可以说是人们构想的、概念化的空间。这些空间对人的活动起到了一定的限制、界定和调节的作用。但在人们的生活中,总有一些空间它同时具有以上所提到的空间实践和空间表征这两种性质,但从人的实际生活来说,它并没有实际的意义,它是一些从实际生活的空间出发的、可以同时涵盖这二者的一个开放性空间,是一个象征的、可感知的空间,也即"表征空间"。在本书中的"跳园"即是这样的象征空间,"坐花园"和"斗牛"即是与其相配合的一系列空间,蒙白人的社会结构、社会秩序也正是通过"坐花园""斗牛"和"跳园"这些"表征空间"进行了表征。本书的框架也即是按照这样的思路展开的。

本书除绪论与结论部分,正文部分共有五章。

绪论部分,首先是论文的选题缘起与选题意义,接着对人类学视野下的空间研究和区域社会空间研究进行梳理,对社会科学领域的空间研究与"空间生产"的"三位一体"进行了探讨,并对关于"文化空间"相关内容以及"跳园"和相关内容进行了梳理,最后对文章的研究思路、研究方法,以及田野点的情况进行梳理。

绪 论

第一章，通过文献资料记载对蒙白人的历史进行了梳理，介绍了蒙白人的居住区域的情况，并借助于传说故事、民间习俗等从"他者"的角度和蒙白人自己记忆的角度对蒙白人以及与蒙白人在历史上同被称为"白苗"的"红毡苗人"和"海菢苗人"间的关系进行了呈现。基本为对蒙白人的社会、历史、文化的一般性介绍，以期提供蒙白人的一个基本社会面貌。同时，以笔者的田野点——下排等鲊寨子的蒙白人为例，以《十二月歌》作为切入点，不仅展示了蒙白人的生活与环境的关系，而且在一定程度上表现了蒙白人群体性存在的性质。

第二章，通过对蒙白人年轻时恋爱方式的梳理，认为他们的恋爱是一种"制度式"和"集体性"的谈情，而在固定的时间和空间里的"坐花园"和"跳米花月"则是一种特定时空下的"制度式"和"集体性"的谈情。这一"制度式"和"集体性"的形成是与"花园"的隐喻相关的，也是与蒙白人聚族、聚寨（自然寨）、聚排而居的居住格局和就近结亲倾向对应的，由此形成了他们对本排的感情，以及建构与维系一个小范围、封闭、互惠、平行来往的婚姻圈的想法。形成了"结构化了的排内婚"的群体性社会的心理情境。

第三章，斗牛是苗族人喜欢的一种娱乐活动，但在蒙白人中，还存在着专为"祭祖"而设的斗牛场，正是"祭祖"这样的性质，使斗牛场有了"正场"与"草坝场"之分。在文中，通过从"排内公共地域"和"排间公共地域"的角度对蒙白人的这一行为实践进行分析，可以理解为这是他们的一种"独处机制"的调整，通过对斗牛场的区分，借助一定的空间实践和一定的"空间形塑力"，建构出了"权力的空间"和"秩序的空间"，这样构建的空间对蒙白人群体起到了界定、限制与调节的作用。

第四章，"跳园"是蒙白人一年一度中最大的节日庆典，"跳园"作为一个乡土社会仪式，表达的是人与祖先以及人与人之间的沟通和交流。可以说，"跳园"作为一个巨大的、区域间的关系网，在一个广泛的地区上把许多人以确定的社会形式联系了起来；也可以说，这样的典礼与区域性社会的定期整合以及边界的强调有关，并且在这样的聚集性典礼中实现某种文化的空间表达和再生产。

第五章，围绕牛展开了一系列梳理，展现出的是人与牛彼此之间是一种共生的关系、互惠性的供给关系。在葬礼和祭祖仪式上，围绕牛而展开的人与人之间的社会关系和社会互动的象征性的呈现是家族内部以及姻亲关系的体现，是花园、斗牛场、跳园场作为"空间实践"和"空间表征"和坐花园、斗牛和跳园作为"表征空间"所生产的社会关系的体现，而且葬礼和祭祖仪式的象征机制又将人们凝结成为一个社会整体。

结论部分，基于对以上各章节的讨论，来对蒙白人社会"表征空间"的象征性和体验性空间的生产进行总结，并进而提出理论思考。

四、田野点概述

在未进入蒙白人社会时，通过县政府网上的资料和民宗局相关人士的介绍，了解到三个排（排，是当地苗族对区域的一种表达，其所包括的范围基本上与当地的行政村所包括的范围对应，上排对应水苔村，中排对应中排村，下排对应团结村，每个排下面又包括多个自然寨，每个自然寨多数为一个家族的人居住，所以蒙白人的区域社会空间的层级划分为：区域——排——寨子，文中如未加以说明，对于"寨子"的表述均指"自然村"）的"跳园"，要数下排最热闹，来的人最多。2014年的"跳园"，笔者亲自到了现场，并观看了上、中、下三排举行的"跳园"，的确要数下排"跳园"时，来的人最多、也最热闹。据当地人讲，因为下排的场地最好、再说也是"杀脚"（最后三天），所以来的人很多。下排蒙白人居住的寨子有13个[①]，这13个地名都有相应的蒙白人自己的叫法，因时间久远，为什么如此叫已不得而知。

据调查，上、中、下三排的"跳园场"都有一个场主，而场主不是个人，是一个寨子或两个寨子，下排的场主就是等鲊寨。笔者认为等鲊寨是

---

① 等鲊—蒙好鲊、上塘堡—蒙好哟、下塘堡—蒙好后、长舍—蒙好斯、火烧寨—蒙好空（太热了之意）、新寨—蒙好赛、坝卡—蒙好不拉卡、上白番—蒙好将行、中白番—蒙好高、白岩—蒙好得、跳园冲—蒙好给杠、关口寨—蒙好在等。除这十二个蒙白人聚居自然村外，摆林—组不来、伍控—组不考、丛坝山—组不拉，是三个汉族聚居的自然村，因与蒙白人聚居的自然村相隔较近，基本上都会说蒙白人苗话，在行政区划上，也与蒙白人的十二个寨子划归为一个团结村，但一直未有结亲，但谷朗寨不属于团结村，属于金星村，也属于蒙白人所称的下排。

"跳园场"的场主，于笔者的田野调查会有更多的便利，因此笔者的居住点就选在了等鲊寨。

等鲊寨，不仅是下排"跳园场"的场主，还是下排斗牛场的场主。为王、李、陈三姓人合居，是少有的住在山上的寨子，也是少有的多姓合居的寨子。① 正因为如此，笔者认为，等鲊寨一定会有一些文化是与"一家族一寨"所不同的，这更坚定了笔者将等鲊寨作为笔者田野点的决心。

下面是下排各个寨子的区位图，而笔者所在的等鲊寨子就位于下面的区位图之中。

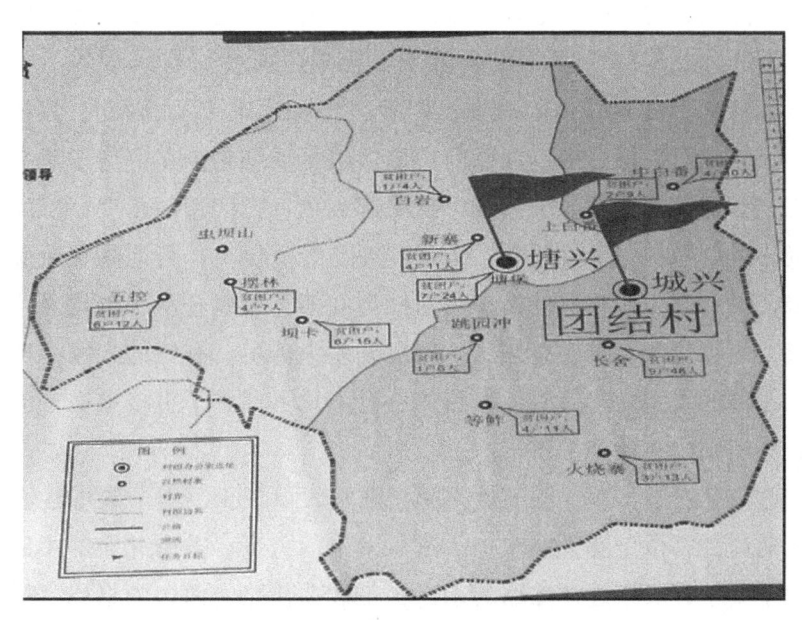

下排（团结村）的区位图

（一）等鲊寨格局

苗族多聚族而居，形成大小不一的村寨，小的二十来户，大的五六十户，单家独户的没有。村子多建在山腰、山脚，也有建在山顶的，如等鲊

---

① 黔南苗族村寨多建于高山密林深处，聚族而居，多为一姓一寨。规模以 30—50 户为一寨较为普遍。典型的苗寨都建在地势险要的山腰山顶，竹木深掩，独路险峻。见黔南布依族苗族自治州概况 [E]. 民族出版社，2007：19.

寨。寨子周围，竹林环抱，苍翠密接，山间梯田层叠，别有天地。等鲊寨的住房，大多都是依山势和地势而建，多为坐南朝北，此外也有几家坐东朝西，或者坐西朝东。"跳园场"就在山脚下，每一户人家早上刚一起来打开门，朝向的就是"跳园场"的方向。虽然他们房子的朝向都是依山势、地势而建，但从文化象征的角度，我们也可以说可能这是他们要一开门就看到"跳园场"，因为他们这个寨子是"跳园场"的场主，既然是主人就要看好属于自己的东西。

等鲊寨子的地面不算平整，是一个30度角的坡地，很少有人家是有院子的，因除去建房子的平地外，就没有多余的平地建院子了，除非将门前铺垫一下，才能建一个宽一点的院子，否则门前就只有窄窄的一长条空地。人们认为"四角（房）难置，四脚（牛）也难置"，因此，只要经济允许，无不建造一栋好房。在以前房屋多以木质结构为主，房子具有自己的特点，即房壁多用竹篾子编成，从底部到顶，把四壁封得严严实实，涂上牛粪，外刷石灰，造价便宜，结实美观，舒适保暖，可谓物美价廉。以前有专门的谷仓，建在房外，多用木柱为底架，上建仓房，离地悬空，利于防潮。每家房侧，多建有柴房。现在则多为砖房，有钱的人家多建两到三层，没钱的人家先起一层。以前的谷仓不见了，谷子直接堆在一间空屋子里，柴房则统一建到了寨子边上。

等鲊寨住有王、李、陈三姓人家，陈姓人口最少，房子集中建在通村公路的寨口处，位于寨子的东边。进入寨子内，有一条南北向的小路，小沟将这个寨子分成李姓住在路的东边，王姓在住路的西边的格局。听寨子上的人讲，到了20世纪80年代，王姓李姓人家才开始有混合住的现象，王姓住的那一边有李姓，而李姓住的这边也有王姓，而混合住的现象也只是在这条小路的最北边，快到寨子外了。而现在有好多李姓人家，也将自己的新房子修在了寨口处，与陈姓人家一起住在了寨子的东边。

寨子里现在仍然用的有两口水井，一口新井和一口老井"龙圣泉"，老井是20世纪50年代打的，新井是20世纪80年代打的，两口井在2015年都进行了修缮。没有水井之前，大家就在村外一个大水池里取水吃，很不方便。现在有了水井就方便多了，寨子里的人根据自己家离水井的距离，而选择到哪口井上取水。

因等鲊寨子建于山顶，站在等鲊寨子的最北面向远处眺望，周围的寨子尽收眼底：在等鲊寨的东边是长舍寨，山脚是跳园冲寨，北边是火烧寨（塘堡小学就位于这个寨子），西北边是汉族寨子摆林，接着过来是坝卡寨，西边是金谷村的陈下寨。其他的寨子因山体阻挡，则不能直接看到。但距离等鲊寨的路程，在一小时内都能到达。到跳园冲要走10分钟，上白番要走20分钟，中白番30分钟、坝卡20多分钟，上、下塘堡要走40分钟，新寨30分钟、火烧寨30分钟、长舍20分钟，白岩最远要50分钟。

（二）等鲊寨蒙白人先祖

蒙白人的寨子，一般一寨一姓，或以一姓为主，少量异姓同居一寨，多姓同居一个寨子的情况较少。但等鲊寨子就是三姓人合居，这是因为当年开基时，等鲊寨子是由三姓人的老祖公起的家，三个老祖公的后代们都以父系血缘相联系，发展成今天的多个姓氏组成的村落。因并非同一父系血缘同一家族，所以三姓人家间世代结亲，成为血脉相连的亲戚。

等鲊寨虽是王、李、陈三姓人合居，但也是有"先来后到"的。听陈廷忠老人讲，最先来此地居住的不是王、李、陈三姓的先祖，而是唐家人，后来唐家人衰败了，再后来也不知唐家人是全死没了，还是又搬到其他的地方去了，现在在坡上还有唐家好几处坟，但都没有人来打理过。后来他们陈家的老祖公又来了，听老辈子讲，当时李家住在坝卡寨的李家山，搬到等鲊寨后住在现在的篮球场坎角那里；王家住在金谷村陈下寨的王祝山，搬到等鲊寨后住在田坎那边的坎角。当时住在那两边的王家和李家的老祖公头发脱落，头顶生疮。他们陈家的老祖公看到后就说，反正我们这边人少，你们李家和王家的就搬来和我们陈家一起住吧。当时三姓人加起来，总共也才7户，三家当时还认了兄弟。听老辈子讲，现在篮球场过去的田坝在以前都是他们陈家的地盘，以前他们家的地盘是一转转的，李家现在住的这边在以前也是陈家的，可以说，他们陈家以前还是很发达的。至于他们陈家的衰败原因，陈廷先与陈廷忠两堂兄弟则分别给出了他们的看法。

衰败原因一（陈廷先）：后来，老祖公不知从哪里听说，说我们陈家住在下面很发达，如果要是搬到上面去住的话会更发的。所以我家老祖公，就将房子起在上面一点了，结果，七弟兄就死的死、跑的跑，就剩下我的大伯和我爸爸两兄弟，就将剩下的这些地盘转卖给李家，随娘改嫁到唐堡那边去了。老祖公错听别人的话，家道没有发达而是衰败了。

衰败原因二（陈廷忠）：陈家当时有7兄弟，因赌钱，赌输了，就把自己的田土转卖给了李家和王家的老祖公，把田土卖出后，有的就跑到老外家去，有的跑去跟别人住，最后就只剩下我爸爸和大伯他们两弟兄了，他们俩就随娘改嫁到塘堡那边了。

后来土改时期，唐堡那边又发生了耗子病（霍乱），我的大伯和我爸又转回来等鲊，在这里分到了土地，就在这里又安了家。我大伯是个铁匠工，活了73岁，我爸爸死的要早点。

（三）等鲊寨现有人口概况

等鲊寨子现有63户人家，500多口人，其中陈家7户，李家23户，王家33户（这些数据资料均来自等鲊寨子的两位组长王光兴和李廷忠的口述）。在这里的户数和人口数都只是一个大概。因年轻夫妻常年在外打工，只有过年才会回家来，一过完年就又走了，所以有些家庭常是几兄弟与父母住在一起，没有分家；而有一些又是分了家的，那些没分家的，今年没有分，说不定明年回家来就又与父母分开住了，所以随着家庭的分分合合，户数每年都会有变化，不仅寨子上的人不能确定有多少户，就连村干部也不能给出一个确切的户数，因此63户也只是一个大概，进而人口数也只是个大概，随着人的生老病死和女人的娶进嫁出，每一年寨子里的人数都会有所变化。当地的早婚早育情况突出，好多夫妻都没有结婚证，生孩子也不去医院，大多都是在生了二胎、三胎以后，夫妻俩才会去领结婚证，而给孩子办户口要到孩子上学读书时才会去办，又因为当地小学要求不严，只有上初中时，才会因没有户口学校不给办入学手续，这时大人才会去给自己的孩子办户口，好多嫁进来的女人没有上户口的现象也是有的。所以，人口在村干部看来，是难于统计的，所以寨子上的户数和人口数就处在一个大概的状况。

（四）生计概况

当地的田土主要种植的粮食作物是稻谷，有一些玉米，但不多。原先种的水稻是草坝米（苗语为"百米莫"），因当地地势高，气温低且土层薄，以前一亩地才能产300多斤稻子，而且要割、捆、晒（用火炕），等稻子晒干以后接着在堂屋里来敲打，草坝米产量低，但像糯米一样，很好吃。后来换成国家提供的优良品种后，一亩田可以产到1000多斤，单产大大提高，基本上生产一年的粮食，可以够吃两三年。所以当地人说，以前不是想着赚钱，而是想着粮食如何够吃，现在稻谷产量高了，吃饱饭不成问题，如果儿女们都在外打工，每年都会有剩余的稻子，好多人家七八年前的稻子都有。在以前，地里种的蔬菜也只是些青菜和白菜，但不同的季节，山上会有像竹笋、蕨菜等野菜供当地人采摘，土豆、红薯是在20世纪60年代以后才引进来的。听当地的一些70多岁的老人说，小时候，他们的妈妈会背上柴到集市上去换土豆和红薯来吃。等鲜寨人主要赶三个场：下麻若为狗场天和龙场天；高坡为猪场天和蛇场天；龙里县城原来是赶虎场天，后因赶场的人多，会造成交通阻塞，改为了赶星期天。这些"场"都比较远，最近的下麻若场，如果走路也要一个半小时，因此人们常常是去赶一次场，就置办一大堆的东西回来。以前寨子上没有小卖部，整个村就只有塘堡小学那边有一个，家里炒菜突然没盐了，要买包挂面，周围的寨子都得到村里唯一的这个小卖部来买，等鲜寨子因在山顶，要到这个小卖部就先要下山，接着再上山，算起来要走30分钟，当然这是笔者的速度。近两年，寨子上王姓的一家人开了小卖部，卖一些小孩子爱吃的零食和一些日常生活用品，确实也方便了寨子上的人。偶尔也会有小商贩开着车子拉着水果和蔬菜来卖，有的人家用储存年限久，已经不好吃的稻子来换蔬菜和水果。

寨子上的人一天只吃两顿饭，上午吃一顿，晚上吃一顿，因为每天都有很多活要干，长期以来形成了这样的吃饭习惯。如果天气好，田里没有"活路"（指田间劳动），女人们就去山上放马放牛，割猪草，或者采药材来卖钱，10月份以后，妇女们就要上山砍柴，储备冬天取暖的柴火，每家都有一个小柴房，柴房里的柴堆的满满的，都是妇女们辛辛苦苦砍来的。

她们上山采药材，有时要到很远的山上去，经常要好几天才回来。听笔者所在的主家女主人（笔者平常称她叔妈）讲，要去远一点的山上采药材时，就要和其他的叔妈、伯妈约起，牵上马，带上塑料布、被窝（被子）、锅、粮食和菜，到山上去采"海花草"（海苔）、龙胆草、姨妈菜（据当地人讲，这些都是药材，可以卖钱，山上有很多，但路很远，所以要带足四五天的口粮），一走就是四五天，所以当地的女人是很辛苦的。

打工潮还没有到达这个寨子时，寨子上的生活是平静的，女人即是干着各种各样的活，到了一定的年龄，到了夫家后，接着干各种各样的活，而男人小的时候可以上学堂，可以上山抓鸟来玩。长大后，农忙时犁一下田，插插秧，收收稻子，其余时候，就是聚在一起闲聊，自七月至九月间去斗牛。

十多年前，政府引进来烤烟种植，寨子上王明宏第一年种，李光忠第二年也开始种，但都没有赚到钱，因为这里土壤质量不好，也没有充足的阳光，种出的烤烟达不到质量要求，而且种烤烟需要有足够的劳动力，如果家里劳动力不够，请别人来搞的话就不划算。

（五）田土、房子与牲畜

父母留给儿子的是房子、田土和牲畜，而留给女儿的则是些衣服和首饰之类。牲畜可以卖掉，或不再养，而房子和田土则不能不管。房子破了、旧了，挣了钱，首先要再修一座房子。寨子的年轻人一年到头都忙着在外打工、赚钱、修房子，寨子上的老房子已所剩无几，被一座座砖房取代。政府兴起的"拆老房建新房，补助3000元钱"更是鼓励了大家拆掉老房建新房。近几年寨子上很少有人再住老房子了，即使最差也住上了一层砖房，房子好的人家则是三层到四层、外贴瓷砖，内贴墙砖的砖房。

在大家都争着去城里买房子、想过城里人的生活的年代里，大家首先想到的还是要在寨子里修一座房子，既是修给自己住，也是修给别人看。通过对等鲊寨子进行调查访问后，得知寨子上王姓、李姓共有七户人家都在城里面买了房子（当然这个数字还会增加），可是他们仍然要在家乡将房子修大修好。笔者的主家李叔也是如此，2008年时，他家已经起了一座三间两层平房，后来两个儿子又都在城里面买了房子，可是他们仍然觉得如果有足够的钱，还是希望把自己寨子的房子也像别人家一样，再装修好一点。

寨子里的人外出打工时，会把田拿给别家人种，或者是直接荒掉，当然他们考虑的是如果以后不去打工了，还可以回来种田。陈廷忠老人讲，假如外出打工挣不来钱，但只要家里面有田土，回到家里面种田，是能够过活的。但现在的年轻人可不这么想，他们通过读书、打工，在外面有了更好的谋生道路，不愿意回来种田和守自家的山林了，老人在担心，万一他们百年以后，这些田土山林该由谁来管？

（六）服饰：文化性身体建构

"服饰"可以说是个人或一个人群"身体"的延伸；透过此延伸部分，个人或人群强调自身的身份认同，或我群与他群间的区分。

蒙白人的服饰分日常装和盛装两种，日常装只有女装具有本地特色的，男装则与客家（汉人）无异，盛装则不仅女性有，男性盛装也很有特色。女性盛装穿着的场合是"跳园"时和举办婚礼时，男人则只在"跳园"时穿盛装。因此盛装主要是针对年轻人来说，结婚当了家的，因不再参加"跳园"，就只能穿便装。

姑娘的服饰：头饰则是剃去额上的头发，有的采用拔的方式，然后将头发梳成一个圆髻于后脑勺。日常装则是用2寸宽的黑色帕子缠头，一圈圈的折叠规整，线条清楚，层次分明。而盛装，多以从市场上买来的白色毛巾包头，然后在发髻上以银泡插之，然后再戴上耳环和项圈。上装的日常则是素净无扣的对襟衣，多以天蓝、蓝和墨绿色为主，一根有孔的麻带，套在颈脖再向前后分开，以遮盖无扣对襟衣的缝，并固定前后拴的围腰。背上背牌和一块长方形的草垫，皆用一条索子系紧。盛装的上衣则颜色鲜艳，多件衣服相互嵌套，件数越多，显得越美越富贵，此外还有花背肩和刺绣的披肩，有的披肩缀以三四束银泡和珠穗。衣服多样鲜艳。下装则是穿大管裤，在裤子外面，从后向前围，半边百褶裙，裙"短仅及膝"，清乾隆时期的《贵州通志》《贵阳府志》皆如此记载。盛装也是先穿大管裤，再在裤子外围从后向前围百褶裙，一般要围七八条，以多为美。裙子的颜色有三种，裙脚是5~7寸的白色，中间是蜡染的青或蓝的裙身，上方以约2寸的红布制作。用一根黑、白各13道的带子（俗称花季腰）系上裙和裤子。

年轻男子的服饰：正月"跳园"时，身着里白外黑的长衫，穿上花挡箭牌，系上花围裙，佩戴项圈、手钏。

年轻男子"跳园"时的穿着打扮

姑娘"跳园"时的穿着打扮

结婚后女性的穿着

结婚时新郎新娘的穿着

(七) 公共洗衣池:消息传播地

听当地蒙白人讲,他们这个寨子上共有两口水井、三处洗衣池。水井有一口是老的,有一口是新的,老水井是20世纪50年代打好的,井上刻有"龙圣泉"三个字。新水井是1987年打好的,新水井的水是从那口老井引过来的。三处洗衣池的水也都是来自那口老水井,其他两处洗衣池已经废弃,只剩下一处是2015年才用沙石和水泥砌好的。这个新修好的洗衣池被分成两个部分,两个池子间修有一条细小的壕沟,池子一侧靠墙那里有一个进水口,大家也都在靠墙一边的这个池子里洗衣服。只见她们洗完外衣、洗内衣,接着洗袜子、洗鞋垫、洗鞋。进水口不断有干净的水流入,脏水也会顺着壕沟流到另外一边不靠墙的池子里去,在这个池子里,人们常会用来洗拖布,最后这个池子的脏水通过一条暗沟流走。

无论天气好坏都会有女人到这个水池洗衣服,只是天气好时,来的人会多一点。池子里的水从早上的清澈变成了晚上的浑浊,第二天又恢复了清澈"容颜",同时这个水池也见证着外来的女人从媳妇到婆婆,一辈辈地随着这流水经久不息。

除洗衣服外,这里还是妇女们传播消息的一个场所,虽然女人之间相互碰到、一起做活路也会传。男人不像女人对事情永远都充满好奇心,男人们很谨慎,聚在一起,可能会谈论他们养的牛壮不壮,或者逗鸟玩,外出打工去做什么,明年出去要不要换一下,房子要不要再修理等,对于寨子上发生的事情,很少去谈论,抱的是"事不关己,高高挂起"的心态。但是寨子上的妇女们则很积极,寨子里发生的任何一切有趣的事情,总不会过夜,很快便会在寨子里传播开来。那就以笔者为例,来讲一下大家对笔者身份进行的一个传播。

笔者来到这个寨子,是以多种身份在人们之间传播的。一是主人家的女儿;二是上面(省里、州里、县里、乡里)派来的工作人员;三是来这里采风调研的。第一种身份,是别人从主人家门前经过(到洗衣池去洗衣服,主家门前是必经之地),看到笔者在这个房子里活动,故有这样的传播,正因为有这样的传播,所以那天笔者看到一位老爷爷从院外朝院内的笔者看了好久后,又转身走了。后来问我所在的房东女主人,她说,那是她女儿的爷爷,可能听别人说是她女儿回来了,所以过来看看孙女的吧,后来老爷爷发现不是,又转身走了(主人家是哥哥,还有一个弟弟,当地的风俗是兄弟俩分家后,母亲跟哥哥住,父亲跟弟弟住),笔者恍然大悟。第二种身份,可能房东女主人刚开始对笔者来当地的目的也不是很清楚,所以她在洗衣服时,面对别人的询问和打听,她可能会跟别人说笔者是上面派来的工作人员,因为笔者是李光忠支书安排在他们家的,李支书称呼男主人为叔叔。正因为对笔者身份的这种模糊表达,有一位叫李正奎的老爷爷,一大早上就来找笔者办"低保户",笔者只能告诉他,办不了,这个事情要找李支书办。还有当笔者在串寨子时,串到某一家,家里的女人会跟笔者说,家里如何困难,没有劳动力去赚钱等,问笔者能不能帮助他们。第三种身份,则是李支书在笔者刚来的那天,所召开的小组长大会上跟各寨子上的组长(没有女性组长)讲的,希望笔者到各个寨子后,各位组长能给予方便。所以前面两种身份,可能会在洗衣服时,妇女们会相互传播,渐渐地传到男人们的耳朵里,但大多男人是不相信的,除了老人,

绪　论

所以也才有了看孙女和办"低保户"的情况。这些也在笔者串寨子的过程中得到证实。到了一个家户里，女人会向你讲自己的家庭情况，需要上面帮助之类的话，而男人则是在未弄清楚你身份的情况下，先表示出客气，然后针对你来的目的来尽量配合你。当然有一点他们是共同的，非常好客，会真诚地留你在他家里吃饭。

上面笔者已提到，除洗衣池外，女人们相互之间碰到、一起去砍柴、做活路等场合都可以进行传播，但洗衣服的长时间性和聚集性，则会使信息的传播空间更大，对信息也会进行极度渲染夸大。因此，笔者大概要在当地住多长时间，什么时候离开，笔者每天都去了哪家，在那里又做了什么，这些信息在当地女人的圈子里传得非常快，不出第二天，保证全寨子的女人都知道了，这在笔者做田野期间得到了印证。

等鲊寨"蒙白"苗人公共洗衣池

等鲊寨子的两口水井，左图：为 20 世纪 50 年代所砌，井盖上标有"龙圣泉"三个字；右图：1987 年所砌，井水引自图 1 所示的水井，2016 年 11 月，因修串寨路，被挖掉

（八）等鲊寨子改观

等鲊寨子以前很穷，当地人（王明宏）用一个我们很熟悉的词"原始社会"来描述他小时候的生活：他们居住的山区盛产木材，中华人民共和国成立前到中华人民共和国成立后三十年间，寨子上的人居住的房屋，多为木质结构，生活较富裕的人家盖小青瓦；困难户盖茅草，墙壁用竹条编成篱笆进行围挡，或上部用稻草捆扎以挡风雨，有的用杉树皮代替木板。王明宏说，小的时候，晚上睡觉，还能听到茅草被风吹的沙沙响的声音，天气好的话，扒拉开茅草，还能看到天上的星星和月亮。以前村寨里没通电，小时候上学，写作业只能点煤油灯，有的煤油买不起，就买点柴油，柴油要便宜一点，即便如此，晚上也不敢多点油灯。柴油不仅气味冲鼻，燃烧起来烟也很大，一个月下来，屋子里到处都是黑乎乎的，1991年11月等鲊寨才通电，蒙白人才用上了电灯。通寨路则是1994年开通的，寨子里的组长发动寨子里的人修通的，一家出两个劳力，上午8点上班，12点下班，下午2点上班，6点下班，修了一年，终于修通了这条路，没修路以前，全是田，要出去走的是不足一尺宽的田坎。再往后，寨子里渐渐有人外出打工，挣回来了钱，开始修砖瓦房，生活也在一点点的改善。外来好心人开始在村里面办起了"少数民族女子班"，资助小学一年级到六年级的少数民族姑娘读书，所以一年级开学那天，从五岁到十一二岁不等来了几十个姑娘，五岁那个最小的就是笔者所住的李廷香叔叔的女儿"绣花妹"。还没读够一年，年龄大一点的姑娘，或因为学不会、或因为害羞、或因为要回家干活，就退学了，寨子上也只有两三个姑娘坚持读完了六年级。

2011年寨子上修好了硬化路，2012年跳园场和寨子里通向跳园场的路也修好了，2014年修好了通寨路，2015年寨子里安上了太阳能路灯，修整了水井和洗衣池，并在2015年底修好了篮球场和展览馆，这是政府出钱，寨子上的人出劳力修建的。

李廷兴组长说县里文化局的人重视他们的民族文化，所以很关心他们的村寨设施建设，寨子里通向跳园场的这条路足可以代表上级领导的重视了。龙里县文化局的人说，虽然你们寨子里搞好了硬化路，但还要修一条一米宽的路通向跳园场，这样在"跳园"时，穿起衣服往跳园场走就不裹泥巴了，去也干干净净，回也干干净净。这几年，有好几家还买了车，修好路了，的确进出都方便了很多。

等鲊寨子的新农村建设：太阳能路灯、篮球场、串寨路、项目碑、通村路

第一章 蒙白人的历史、文化与区域关系

区域性社会文化研究，一直是人类学研究的重要议题，因为这样的研究在空间上具有相对的宽度，可以展开较大的面，切入一定的深度，有效地面对许多问题。对蒙白人进行区域性的研究，在苗族社会的研究中也具有这样的意义。在对蒙白人的当下进行研究之前，关注其历史性的和文化性的东西则也是必要的，这种背景性的历史和文化存在，反过来又可作为当下蒙白人的空间表征，以及空间生产的源头和理由，并且支撑着空间生产、空间表征的意义。

第一节 蒙白人的历史

苗族，在唐宋之前的汉文文献里，与其他少数民族一起被混称为"蛮"，宋以后，苗才从若干混称的"蛮"中脱离出来，作为单一的民族名称。这在宋代朱辅的《溪蛮丛笑》中有"五溪之蛮"[①]的记载。此后，在元、明、清的汉文文献记载中，则出现了将苗作为西南各少数民族的一种泛称，如"夷苗、仲家苗、侗家苗、水家苗、倮倮苗"等，其中的"夷苗""仲家苗"指的是布依族；"侗家苗""水家苗""倮倮苗"则分别指

---

① [宋]朱辅. 溪蛮丛笑[M]. 北京：中华书局，1991：1.

第一章　蒙白人的历史、文化与区域关系

的是今天的侗族、水族和彝族。① 中华人民共和国成立后根据苗族人民的意愿，将族名统一称为苗族。1956年秋，国家民委在贵阳召开了苗语科学讨论会，从语言的角度把苗族分布的区域划分为东部方言区（湘西）、中部方言区（黔东）、西部方言区（川黔滇）。东部方言区主要包括：湖南湘西、湖北西南、贵州东北、重庆东南等地；中部方言区主要指：贵州黔东南、桂东北；西部方言区主要包括贵州中西部、四川南部、云南、桂西北，也包括东南亚和美国等地在内。② 后又根据方言内部的差别情况把西部方言区（川黔滇）又分成川黔滇、滇东北、罗泊河、重安江、贵阳、惠水、麻山7个次方言，而蒙白人属惠水次方言北部土语，被划归在了西部方言区（川黔滇）。

在本书中，所要研究的蒙白人指的是现居于龙里县龙山镇境内的苗族，这支苗族在历史上的情况如何，则要借助于汉文文献的说明。关于蒙白人在汉文文献中的记载开始于元代，是以"统称"的形式出现的。在元代被称为"猫蛮"，明代称"贵州苗"或"东苗"，清之后称为"白苗"。

在《元史·本纪》中有"二十九年春［至元二十九年（1292）春］……正月……丙午（正月十三）……从葛蛮军民安抚使宋子贤请，诏谕未附平伐、大瓮眼、紫江、皮陵、潭溪、九堡等处诸洞猫蛮"③ 的记载，其中的"猫蛮"据苗族史学家杨庭硕考证，"猫、苗、蛮"在蒙古语的译音中属同音，而在黔中南的苗族方言中自称为"猫、摩、模"，所以在《元史·本纪》中的"猫蛮"应指当时居住在黔中南地区的苗族支系④。而潘年英对文献中的平伐、紫江、翁眼、皮陵、潭溪、九堡等地名也进行了考证，与今天贵阳附近及周边的地区皆可对应。"其中，平伐在今贵定，紫江在今龙里、贵定、开阳三县交界处，翁眼在龙里，皮陵在今高坡乡的岇

---

① 吴正彪等主编. 黔南苗族［M］. 北京：中国文化出版社，2009：9.
② 潘定智. 从苗族民间传承文化看蚩尤与苗族文化精神［J］. 贵州民族学院学报（社会科学版），1996（4）：1-7.
③ ［明］宋濂等修. 元史·本纪（卷十七）［M］. 江苏书局刊发，同治甲戌七月.
④ 杨庭硕. 试论贵州苗族的支系及其在文献上名称的演变［J］. 西南民族历史研究集刊，1983（4）：5-10.

林村，潭溪和九堡在新添附近"①。

在明代的文献中则出现了"贵州苗""东苗"的说法。在《明史》《明通鉴》中，记载了明朝军队在天顺年间攻打石门山的事件，其中就有"东苗"和"贵州苗"的出现。潘年英认为"东苗"是一个势力范围概念，不是民族支系的概念，与"东苗"相对应的，还有一个"西苗"。"东苗"是指居住在"水东宋氏"②辖地内的苗族支系，贵阳附近的贵定、龙里、高坡等地在当时正属于水东宋氏之辖地。③潘年英认为，随着"水东""水西"两大势力在清之后消亡，"东苗""西苗"的名称也随之消亡，代之而起的名称是"白苗"④。清代文献《黔书》中有"白苗在龙里县，亦名东苗、西苗。服饰皆尚白，性戆而厉，转徙不恒。多为人雇役垦佃，往往负租而逃。男子科头赤足，妇女盘髻长簪"⑤。说明了白苗与东苗的联系，同时也说明了白苗称谓的来历是因为其服饰为白色。关于白苗居住于龙里县，在《永绥厅志》所载的二十二种苗的称谓白苗一条里，也介绍了白苗的来历"原出贵州贵定龙里，衣尚白，裸头跣足，盘髻粗簪……"⑥那白苗主要分布在龙里县的什么地方呢，这在《贵阳府志》中有详细的说明："白苗在府属者（指贵阳府）居中曹司高坡、石板诸寨，在龙里者居东苗坡上中下三牌、大小谷朗诸寨，在贵定者居摆成、摆布、甲佑诸寨，衣尚白，短仅及膝"⑦。杨昌文在"龙里县中排乡和民主乡苗族考察记略"⑧中对其中的地名进行了考证，认为文中的石板，是高坡与石门山之间的"红毡苗"的居住地，龙里的东苗坡上、中、下三排，大小谷

---

① 潘年英. 百年高坡——黔中苗族的真实生活 [M]. 贵阳：贵州人民出版社，1997：18.
② 这里的水指贵州境内的"鸭池河"，河东属汉族宋氏的辖地，河西属彝族安氏的辖地。
③ 潘年英. 百年高坡——黔中苗族的真实生活 [M]. 贵阳：贵州人民出版社，1997：20.
④ 潘年英. 百年高坡——黔中苗族的真实生活 [M]. 贵阳：贵州人民出版社，1997：20.
⑤ [清] 田雯编. 黔书 [M]. 北京：中华书局出版发行，1985. 11-12.
⑥ [清] 王起衔修. 永绥厅志 [M]. 见凌纯声，芮逸夫. 湘西苗族调查报告 [M]. 北京：民族出版社，2003：20.
⑦ 潘年英. 百年高坡——黔中苗族的真实生活 [M]. 贵阳：贵州人民出版社，1997：20.
⑧ 杨昌文. 龙里县中排乡和民主乡苗族考察记略 [A]. 贵州六山六水民族调查资料选编（贵州卷）[C]. 贵州省民族研究所、贵州省民族事务委员会编. 贵阳：贵州民族出版社，2008：119.

朗，今皆为龙里县草原社区内蒙白人聚居地，摆成、甲佑在今贵定县云雾区摆哈乡，是"海巴苗"的住地。由此可知，文献中所记述的"白苗"，包括了今之贵定、龙里、惠水及贵阳市高坡等地的"红毡苗"和"海巴苗"在内。

此外在《黔南识略》中也详细地说明了龙里县境内"白苗"的分布情况，"天启初，安邦彦犯会城，抚臣王三善赴救，自新添抵龙头营，败贼兵，夺龙里是也。三牌在城东南六十里"。又云："天启三年，安邦彦再犯会城，使贼党何中尉据龙里，王三善遣副将祁继祖等下龙里，破莲花堡，烧上、中、下三牌贼砦百余，龙里之路始通是也"[1]。文中的"破莲花堡，烧上、中、下三牌贼砦百余"的莲花堡即20世纪80年代的莲花乡（现已划归龙山镇），这是从龙里县城进入上、中、下三排的必经之地，那"上中下三牌贼砦百余"正是现今的蒙白人聚居的地方。

第二节　蒙白人的社会生活

蒙白人是以群体性（集体性）[2]存在的人群，在绪论的田野点概述部分，从其村落布局可以看出，他们聚族而居、有公共的水井、洗衣池、公共的祭祖杀牲地；此外，他们还有公共娱乐集会场所，也就是文章后面的章节中将要谈到的"花园、跳园场、斗牛场"；他们还有共同的神职人员。无论日常还是过节、劳动还是娱乐，人们多以"集聚"的形式在寨子内外

---

[1] [清]爱必答修. 黔南识略（卷二）[M]. 杜文铎，等点校. 贵阳：贵州人民出版社，1992：32.

[2] "集体性"与"个体性"相对，"集体"是一个社会学名词，强调成员彼此之间联系密切，具有共同目标、共同利益和共同活动，群体活动与个人和本群体的利益相联系。爱弥尔·涂尔干认为"构成社会现象的是集体性的信仰、倾向和守则"，"它们是存在于人们身体以外的行为方式、思维方式和感觉方式，同时通过一种强制力，施加以每个个人。"见爱弥尔·涂尔干，《社会学研究方法论》，第5、第7页。相对于城市社会来说，"蒙白"苗人的社会形态是以家族共同体为单位，日常生活是在一个封闭的空间中度过的，在这样的社会形态中，更多表达出的是一种"外显"的集体和群体倾向，以及"共同体"性质，在他们的文化中，几乎找不到个人的迹象，更多表达的是一种群体的情感，而不是个人的特殊感受。

出现。日常生活中，上山砍柴、下田干活、放养牲畜，人们常是多人一起、多牛一起，所以走在寨子里，常常都能看见七八个妇女背着从山上砍回来的柴，像排着队似的从你身边走过；也常能看到几十头牛[①]黑压压的一群伴着夕阳归来。无论男女老少喝水、喝茶都共用一个碗，家里来客人了，烧一壶开水，有茶叶的往壶里抓一把茶叶，再拿出一个碗，大家聊着天，哪个渴了，就把碗拿过来，倒一碗茶（水）喝，另一个人看前一个人将茶水喝完了，就将碗接过去，也倒一碗来喝。女人绣花常喜欢聚在一起绣，技艺互相切磋、绣品相互欣赏。找男朋友、找女朋友也要聚在一起，女孩子聚在"花园"里，边绣花，边等着外寨子的后生们来对唱情歌。每个寨子都建有"贝多果多哈"（苗语音，汉语为马郎房），够年龄的、谈成了的姑娘、小伙可以在"贝多果多哈"里面谈恋爱。正月里"跳园"时，在跳园场上，以寨子的形式，男男女女各站成一排，就连站在外面观看的中老年人，也是按照他们约定俗成的聚集方式聚在一起，哪一片区域是哪个寨子的人站的，这些都是无形中就规定好了的。过节吃饭，常是兄弟、堂兄弟大家聚在一起吃，男的一桌、女的一桌，一家轮着一家吃，从最亲的"一支人"到"家头"，再到亲戚，再到整个寨子。

这种"群体性活动"，可以说在一定程度上，使村寨里的人在某种群体一致性的道德意义上被更紧密地结合在一起，这样一来，他们便高度相互依赖，而他们的活动也趋向于一些"联合性"的行动，"个体家庭"的事，经常会得到广大群体的积极参与。例如，在修房子、过年杀猪、打粑粑、田里插秧、稻谷收割、结婚和丧葬办酒等都是如此。当然这可以说是一种互助行为，因为给予帮助的义务乃是一般亲属关系的一部分。同时也说明了在蒙白人的社会文化环境中，个体与集体（群体）的关系是相互融合与支撑的关系。在田野调查期间，我们也经常会看到某一个妇女单独上山砍柴、为自己家砍更多的柴，一个男人独自牵着自家的牛去放牛、把自己家的牛养得壮壮的，这些都不是集体性活动，揭示的是个体与集体（群体）间排斥的关系，但即便如此，这也是"集体主义下的个体主义的特殊

[①] "蒙白"苗人一般都养水牛，当地田里的土重，水牛比黄牛力气大，只有水牛才能犁田，黄牛力气不如水牛大，拉不动土。

第一章 蒙白人的历史、文化与区域关系

表现——自我主义"[①]。正因为他们的活动被联系在一种生产系统里，所以即使"自我主义"的突显，也代表的是整个群体和他们所在社区的意义。而如果对于群体外和社区外来说，则就另当别论了，所以从另一个角度我们也可以说"集体性"具有"相对性"，"群体内和群体外有着不同的标准，一般是对圈子内的人讲求公开性和等级性，对圈子外的人按照社会交往的一般标准，不强调忠诚和绝对的信任"[②]。站在笔者这个"局外人"的角度，整个村落社区是集体性（群体）的，集体的利益是最高利益，集体的荣耀也是最高荣耀，每个个体都服务于集体的利益与荣耀，他们是具有"共同体"性质的群体。

既然蒙白人是以"群体性"存在的民族，那他们是如何来看待个人在其社会中的位置的，也就是说，个人的社会身份是如何体现的。接下来，笔者从"个人称谓"说起。

一、个人称谓

体现个人私人性最基本的标志就是"个人名"，名字是每一个人在社会中作为独立个体的一个标签，同样蒙白人也有"个人名"——小名。他们在刚生下一个月后，就要由家人买一只鸡，再请来大师傅"抹米"（看吉凶的仪式），举行一个起名仪式，这是必需的，即使现代年轻人打工在外，越来越多的孩子会在外地出生，也还是要举行一个起名字仪式的。有的年轻人自己（成年男性）学会后，自己在外地做起名仪式，自己不会做就将孩子的衣服给家人寄回来，让父母在家给孩子做起名仪式，这样孩子的衣服就代替孩子接受了这个起名字仪式。经过这一仪式得到的名字，是终生拥有，不会改变。但我们在蒙白人中，很少能听到以一个人的名字来称呼某一个人，用名字来称呼的多是儿童，以及终生未娶、没有后代的那些

[①] 翟石磊．'我'还是'我们'——中美文化模式下的集体主义与个体主义跨文化批判研究[J]．哈尔滨学院学报，2007（7）：102-106．

[②] 翟石磊．'我'还是'我们'——中美文化模式下的集体主义与个体主义跨文化批判研究[J]．哈尔滨学院学报，2007（7）：102-106．

人。这些人，在文化意义上，虽已长大成人，但因没有子女，所以他们（数量很少）仍然象征性地表现为属于儿童，这对于他们来说是羞耻，在布努瑶中也有类似的情况，"一个人如果没有结婚成家，没有生儿育女，就'人不成人'，活着就没有价值与意义"①。所以蒙白男人很怕自己找不到老婆，否则自己永远都要被视为儿童的身份存在于蒙白人社会中，因此早婚和父母包办婚的出现则是必然。

在蒙白人中，人们多以小孩子的名字再加父亲、母亲或爷爷、奶奶，来进行彼此的称呼或指涉，如小孩叫小明，那他的爸爸、妈妈、爷爷、奶奶。别人在称呼时，则称呼为小明爸爸、小明妈妈、小明爷爷、小明奶奶（以此表征此人在生殖延续后代上的"成功"，并且已经由此取得在未来自己的葬礼中获得了与祖先灵魂相聚会的资格。而且这样的文化结构在贵州西部苗族中普遍存在。）。当人们结婚生子后，别人对他的称呼就会改为孩子的名字再加上爸爸或妈妈，当自己有了孙子一辈时，别人对他的称呼又会改为孙子（孙女）的名字再加爷爷奶奶，当自己有了重孙子时，他的称谓就会变成"老祖公"，如果再有了曾孙时，对他的称谓就变成"起祖公"了，当然属于直系的五代同堂情况几乎没有，但同属于一个"房族"的人，五代同堂的情况还是有的，因此，当一个人有了重孙和曾孙时，就直接被称为"老祖公"和"起祖公"，前面不再冠以孙辈的名字，他们现在已处于"祖先见习期"（apprentice ancestorhood），所以无论你辈分再大，也都是被称为"起祖公"了。"老祖公"和"起祖公"在寨子里受人尊重、德高望重，无论哪家办事情，他们都会被请来吃饭、喝酒。

蒙白人的这种称谓制度，把个人划分到所谓的"生殖阶层"②。因此，整个蒙白人社会的人无形之中就被划分成"无子女者，有子女者，有孙子女者，以及有重孙子女者"，因为从时间上来看，一个人将这几种身份都经历过了，那么一个人的一生也就过完了，所以一个人的人生阶段不是看作个人

---

① 叶建芳. 从姻亲与地缘关系视角看布努瑶祖先崇拜 [J]. 广西师范大学学报（哲学社会科学版），2015（10）：26-32.

② 生殖阶层（procreational strata），指将生物性的"个人生殖"进行社会等级化，依据是否生殖的标准，赋予了个人"生殖地位""生殖阶层"的社会地位。见 [美] 克利福德·格尔兹著. 文化的解释 [M]. 纳日碧力戈，等译. 上海：上海人民出版社，1999：431.

的生物老化过程，而是社会的再生过程，是一种社会再生的不断延续。

一个人的"小名"在蒙白人的日常生活中鲜被提及，当有三个人以上在场的时候，则以"从子呼""从孙呼"进行指涉，以表达对人的礼貌。当自己的父亲或母亲去世，大师傅在为亡人寻祖开路时，会提到一个人的"小名"，但即使被提到，指涉的对象也不是自己本人，而是自己的父亲或母亲。他（她）消失后，"小名"则进入了祖先名字的系统中，成为蒙白人梳理其谱系结构的根由。这就是蒙白人中对个体文化的定义，以及给予个体存在的有限瞬间。虽然他（她）的名字，在每次给亡人寻祖开路的时候还会被大师傅提及、请来"吃饭"，但他（她）的名字与他（她）本人是错位的，因为他（她）的名字在被提及的时候，指的是他父母，而在指称他（她）的时候，则是用他儿子的名字来指称他（她）。所以，在蒙白人的日常生活世界里，一个人一生中作为个体存在的诸多瞬间都是被抑制的，让位于一个社区的自我复制和再生产的延续，也即是说体现的是蒙白人社会的"共同体"性质，个人服从于整体、社会。

那么，在个体文化不被突显的蒙白人社会中，这种外显的"群体性"也体现在其民俗文化中。

二、蒙白人传统的日常生活节律

蒙白人因其"集体性"（群体性）倾向，其日常活动被协调成一种共同的生活节奏。蒙白人如同其他苗族一样，能歌善舞，在《黔南苗族》中将苗族的歌曲，依照社会功能分为：古歌、飞歌、游方歌、礼俗歌、情歌等。发展到现在，在蒙白人中，至今还流传着的多是礼俗歌，其他歌种在上了年纪的人中有一些还会唱，但已没有他们进行表演的舞台，以前年轻人谈恋爱时的情歌，也已经被现代各种聊天工具所取代。

在所有的礼俗歌中，《十二月歌》则是最普遍的，婚丧嫁娶、建房立碑都少不了。《十二月歌》反映的是蒙白人的日常生活，其内容大致如下：

正月（让哈、龙月）：不做活路，伯爷老叔吃酒、吃肉、坐花园、跳园、牛打架、过十五；二月（纳哈、蛇月）：砍春柴、打秧田；三月（咪哈、马月）摆粪，放田；四月（秧哈、羊月），栽秧；五月（赖哈，猴月）薅头秧;六月(盖哈,鸡月)薅第二道秧,跳米花月;七月(地离哈,狗月)将老陈米卖掉,卖成钱来装修房子,跳米花月;八月(八哈,猪月)打米、收谷子进家、牛打架(初八);九月(拿哈,鼠月)办房子酒、牛打架(初八);十月(嗻哈,牛月)专门结婚的月;十一月(奏哈,虎月)雪月,冬月,结婚的月;十二月(腊哈,兔月)不做活路,大家坐到一起烤火,商量哪家的猪大,哪家的猪小,是否要卖,哪天大家一起杀年猪。

《十二月歌》唱的是等鲊寨蒙白人一年中每个月份要做的事情,劳动、过节、娱乐,井然有序。从歌的内容可以看出,在蒙白人平常的时间观念中,他们不是用"一月……十二月"来表达,而是用"十二天干"或每个阶段所做的事情、所举行的活动来代表,如正月,则说成是"龙月"或"跳园的月",十一月则是"奏哈"或"结婚的月",每个月都有某些活动与之联系,这种联系有时在月份的名字中体现了出来。爱弥尔·涂尔干认为"所有的事物按时间排列所必不可少的基准点都来自社会生活。日、星期、月、年等的划分都是与礼仪、节庆、公众仪式的周期性发生相一致……"① 也就是说,蒙白人的时间概念是以在该事件发生时正在进行的突出活动来表示的,他们的时间概念表达的是与活动之间的一种关系,所以我们可以说,蒙白人对于时间的概念衍生于社会活动,是对一个群体的活动的概念化表达。同时,我们也可以反过来说,作为衡量时间单位的《十二月歌》不仅是对时间进行度量,更为重要的是为了安排社会群体及其群体的实践活动。这首歌唱出了蒙白人赋予时间的社会意义,同时也是一种生活的经验。

三、边际月份②

在传统的苗族社会历史中,"苗族根据物候,将一年分为两段,六个

---

① [法]爱弥尔·涂尔干著. 宗教生活的初级形式[M]. 渠东、汲喆, 译. 上海:上海人民出版社, 1999:11.

② 边际月份, 因有关努尔人的季节概念都衍生于社会活动, 所以他们的每个月都用社会活动来表示, 而既属于一组活动, 但又预示着另一组活动的月份就是边际月份。见[英]埃文思—普里查德, 努尔人:对尼罗河畔一个人群的生活方式和政治制度的描述[M]. 褚建芳, 阎书昌, 赵旭东, 译. 北京:华夏出版社, 2001 (12):115.

第一章 蒙白人的历史、文化与区域关系

月为冷季，六个月为暖季"①。蒙白人也是如此，"二月到七月为农忙季，人们生活简单、平淡；从八月到第二年正月为娱乐季，有各种各样的活动，结婚、跳米花月、牛打架、办房子酒等等，丰富多样，人们之间相互走访"。而从《十二月歌》中，我们可以看出，虽然六月和七月仍处于"农忙季"，但人们的娱乐活动"跳米花月"已经开始了；八月已进入了娱乐季，但人们仍在忙着打米、收谷子进家；正月作为娱乐的高潮以及收尾的月，也有人急不可耐地磨镰刀、编绳子，准备去砍春柴，也有人将犁田的一些工具拿出来，敲一敲、打一打，看看工具有没有松懈，这即是我所指的"边际月份"，这样的月份既属于"农忙季"，又属于"娱乐季"，而在这样的季节，人们会特别的举行一些仪式或活动，如蒙白人在六月、七月份开展的"跳米花月"，八月、九月份开展的"斗牛"，正月间的"坐花园""斗牛""跳园"等。"边际月份"是"过渡"的月份，也是人们最兴奋的月份，"努尔人在这些月份时，浮躁不安的情绪特别明显，在雨季末，虽说还在村落里，但已开始把注意力转向营地里的捕鱼和牛营生活，谈论营地，似乎觉得村落居住和园艺已成为他们的身后之事；而在旱季末，努尔人则是天天关注天空，开始考虑村落生活，并准备拆掉营地……"② 同样这种兴奋与"焦躁"，蒙白人则用举行活动和仪式来表达。

"边际月份"里开展的活动和仪式是社会生活节奏所产生的结果，从《十二月歌》的内容，我们可以看出"边际月份"里开展的活动和仪式展现出的是一种"集体性"的生活节奏，体现了一系列对于一个群体有突出意义的事件的顺序。而这些有意义的事件，则在蒙白人的社会结构中扮演着重要的角色，表达了人们在社会结构中彼此之间的关系。这些有意义的事件举行的时间则为"结构时间"③，通过一定的空间来体现时，就是表征

---

① 曹端波. 苗族古歌中的时间、历法与社会网络 [J]. 毕节学院学报，2014（9）：72-81.

② [英] 埃文思—普里查德著. 努尔人：对尼罗河畔一个人群的生活方式和政治制度的描述 [M]. 褚建芳，阎书昌，赵旭东，译. 北京：华夏出版社，2001：115.

③ 结构时间与生态时间，是埃文思—普里查德对努尔人的时间概念所做的区分。结构时间，反映人们在社会结构中彼此之间的关系；生态时间，则指人们与环境间的关系。它们二者都表示事件的先后序列关系。

杨庭硕最先提出的在苗族社会中存在的"分日子"①现象。在蒙白人社会中的"坐花园""斗牛"和"跳园"就是这样的"边际月份"节日或仪式。因此，在一定程度上说，他们的"时间概念"是社会群体之间相互关系的反映，是由结构关系决定的。

蒙白人聚居区为现在的上、中、下三排，姑娘"花园"多是每个自然寨（蒙白人多为一家族一寨）都有一个，正月间适龄的姑娘会坐在本寨子内的"花园"内，边绣花边等着适龄的小伙子来"串花园"；六月、七月间月明星稀的晚上的"跳米花月"则是上、中、下三排的适龄蒙白人姑娘和小伙子聚在本排的"月场"上来跳"米花月"，每年正月间的"跳园"和七月、八月间的斗牛（"跳园"期间的"斗牛"是后来为了丰富"跳园"期间的活动而加入的）都是轮着来，"跳园"是上排从初五到初七，中排初八、初九两天，下排初十到十二。而"斗牛"是上排为猪场天，中排为龙场天，下排为狗场天。"跳园"和"斗牛"的时间在上、中、下三排间划分了先后顺序和具体的"场"期，也即是进行了"分日子"。

这些在"边际月份"为缓解情绪而开展的仪式，从时间反映上来看，反映的是上、中、下三排蒙白人是并行的、协调的，更可以说是合作的活动，即是一个群体的活动的概念化表达，但同时从"结构距离"②的相对性角度来说，起到的是人群认同和社区共同体的表示作用。在日常的社会活动中，人们只待在属于自己的社区内，日出而作，日落而归，他们的结构空间③就是家庭、房族、家族、自然寨。正月间的"坐花园"、六七月间的"跳米花月"，实现了青年男女间的交往，在这段时间不必担心影响家务、不必担心

---

① 分日子，指在苗族社会中存在的一种以宗族或姻亲网络为单位分批过节的现象，这其实是一种将时间与社会相结合的一种文化逻辑，通过这一习俗，可以保证宗族间亲密关系的保持，以及婚姻的更好缔结，实现结群策略，从而保证了社会稳定与社会秩序的良好运行。见杨庭硕. 民国九十年三月. 苗族与水族传统历法之比较研究 [A]. 社会、民族与文化展演国际研讨会论文集 [C]. 台北：汉学研究中心. 667-698. 曹端波. 苗族古歌中的时间、历法与社会网络 [J]. 毕节学院学报，2014（9）：72-81.

② 结构距离，是与生态距离相对的，指从结构上来看，距离是指在一种社会制度中，人们群体之间的距离，它是以价值观来表达的。

③ 结构空间，是与生态空间相对的，抛开地域性价值观，较少取决于环境条件，是对人们群体间不同关系的相对表达。

父母的反对；而在"跳园"和"斗牛"期间，上、中、下三排的蒙白人都会相聚在一起，这时候人们的"结构空间"扩展为区域。如果寨子与寨子间青年男女交往的"坐花园"和"跳米花月"，实现的是姻亲网络的缔结，也即排内的交往，那"跳园"和"斗牛"则是排间的交往与区域的整合，由此，我们可以得出，蒙白人的这种"边际月份"开展的活动或仪式，可以说是一种神圣时期与凡俗时期的有规律交替，只有如此，才能不断地唤起人们对社会的情感，重新唤起了所有蒙白人的群体意识、和对新生活的向往。

第三节　蒙白人的区域关系

一、蒙白人分布的区域

蒙白人主要分布在龙里县境内，从地形上来看，龙里县位于黔中（即贵州中部，大致包括了今天东到黄平、西到长顺、北到乌江、南到蒙江两岸的地区）[1]腹地、苗岭山脉中段，长江流域乌江水系与珠江流域红河水系的支流分水岭地区，属黔中南缘。

从"龙里建置"得出，"龙里"之名沿用至今，已有700多年历史。至于"龙里"的由来，世代相传为"龙之故里"[2]。又据明弘治《贵州图经新志》：龙架，本山名，卫治其下，因此以龙架山之龙，乡里之里，而得"龙里"之名。[3]据老人回忆，祖传龙架山脉雄伟壮观，离龙里旧城一里，故取"龙"与"里"，曰龙里，查今县里电厂一带确实有旧城痕迹。在"白苗"（蒙白人）的传说中，"龙里"一词源自苗语。"从前苗族本居长寨（今龙里城），后来场主在饶钵山主持'斗牛'，大家庆贺。喝酒时，主人向客人敬酒，客人说：'郎里！郎里！'意思是'多谢！多谢！'汉族

---

[1] 杨沛燕. 黔中苗族宗族研究——以高坡苗族为例 [D]. 兰州：兰州大学，2011：16.

[2] 关于龙里，有"龙之故里"的传说。见龙里县民族事务委员会编，龙里县民族志 [Z]. 内部资料，1989：3-4.

[3] 龙里县概况. http://gb.cri.cn/25364/2008/07/30/3865s2170189.htm.

听了之后，随因其音以为名，谓之'龙里'，后流传至今。虽苗语之传说未必可信，但却反映了此地苗族居龙里的历史相当久远，且与'龙里'这个地方有着密切关系"①。

龙里县原辖6镇8乡②，2013年，撤乡并镇后，合并成四个镇——洗马镇、龙山镇、羊场镇、谷脚镇。龙里县世居汉族、布依族和苗族等，全县现有21个民族，2012年年末总人口224266人，其中，少数民族91754人。龙里县苗族主要有蒙白人、红毡苗、海葩苗、青苗、花苗等，分布在全县14个乡镇，聚居141个村寨，与汉族杂居161个村寨，与布依族杂居17个村寨，与布依族、汉族杂居77个村寨。其中，花苗主要分布在龙里县北部，青苗主要分布在龙里县的东部，红毡苗、海葩苗主要分布在龙里县的南部。③ 分布于龙里县南部这一片区的红毡苗和海葩苗老人都说他们的祖上，有一部分是从惠水县摆金迁来的，一部分是从贵阳黔陶、高坡乡一带迁来的，还有一部分是从贵定云雾山一带迁来的。④ 蒙白人主要分布在龙里县的中部，也即现在的草原社区（原为龙里县的草原乡，经撤乡并镇后，草原乡划归龙山镇⑤，草原乡改为草原社区）。草原社区位于龙里县城南郊，距县城26公里，离贵阳市中心52公里，是典型的高寒少数民族乡。全社区总面积486.2平方公里，撤乡并镇后，现辖5个行政村（草原村、团结村、中排村、水苔村、金星村），98个村民组，103个自然村寨，总面积186.2亩，耕地面积15465亩。2012年全乡总人口16400人，农业

---

① 杨昌文. 龙里县中排乡和民主乡苗族考察记略[A]. 贵州六山六水民族调查资料选编（贵州卷）[C]. 贵州省民族研究所、贵州省民族事务委员会编. 贵阳：贵州民族出版社，2008：121.

② 龙山镇、三元镇、醒狮镇、谷脚镇、羊场镇、洗马镇、草原乡、麻芝乡、水场乡、湾寨乡、摆省乡、巴江乡、谷龙乡、哪旁乡.

③ 龙里县境内苗族分布大致如下：北区巴江花苗片；云台山脉、哪嗙、谷冰青苗片；云雾山脉以西的岱林、摆省、渔洞海巴苗、红毡苗片. 见龙里县民族事务委员会编. 龙里县民族志[Z]. 内部资料，1989：179.

④ 关于龙里县南部分布的红毡苗、海葩苗的迁徙情况，见龙里县民族事务委员会编，龙里县民族志[Z]. 内部资料，1989：179.

⑤ 新龙山镇辖水场乡，草原乡，以及原龙山镇的莲花村、坝上村、新场村、余下村、新水村、桥尾村、摆谷六村、纸厂村，村与村也进行了合并，因此现在的龙山镇主要包括以下社区和村：龙山社区、水场社区、草原社区、莲花村、比孟村、余下村、平山村、中坝村.

第一章 蒙白人的历史、文化与区域关系

人口占全乡总人口的98%，少数民族占58.1%，是少数民族聚居乡。农作物以水稻、玉米为主。地势北高南低，平均海拔1500米，地形以高山台地为主，年平均气温12℃—13℃。

在汉文文献中将蒙白人、红毡苗、海葩苗统称为"白苗"，不仅因其所居区域接近，而且在语言、习俗、服饰装饰上都大略相同，这些我将在后文中具体阐述。

1. 蒙白人的分布

蒙白人主要聚居在上排、中排、下排，也基本上对应现在的行政村——水苔村、中排村、团结村。

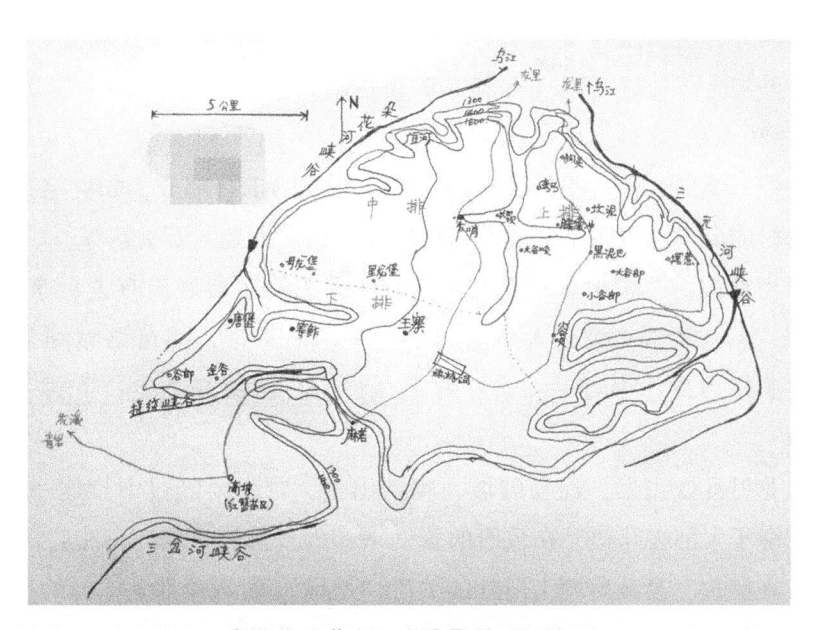

龙里县"蒙白"苗人聚居区手绘图

上排，指水苔村［原为前进村和大谷村，因上排发展水苔（海花草）种植，随将两村合并并改名为水苔村］，共有13个寨子：上坎泥、下坎泥、关口寨、狗头寨、湾弓寨、摆惹、竹笆、大谷朗、小谷朗、大谷咬、小谷咬、幺罗冲、黑泥巴，蒙白人有2500人左右。

中排，指中排村（原为幸福村和高峰村），有咋哨、长田寨、王寨3个寨子全是蒙白人，还有一些与汉族或红毡苗杂居的寨子，如里龙堡、母

龙坝、岳家寨、大石板、陆家寨、甲林主、克码石、长田坝、坝洞、广来河、燕子扇、雀拢寨、韦巴、大狗场、羊篷大寨、羊篷小寨;其中,王寨,蒙白人有94户,460多口人;长田寨有蒙白人42户,260多口人;咋哨,蒙白人有54户,320多口人;长田坝,是红毡苗、蒙白人和汉族杂居区,有66户,400多口人;甲林主(苗语,居住杂乱)是红毡苗、蒙白人、汉族杂居区,有22户,120多口人;克码石、红毡苗有49户,300多口人;坝洞有红毡苗27户,300多口人;甲岭寨有一些蒙白人,所以蒙白人共1000人左右。

下排,指团结村(原为城兴村和塘兴村)内的11个寨子:等鲜、长舍、跳园冲、火烧寨、上白番、中白番、上塘堡、下塘堡、新寨、白岩、坝卡,外加金谷村谷朗寨(等鲜人认为谷朗也属于他们下排),"蒙白人"共有3000人左右。

此外,蒙白人在一些与汉族共同居住的寨子也有部分,如贵定县和平乡高峰村的大田,贵阳市花溪区小碧的小观山、大地、石头寨等。

据当地人讲,蒙白人口总数大约有1万人,主要姓氏有王、李、唐、冯、陈、杨、胥等。蒙白人聚居的上、中、下三排,用苗语喊则是:上排——蒙好当比;中排——蒙好弯流/蒙好叟若/蒙好类走;下排——蒙好哈章[①]。

从龙里县城出发,经马郎坡,爬到山上,首先要经过中排这一区域,中排的寨子大都在路边,在政府的资助下,大多都修了寨门。中排的"跳园场"在路边,县政府网上所挂的关于"跳园"的照片都是中排的,可能这是交通方便的原因吧。过了中排后,有一个岔路口,其中的一条路通向上排,上排各寨子间相距要比下排和中排的远,而且至今村寨公路都还没有修好,多是石子路。下排则是顺着原来的路往下走,就到了下排的各个寨子了,下排的通村公路于2014年修好。从交通便利上来看,中排最好、

---

① "蒙好"为苗的意思,所以有时人们在称呼上、中、下三排时,会将前面的"蒙好"省去,直接将上、中、下三排称为:当比、中排、哈章,又因中排的王寨(蒙好弯流)、咋哨(蒙好叟若)、长田寨(蒙好类走),这三个寨子是"蒙白"聚居的区域,所以有时人们也会以三个寨子的任何一个寨子来代表中排。

下排次之、上排最差。听当地人讲，下排的人外出打工最早，也最多，因此，上排的人会说，下排的人最聪明（指外出打工早，接收到的信息多）。

三个排虽然都居住有蒙白人，但在语言上有一点差别，下排和上排的人彼此认为，他们讲的话不一样，但是相互间能听懂。两个排女人在服饰上也有差别，上排的蒙白人是用粗一点的红毛线来绣花，而下排则是用细线；在现代婚俗上也是有差别的，比如财礼上，下排要得比上排多，下排的新娘嫁过去后，当天回转，而上排则是要在夫家住一晚上才回转等。说了这么多下排与上排的区别，但从没听上排和下排的人说过他们与中排有什么差别。

中排处在中间，上排、下排的人相互间走动必定要经过中排，中排可以说是一个"过渡区""中间区"。曾听上排和下排的人说，中排有几个寨子的人就是从上排和下排迁过去的，此外中排的寨子，没有独姓的寨子，多是几姓人杂居，还有与红毡苗、客家杂居的寨子，这点与上排、下排不同。上排和下排则是除有一两个寨子是多姓人杂居外，几乎全是独姓寨子，没有与客家（汉族）杂居的寨子。表现在结亲策略上，上排和下排之间结亲的人很少，但和中排结亲的人多。

2. 蒙白人分布区域的环境

要到达今天蒙白人所居住的区域，有两条线路：一条是从龙里县城出发，经原莲花乡和余下村，爬马郎坡；另一条则是从贵阳市花溪区出发，经黔陶乡、高坡乡，到达蒙白人居住区。因贵阳到龙里高速路的修通，现在人们多选择第一条路线。下面我们从到达蒙白人所居住区域的线路，来认识蒙白人分布区的自然环境。

在第一条线路中要经过的"马郎坡"（是一个坡名，当地客家称男女谈恋爱为"打马郎"），有 8 公里长，坡陡弯急，据当地蒙白人说，他们中有人计算过，大大小小共有 42 道拐，第一次来这里旅游的外地人，不熟悉路况，开车都得小心翼翼。冬天，遇到下雨、下雪天气，温度降低，马郎坡的路面上经常会结一层厚厚的冰，不仅如此，整段马郎坡直至马郎坡顶，还会被雾气笼罩，严重时能见度不足两米，各种各样的机动车辆无法通行，也常成为家住县城、在原乡政府上班的地方干部的出行阻碍。下雨和下雪天，不仅车辆无法通行，结了冰的柏油马路路面，连人走在上面也是很滑的。在未通车之前（即使现在通了车，每天也只有两趟，上午一趟，下午一趟，住在路边的蒙白人寨子的人出行要方便点，但是对于远离路边的人，出行时还是有很多不便的），当地人经常会走通往县城的小路，小路在山间、在田间，夹杂以树、草、石头、泥土，反而走起来还没那么滑，而且比大路要近得多。2008年冬季，贵州省大部分地区遭受了特大凌冻，约有半月之久，交通信息阻断、停水停电，住在县城里面的人这几天连吃的东西都很紧张；乡下也因停电，打米机无法运转，重新启用"舂兑"来打米；柴房里储备的柴火成了做饭、取暖的主要来源。当时正值在外读书的学生放寒假之际，因没有车到草原（原为草原乡）去，好多的学生，都是从县城走小路回家的，这些路他们都熟，小时候，常到龙里县城赶场，走过不知多少次。小路虽近，但很陡，在当地有"爬上马郎坡，有气也不多"的俗语。据中排蒙白老人说，这个"马郎坡"（马郎是汉语，是汉族对当地苗族男女谈恋爱社交活动的指称）为他们蒙白人青年男女谈恋爱之处，但并非"跳园"之处。相传，有几对青年男女常在此玩耍，后因天摇地动，皆变成石头，故称其石为"马郎石"，又称其坡为"马郎坡"。"马郎坡"坡脚是现在的余下村，坡中间多是山野树林，没有村寨，坡顶是中排的坝洞寨，接下来是甲林主、咋哨。上排和下排则没有关于"马郎坡"的传说，可能因离马郎坡较远的缘故。

  爬上马郎坡，来到海拔1000多米的山上，就是蒙白人所聚居的区域了[①]，首先我们看到的是一望无际的田土和草地，分布于道路的两边。虽有如此多的田土，但因高寒山区，地势高，气温低，土层薄，水源少，植被浅，农业生产率低下。有些地方常年云遮雾罩，气温比山脚和河谷地区低2—4度，日照积温少，无霜期短，农作物生长缓慢。满山多为不坐水的"灰泡泥"，以及一种鹅卵石与白砂泥混杂的"浆岩土"，土层一般厚度仅5厘米左右，瘠薄的土层之下是无比深厚的岩石。苗民们辛苦开垦出的大

[①] 苗族老家的贵州，平均海拔在1000米以上，西南诸省中山坡较好之地，早为先至诸山居民族占有；苗族后至，只得居住在山巅。故其垂直的分布最高，有"高山苗"之称。凌纯声、芮逸夫著，湘西苗族调查报告，民族出版社，2003：28。

片薄田，只要三五天不下雨就会开裂，种下的秧苗很难分蘖发苞，"种一片收一箩"，亩产只有150公斤~250公斤。高寒山区或缺少水源，或一些山沟渗出少许锈水，水冷彻骨，开成沼泽地和冷锈水田，基本无法耕种。由于土瘦水少气温低，山上多长低矮的苔藓、草本植物和灌木，不长高大乔木。① 听当地人讲，草地是政府组织种植的。因这里一般海拔都在1200~1600米左右，山体连绵，高大空旷，可以发展畜牧业，20世纪80年代，政府规划了大片大片的田土，用飞机来播撒草种。2004年开发草原，发展旅游业，将原来的民主乡改为草原乡（蒙白人所居住的区域，在中华人民共和国成立前称为麻若乡，中华人民共和国成立后改为中排公社和民主公社。1992年，中排公社和民主公社，合并为民主乡）。2013年撤乡并镇，将草原乡合并到龙山镇，改为草原社区。

二、蒙白人及其比邻苗族支系

1. "他者"② 眼中的"白苗"

从第一节中对蒙白人的历史进行的文献梳理，可以看出白裙苗（"蒙白" moŋ^{13} po^{31}）、红毡苗（"蒙戎" moŋ^{13}zoŋ^{55}）、海葩苗（"蒙江" moŋ^{13}tɕaŋ^{44}）在明代的文献中统称为"东苗"，到清代改称为"白苗"。③ 而"白裙苗""海葩苗"和"红毡苗"等其他称谓的出现，则可能是在国家的"民族识别"以后，因其自称的差异，外人又根据其服饰特点，给出了这些他称，如"蒙白"，是因妇女的百褶裙脚连有5寸许的白布而得名；红毡苗，则因过去红毡苗男人穿红毡而得名；海葩苗，则是因其妇女服饰

---

① 吴正彪等主编. 黔南苗族[M]. 北京：中国文化出版社，2009：147.

② 他者，是人类学学科的研究对象，源于人类学发生期对遥远的部落社会（相对于欧美社会）的他者的强烈比较文化研究框架。见庄孔韶主编. 人类学概论[M]. 北京：中国人民大学出版社，2006：7. 在此，我用"他者"来指"蒙白"以外的汉语言文献、汉族、苗族专家学者等。

③ 明代时的东苗分布地遍及今黔南州的北部，入清以后，从东苗中分出了白苗和谷蔺苗……白苗这一称谓最早见于清康熙《贵州通志》，清代所称白苗分布在今龙里、贵定、贵阳、惠水和平塘等县市毗邻的苗岭山脊地带，通用苗语西部方言惠水次方言，称其为白苗是因其服色尚白，但白色却不是他们传统的服装颜色……见杨庭硕，潘盛之编著.《百苗图抄本汇编》[M]. 贵阳：贵州人民出版社，2004：90，120.

上海葩的装饰而得名。从现今的区域分布上,可以看出,他们不仅所居区域接近,而且在语言、习俗、服饰上都大略相同。①

白裙苗、红毡苗、海葩苗的自称称谓分别是"蒙白""蒙戎"和"蒙江",属于惠水次方言北部土语。其中"蒙江"分布于贵定县的云雾、仰望、摆哈,龙里县的岱林、大新、羊场和惠水县的斗底、岗度等地;"蒙戎"主要分布于龙里县的摆省、渔洞,惠水县的姚哨、摆金,蒙白人主要分布于龙里县草原的中排、民主(也即现在的水苔村、中排村、团结村),贵定县的沿山和平山一带,这些地区相距都比较近。北部土语区苗族虽在自称称谓上略有不同,但彼此间基本可以通话,相同或相近的词汇达80%左右。②

在习俗上,据(清乾隆)《贵州通志》:"白苗……祀祖,择大牯牛头角端正者,饲及苗壮即通各寨有斗牛者,合斗于野,胜者为吉,斗后卜日砍牛以祭祖。"③ "蒙江""蒙戎"和"蒙白"都喜好斗牛和杀牛祭祖,只不过在举行的日期和一些具体程序上有些差异。这在《百苗图抄本汇编》中也有说明,"《百苗图》各抄本的图集中描绘了白苗、东苗的敲牛祭祖习俗,但内容各有侧重,它是黔中地区苗族所共有乃至其他地区苗族所共有的宗教祭典,但各地在礼仪细节上略有区别"④。"蒙白"老人说,他们用来"斗牛"的场地有48个,这48个斗牛场中有的在蒙白人居住区,有的则在红毡苗和海葩苗的居住区,彼此不分,互相邀请。由于时间久远,现在能说上来的只有8个斗牛场的场址所在地:有的是在"海葩苗"的地方

---

① 1956年,分赴全国少数民族地区进行民族语言文字调查的第二工作队,因贵州中部的惠水、贵定、福泉、龙里、贵阳、清镇、长顺等县(市)内的苗语较复杂,所以又将贵州中部划出了一个"黔中南苗语"区,然后又将这个苗语区分成四小块:即平凯苗语、惠高苗语、紫宗苗语和龙洗苗语。自称为"蒙白"苗族的苗语就属于惠高苗语,也即后来的中部方言(川黔滇方言)惠水次方言。而惠水次方言又根据地域间的语言差异,还可分为北部土语、中部土语、东部土语和西南土语。除北部土语因称谓略有差异外,其余各土语在称谓及来历上基本一致。见吴正彪等主编. 黔南苗族 [M]. 北京:中国文化出版社,2009:13.

② 吴正彪等主编. 黔南苗族 [M]. 北京:中国文化出版社,2009:13.

③ 关于"白苗"杀牛祭祖的记载,见贵州省文史研究馆校勘. 1988. 贵州通志·前世志(第三册)[C]. 贵阳:贵州人民出版社.

④ 杨庭硕,潘盛之编著. 百苗图抄本汇编 [M]. 贵阳:贵州人民出版社,2004:121.

（惠水岗度、贵定仰单烂坝），有的是"红毡苗"的地方（高坡乡驻地、孟关），有的是古代"白苗"的地方（龙里虎场坝，可能是饶钵山）。[①]

在服饰装饰方面，喜欢以"海蚆"为装饰品，明弘治《贵州图经新志》提道："龙里卫军民指挥使司，境内东苗……杂缀海巴、铜铃、青白绿珠为饰"。[②] 今之"海蚆苗"，其衣服仍以"海贝"装饰，且以海贝为名，蒙白人和"红毡苗"虽不像"海蚆苗"的装饰如此之多，但在背牌上也有海贝装饰。而且在蒙白人中不论男女去世，都有用线穿上海蚆拴在额上的习俗。

2. 蒙白人记忆中的"白苗"[③]

上面我们从文献记载、分布区域、语言、习俗、服饰装饰等方面，探讨了蒙白、红毡苗、海蚆苗之间的渊源关系，那么在蒙白人的记忆里，他们又是如何来界定他们之间的关系呢？在生活中又是如何处理的呢？下面我们就通过蒙白人对"过去"的记忆与表述，来认识他们的渊源。

中排村（原幸福村村支书）的李林森：

> 我们这支苗是从贵阳城迁来的，先是迁到了龙里城，在那里因遭到排挤，我们这支苗族又开始迁徙，我们是"哪里高就往哪里跑"。一起跑来的还有红毡苗和海蚆苗，我们祖辈上说，哪个坡头高哪里就是青山苗（"蒙白"以前叫"青山苗"，中华人民共和国成立后经民族认定才改为现在的"白裙苗"），哪里有田土哪里就是海蚆苗，哪里有大把树枝哪里就是红毡苗。

从这则口述中，我们可以看出，三支苗族原先都住在一个地方，后来先是迁到了龙里县城，后又一起迁到现在各自居住的地方，只是因所迁地方的不同，而成为三支不同称谓的苗族，当然这只是他们从地域分布的角

[①] 杨昌文. 龙里县中排乡和民主乡苗族考察记略［A］. 贵州六山六水民族调查资料选编（贵州卷）［C］. 贵州省民族研究所、贵州省民族事务委员会编. 贵阳：贵州民族出版社，2008：120.

[②] 关于"东苗"喜佩戴海贝的习俗，见（明）沈庠修，赵瓒纂. 贵州图经新志·风俗志［M］. 弘治刻本. 贵州省图书馆影印本.

[③] 白苗，在汉文文献中是对"蒙白""红毡苗"和"海蚆苗"的统称。

度来对"我群"与"他群"进行区分。

关于先迁到龙里,再被驱逐,在蒙白人的《巴郎歌》中也是有说明的:

> 在蒙白人的《巴郎歌》中,提到了他们来自贵阳花溪的"燕楼、党武"。当地给去世的老人敲牛,要去买巴郎(指公水牛),买巴郎时,要唱《巴郎歌》,他们每买得一头巴郎,都要庆贺一番,且唱《巴郎歌》。不管这头牛从何地买来,《巴郎歌》词中都千篇一律地叙述到黔西、大定(今大方)、毕节和贵阳市的燕楼、党武等地。其中有一段歌词是:"巴郎拉到燕楼、党武,这是我们的老家乡,看到我们祖先的二百个牛杆,看到我们三百个牛桩(碑)。"很明显,蒙白人曾经居住在燕楼、党武等地。

尽管今之龙里县城周围没有蒙白人,但迄今仍然留下许多传说和遗迹。据蒙白老人说,在县城烈士墓附近、县委党校一带的饶钵山是蒙白人最早的牛打场(斗牛场),传说从前此地立有碑文,在几十年前,才被甩到河里。城区和莲花乡附近的董下、蔡家院、老寨曾是蒙白人所居住的村庄,现在仍有蒙白人居住。离此不远的"马郎坡",古为苗族青年男女谈情说爱之处。所以,似可窥见这支蒙白人在历史上的迁徙梗概,即从燕楼、党武→长寨(龙里县城)→董下→蔡家院→老寨等,最后迁居上、中、下三排。① 而红毡苗和海葩苗则继续向他们认为理想的地方前进,也就是中排李林森口述中的"哪里有田土哪里就是海葩苗,哪里有大把树枝哪里就是红毡苗"。但在笔者的一再追问下,如今居住在董下、蔡家院、老寨的蒙白人,则是20世纪五六十年代,从上、中、下三排搬下去的,后分田土在这边,也就安家落户在此了。而关于历史上蒙白人居住在县城周围,因没有确切的文献记载,则也就只能作为是久远的记忆了。

此外,还有另外一条迁徙路线,从贵阳花溪经黔陶到高坡,再到现在

---

① 杨昌文. 龙里县中排乡和民主乡苗族考察记略 [A]. 贵州六山六水民族调查资料选编(贵州卷)[C]. 贵州省民族研究所、贵州省民族事务委员会编. 贵阳:贵州民族出版社,2008:120-121.

第一章 蒙白人的历史、文化与区域关系

上、中、下三排。在说其迁徙路线之前，我们有必要先对蒙白人、红毡苗、海葩苗这三支苗族的先祖谈一下。

这三支苗族有共同的祖先，即是杨洛的女婿、打虎英雄，他的名字有多种不同的音译，如黑羊箐、黑人庆、黑人大庆等。总之，先祖在与敌人的作战中牺牲，族人一部分被杀死，一部分被驱赶，这在接下来的表述中有很好的体现，并且说明了他们原来居住的地方是洞里。

2014年春节期间，我们在下排城兴村等鲊寨子，采访了王光兴和王光林两位大师傅以及一位村民李廷湘。在他们的记忆中，认为他们不是当地人，而是迁移到此地域的。他们给我们讲述了一个关于他们苗族的先祖"黑人庆"和他们的先祖为什么到这里来的传说。

贵州是一苗之地，有99样苗，我们就是贵州的，黑人庆是我们的祖先，我们不是什么江西籍、湖广籍的。每年四月八，都要纪念黑人庆，在贵阳、龙里、高坡、青岩的苗族都要纪念黑人庆。

我们贵州苗族的苗王是黑人庆。以前我们老祖住在贵阳的燕楼、党武（现名为贵阳市花溪区燕楼乡和党武乡）那边，但没有房子住，都是住在洞里头。当时黑人庆与一个伙计玩得好。黑人庆有一个海螺，如果有坏人来袭，或者有来抓壮丁的，黑人庆出门拿出海螺吹，所有的罩子（土语，指雾）和小雨就将他围起来、遮住，这样坏人就抓不到他了。

有一天，黑人庆的伙计买了个假海螺来黑人庆家。结果黑人庆不在家，只有黑人庆老婆在。黑人庆老婆就问这个伙计来由，他说："我买了一个海螺，不知道和黑人庆的那个一样不，想让黑人庆给看一下。"黑人庆的老婆说："他不在家。"那人便问："那你见（海螺）在哪儿不得？"黑人庆的老婆将黑人庆的海螺拿了出来，他接过海螺看了又看，趁黑人庆的老婆不注意时，将自己的假海螺与黑人庆的调换了。

这个伙计换掉海螺后，就去叫来官兵抓人。官兵来了后，黑人庆拿起海螺跑到门口就吹。吹响了，但已不灵验了，风啊雨啊都没来。估计自己要被抓了，黑人庆就赶紧跑。他跑到花溪，花溪那边有一排

坡，他一脚一个坡大步跑，最后跑到了倒岩那里。前面抵着大岩，后有追兵，他上也上不去，下也下不来。于是黑人庆就说："大石头，如果我黑人庆有天下，我爬到你上面，你就不要倒；如果我黑人庆的天下就管到你这里的话，你就垮下来。"他脚一踩上去，这块石头就垮了下来，就在这里被官兵找到、并抓住了，后来在贵阳把他给杀死了。据说，花溪倒岩就是由黑人庆踩垮得来的。

其他民族的人讲苗王已死，我们把这些苗人赶走，不要让他们住在燕楼、党武了。后来他们就来赶我们的祖先，他们一来赶，我们的先人就赶紧躲进洞里面。那里共有17个洞，他们烧起辣子，用风簸来熏我们，一熏熏死了7个洞的人。死了7洞人后，他们说："好了，不熏了。剩下的这几洞人就让他们为我们干活吧。他们会吹沙拉（即唢呐，下同），我们娶媳妇时，就让他们给我们吹沙拉、抬轿子吧。"最后剩下的人就被他们撵到了现在这个地方，住在上面的就是上排、中间的就是中排，下面的就是下排，就取名为上、中、下排，也就是现在的上、中、下三排。①

"排"在苗语里有"坡"的意思，"上排、中排和下排"则是"蒙白"苗人对自己所居区域的表达。在中排李林森的口述中，我们得知，蒙白人、红毡苗、海葩苗是一起被驱赶的，但为什么一起跑来的红毡苗和海葩苗在这里不见了，从迁移路线上则是可以说得通的。从贵阳花溪的燕楼、党武过来时，途经黔陶、高坡一带，红毡苗先祖就在那一带定居了下来，有小一部分在高坡过来的属龙里境内的摆省乡、渔洞乡一带居住下来了，海葩苗也在岱林、湾寨、羊场一带定居下来，而只有蒙白人还在往上爬，可能是要找让他们觉得最安全的地方。

从贵阳花溪经高坡、到龙里、再到现在蒙白人所居住的地方，这一条线路在下排等鲊寨王光林的口述中，也可以得到印证。

红毡苗是在洞里面跳，这是他们继承先祖的传统，而我们蒙白人则没有继承。在很久以前，我们都是住在花溪燕楼、党武那边的洞里

---

① 2014年9月17日，下排等鲊寨王光兴口述。

第一章 蒙白人的历史、文化与区域关系

面的,因苗王被杀,族人被驱赶,在从花溪经黔陶逃跑的路上,在高坡乡的水场寨有一口塘,当时我们蒙白人的祖先因又渴又累,把身上背着的"古迹"丢在了黔陶那边的井里面,而红毡苗的祖先则没有丢,是一路背着,所以他们在洞里面跳,是继承祖先的遗迹。我们蒙白人将祖先的"古迹"丢掉了,所以我们的"跳园"则是上、中、下三排人的老祖在迁到此地时,才商量制定的,"斗牛"和"敲牛"的一些场地开辟和规则也是后来才制定的,我们是在兔年和狗年才能敲,不像红毡苗每年都可以敲。①

口述故事中出现的"海螺"在今天三个苗族中都有体现,蒙白人、红毡苗、海葩苗的服饰上都有海贝,而且"海葩"在当地苗语里就是海贝的意思,蒙白老人去世,头上还要系一条缀有海贝的带子。

而与"洞"相关的存留只有在高坡乡以及龙里南部靠近高坡乡的摆省、渔洞一带的红毡苗中还有留存,在每年的正月间有一个"跳洞"的节日习俗。而蒙白人和海葩苗则没有这样的习俗,不过有前辈做过考证,蒙白人、红毡苗、海葩苗,在中华人民共和国成立前都有洞葬的习俗。《苗族简史》载:"罗甸、长顺、惠水、贵定、龙里、贵阳南郊的苗族,早先已实行……岩洞葬,到清代乾隆年间才渐渐改为土葬,少数一直沿袭到民国二十三年前后。"② 蒙白人虽没有跳洞,但在每年的正月间(从初五至十二)有一个"跳园"的节日习俗,海葩苗在正月间有"跳月"的习俗。蒙白人与"海葩苗"都不在洞里面跳,可能与他们生活的区域环境有关,田土广阔平坦,不再有洞。虽然没有了跳洞,但跳园、跳月与跳洞都有青年男女找对象、亲朋相会的意思。此外,三支苗族的姑娘都有在正月间"坐花园"的习俗,在花园边绣花边等着外寨子的后生来找她们谈恋爱……

不仅蒙白人在历史记忆中与红毡苗有更多的交集,在现实生活中也是,如等鲊寨的蒙白人与住在水罗洞寨(龙山镇的金星村)的红毡苗认了

---

① 2016年2月13日,下排等鲊寨王光林口述。
② 关于苗族葬式的记载,见苗族简史编写组.苗族简史[M].贵阳:贵州民族出版社,1985:332。

兄弟，等鲊寨的蒙白王家还抱养下排中白番寨的红毡苗来当儿子，金星村谷朗的蒙白人与金星村的红毡苗结亲。

从这些口述以及社会行为实践中，可以证实蒙白人、红毡苗、海葩苗这三支苗族有很多的相似之处，因此，在以下章节的讨论中，红毡苗和海葩苗的文化习俗会多次在文中出现，可以说是对蒙白人文化习俗的补充，因为随着社会的发展、外来文化的介入，文化习俗展示上的不完整、变迁和丢失则是不可避免的。

第二章 "花园"、家族与婚姻

婚姻从来就不是两个人的事情,从克洛德·列维-斯特劳斯的"婚姻交换是社会的开始"[①],到埃德蒙·R.利奇的"婚姻机制对于社会结构的影响"[②] 都体现的是联姻的社会性。而且,"每一婚姻是一种社会振动,涉及的不仅是两个个体,而且还有若干规模不同的群体"[③]。

第一节 蒙白人的结亲倾向

一、排的结构与结亲[④]倾向

"早年的苗族空间观念是以家族村落为基本空间单元,姻亲集团观念为次级空间观念,以整个苗族聚居区为更次一级的完整空间观念,而把本民族以外的布依族、彝族、汉族聚居区都平等地视为外围空间"[⑤]。而蒙白

---

① [法]克洛德·列维-斯特劳斯著.结构人类学[M].张祖建,译.北京:中国人民大学出版社,2006.

② [英]埃德蒙·R.利奇著.缅甸高地诸政治体系[M].杨春宇,周歆红,译.北京:商务印书馆,2010.

③ [法]阿诺尔德·范热内普著.过渡礼仪[M].张举文,译.北京:商务印书馆,2012:139.

④ 结亲,是结成亲家的简称,结亲倾向,即是指"蒙白"苗人在选择婚姻对象上,所具有的倾向性。

⑤ 罗康隆.文化调适的个案分析——明代黔中苗族因军事冲突诱发的社会生活重构[J].贵州民族研究,1999(4):75-85.

人的当下也大致如此，也多聚族（家族）聚寨（自然寨）而居，多个寨形成一个排，也即一个排包括很多个自然寨，多个排又形成一个区域，又因为多数寨子是同一个家族的人居住，是同一个祖先的后代，所以一个寨子的人也可看作一个具有明确血缘关系的"大家庭"，但这样的寨子主要指的是"自然寨"，与国家行政性划分的村寨有明确的区别，这样的自然寨才是蒙白人的基本空间单元。在这样的自然寨中，人们是不能通婚的，因为这是一个血缘群体，所以这样的同寨同族一般实行"寨外、族外婚"。但其中也有一些寨子为多个家族而居，或因为外家族的迁入，或因为招女婿上门，所以这样的自然寨则实行"寨内、族外婚"。而两种婚姻形式则都为"排内"，所以在婚姻的选择上常呈现为"排内的族（家族）外婚或寨外婚"的结亲倾向，也即是说他们的通婚圈是"排内"的。现以蒙白人聚居区的下排为例，来说明这一结亲倾向。

蒙白人口中的下排（即对应现在的团结村内的 11 个自然寨，再加上金谷村谷朗寨）所包括的 12 个寨子及所居的人的"姓氏"① 分别为：等鲊（王、李、陈）、长舍（李）、跳园冲（唐）、火烧寨（唐）、上白番（陈、李、唐）、中白番（陈）、上塘堡（唐）、下塘堡（李）、新寨（李）、白岩（胥）、坝卡（王、胡、唐），谷朗（杨）等。他们严格遵循"同族（家族）不婚"。在此需要对以上 11 个寨子所居人的姓氏与家族关系加以说明，如以等鲊（王、李、陈）为分析原点，下塘堡和新寨的李姓人因与等鲊李姓人并非一个家族，所以互为结亲对象，但长舍的李姓则只有一部分可作为结亲对象，另一部分李姓因与等鲊李姓为同一家族，所以相互间不可以结亲。也即是说，蒙白人遵循同家族禁止通婚的规则，尽管使用汉姓，但不像汉族遵守"同姓不婚"那样以姓为禁忌的边界。是不是属于同一个家族，是不是从同一个老祖宗那里延续下来的后代，从其葬礼上是不

---

① 据贵州省地方志记载，黔中苗族"有族无姓"，或"有名无姓"[见田雯《黔书》卷三，（康熙）《贵州通志》花苗条]。这里所说的"有族"，是指有确切的家族谱系而言；"无姓"是说黔中苗族迟至明朝末年，尚未使用汉族式的姓氏，所谓"有名"是说当时苗族使用一套与汉族完全不同的人名命名系统——父子联名制，而且黔中苗族的祖宗人名一般由两个汉字构成。见杨庭硕，史载黔中苗族人名研究，民族研究，1986（5）：53-59. 直到清"改土归流"后，迫使黔中各地"生苗"更定姓名，改用汉姓。

第二章 "花园"、家族与婚姻

是要请相同的大师傅、鼓师、芦笙师的情况可以看出，因为一个大家族的大师傅、鼓师、芦笙师是在各房族中选人轮流担任的（这三个角色在家族中轮流担任的情况详见附录一）。在杨庭硕的研究中，也对家族大师傅有过说明，如"黔中地区的苗族，每个家族都有一个'大师傅'，如果是几个家族共住在一个寨子，那么每个家族必定有各自的大师傅，或者是，如果与其他寨子是同宗关系，则共用一位大师傅。大师傅的职责即是将本家族各代祖宗的名字熟记于心"[1]。当然有的家族将祖宗的名字借助于汉字记录在书本上，而有的家族则完全是凭心记。其他寨子的除唐姓以外的人与等鲊寨的人的结亲策略一样，只有唐姓人是遵循"同姓不婚"[2]，甚至他们认为"天下姓唐的都是一家，都不能结婚"，当然他们的这种婚姻观念还需探讨。此外在蒙白人另外两个聚居区——上排和中排（大概对应现在的两个行政村：水苔村和中排村）——以及三排以外有蒙白人分布的其他区域也遵循这样的规则——"家族外婚"。因人们普遍认为"女儿嫁得越近越好"，又因属于一个排内的不同家族，而且居住较近，所以多选择一个排内（不同家族）就近结亲。又因中排的王寨与下排距离较近，所以下排的人也有选择与中排王寨结亲的；上排与中排咋哨寨距离较近，所以上排的人也有选择与中排咋哨结亲的；但上排与下排间因距离相隔较远，以及下排人观念上认为上排的地方不好，所以上排与下排结亲的例子很少（三排间的人与人的交往详见附录二中对办酒礼单的内容分析）。从这样的结婚策略和结亲倾向可以看出"婚姻既是一种日常的社会事实，也是一种观念的建构"[3]，正如黄应贵所讲的，"社会其实是一套观念，而不是一群人的集合"[4]。所以各个不同的人群都有对青年男女择偶范围的明确规定。而这些规定，对下文中将要讨论的"太多果"（谈恋爱）、"坐花园""跳米花月"中的男女青年则形成了一定的意念机制的约束，这也是排内婚的通婚理想。下面我们就以等鲊寨的婚姻调查情况对这一通婚理想进行说明。

---

[1] 杨庭硕. 史载黔中苗族人名研究, 民族研究, 1986（5）：53-59.
[2] "蒙白"苗人的唐姓人认为，无论是汉族或其他民族，只要姓唐都不可以结亲。
[3] 杨沛燕. 黔中苗族宗族研究——以高坡苗族为例 [D]. 兰州：兰州大学，2011：67.
[4] 黄应贵. 反景入深林——人类学的观照、理论与实践 [M]. 北京：商务印书馆，2010：44.

二、理想的排内婚

笔者对等鲊寨蒙白人的婚姻情况的了解是采取婚姻调查表的形式。根据现今的户籍标准，等鲊寨蒙白人共有63户，500多口人，笔者共调查了90对配偶的婚姻情况。对这90组婚姻情况进行分类，50岁以上的为一个组，30岁到50岁的为一个组，30岁以下的为一个组（年龄的计算以男方为依据，如果只有女方健在，则以女方为依据）。因男方全是本等鲊寨子的蒙白人，因此，下面所列寨子全部为女方嫁过来之前的寨子名，包括族属和所来的地方。

35对50岁以上人群的婚姻情况（因有一些为二婚，所以以第一次结婚时配偶的情况为标准），全部为蒙白人，配偶来源情况：下排有30例，其中本寨有4例，分别为：陈家娶李家的姑娘、王家娶李家的姑娘、李家娶王家的姑娘；与下排其他寨子的通婚情况分别是：跳园冲3例、长舍4例、谷朗4例、火烧寨2例、下塘堡2例、坝卡2例、白岩3例、新寨2例、上塘堡3例、未知2例。中排的王寨和高峰3例，三排以外的羊篷村雀笼寨1例。

表1 35对50岁以上媳妇来源情况表

区域名	寨 名										
上排											0
中排	王寨2	高峰1	雀笼寨1								4
下排	本寨4	跳园冲3	长舍4	谷朗4	火烧寨2	下塘堡2	坝卡2	白岩3	新寨2	上塘堡3	未知2	30

35对30岁到50岁的人的婚姻情况：有1例为遵义的汉族，其余全部为蒙白人，配偶来源情况：下排有31例，其中本寨有4例（2例为王家娶李家的姑娘，1例为李家娶王家的姑娘，1例为陈家娶李家的姑娘），与下排其他寨子的通婚情况分别是：火烧寨1例、中白番3例、谷朗7例、跳园冲1例、坝卡5例、长舍2例、下塘堡1例、上塘堡3例、白岩4例；中排有3例，三排以外的羊篷村雀笼寨1例，再加一名汉族媳妇，所以共

有 2 例三排以外的婚姻。

表2　35 对 30 岁以上媳妇来源情况表

区域名	寨　　名									
上排										0
中排	王寨3									3
下排	本寨4	跳园冲1	长舍2	谷朗7	火烧寨1	下塘堡1	坝卡5	白岩4	上塘堡3	中白番3	31
三排以外	遵义1									1

20 对 30 岁以下人的婚姻情况，全部为蒙白人，配偶来源情况：下排有 19 例，其中本寨有 5 例（3 例为李家娶王家的姑娘，1 例为王家娶李家的姑娘，1 例为陈家娶王家的姑娘），与下排其他寨子的通婚情况分别是：长舍 4 例、白岩 2 例、下塘堡 1 例、谷朗 3 例、中白番 2 例、新寨 1 例、火烧寨 1 例，三排以外的水场村有 1 例。

表3　20 对 30 岁以上媳妇来源情况表

区域	寨　　名							
上排								0
中排								0
下排	本寨5	长舍4	谷朗3	火烧寨1	下塘堡1	白岩2	中白番2	新寨1	19
三排以外	水场村1							1

这 89 例婚姻中，有 1 例汉族媳妇，88 例蒙白人媳妇。在这 88 例蒙白人媳妇中，中排的有 7 例，三排以外的有 2 例，下排区域内的婚姻有 80 例，其中本寨子的有 13 例，除本寨子外，下排其他寨子有 67 例，分别是：长舍 10 例、火烧寨 4 例、跳园冲 4 例、中白番 5 例、新寨 3 例、上唐堡 6 例、下塘堡 4 例、坝卡 7 例、谷朗 14 例、白岩 9 例。也就是说在嫁过来的这 89 个女人中，从族别上来看，有 1.1% 是汉族，有 98.9% 为蒙白人；从区域划分上来看，有 10.1% 是来自下排以外的其他区域的，而有 89.9% 则属于下排区域内。在下排这 80 例中，本寨占到了 16.2%，下排其他寨子占到了 83.8%。这三个年龄段进行通婚的下排寨子，包括本寨在内共有 11

个寨子,平均每个寨子通婚为 7.3 例,而本寨有 13 例,超出了平均的 5.7 例。

虽然笔者选的点仅为等鲊寨的蒙白人,但在下排的其他蒙白人寨子,这样的情况也应该是相同的,蒙白人的通婚情况表现出的即是一种"结构化了的排内婚"。换句话说,在蒙白人看来,排内是一个相对熟悉的社会,每个家族的根底都能了解,加之空间距离有利于姻亲之间走访互助,是理想的通婚圈,乃至随着社会的发展、时代的变迁,他们的通婚圈基本上也没有发生大的变化。

三、理想的排

下排这一区域有 12 个自然寨,3000 多人,包括王、李、陈、唐、杨、胥 6 个汉姓,相互之间都为通婚团体。这些寨与寨之间的距离,如果走路的话,从等鲊寨子出发在 1 小时内可及。因处于一个相互间相隔较近的区域,所以人与人之间都是一种熟悉、紧密的关系。相对区域外婚发生的场域,首先从三四个小时的路程上来说,则是他们所不愿意的,所以区域外的地方则被认为是陌生的、疏离的异域。排外的世界,往往被人们在主观意识上划定为是异己界限之所在。

语言是最为主要的中介,通过语言,我们彼此交换信息、请求、知识和价值,并将之传给下一代。[①] 从语言的工具性来说是作为口头交流的,如果在交流时不顺畅,人与人之间就会产生距离,不会更好地融合。因为语言是一个人社会身份的原始标签[②],从语言上就有了"我群"与"他群"的标定。所以说语言是本区域成员之间相互认同的重要文化特征,所以也不可避免地寄托着人们对于自身所属群体的历史与文化的深厚感情。下排与上排仅有脚程为超出 1 小时的距离,但下排蒙白人与上排的人讲的

---

① [美]罗伯特·F. 墨菲著. 文化与社会人类学引论 [M]. 王卓君, 译. 商务印书馆, 2009: 40.

② [美]罗伯特·F. 墨菲著. 文化与社会人类学引论 [M]. 王卓君, 译. 商务印书馆, 2009: 40.

第二章 "花园"、家族与婚姻

话不一样。

在前面我已有论述，上排海拔在 1500 米以上，相较中排和下排来说交通不便，路难走，13 个寨子中至今仅有两三个寨子铺了水泥路，其他寨子多还是泥巴路。山高风大，紫外线强，笔者 5 月份到上排小谷朗寨做婚姻调查期间，脸被晒伤，痛了两天，还脱了一层皮……等鲊寨蒙白人经常讲，"上排田土不好，粮食产量不如下排，他们那边产的米也不如我们下排产的米好吃，所以，我们的姑娘都不愿嫁到上排去，当时在姑娘间流行这样一句话'三斗种子也不愿嫁上排'，但是上排的姑娘很愿意嫁到我们下排来，在上排的姑娘间也流行有一句话'三升种子也愿意嫁下排'"。

排内外的差异不仅在于以上这些形式上的差异，还在于人群对于自己所熟悉的地方表现出的理想与情感，而对排外的不熟悉，则产生出一种想象的差异，以此来传达本排对外排人的异己化。

2016 年 3 月 2 日，下排等鲊寨王光林的大孙女——18 岁的小米，嫁到了上排幺罗冲寨的一户王姓人家。排内婚是被赞许的，反之，如果是排外婚，则往往带着抗拒的基调。当小米把自己在外打工认识的男友带回家时，引来的是父亲、母亲、爷爷以及下排火烧寨的外婆和外公的极度不满。但孙女一句"你们如果不答应，我就和他外出打工再也不回这个家了"，家人害怕了，妥协了。爷爷知道，现在的世道不比以前，以前不听父母话没地方去，没了家人的支持，一辈子都会很难过，但现在不同了。于是爷爷利用一周的时间，名义上到上排去是串亲戚（王光林做打铁生意，经常走村串寨，认识上排的一些人，再加上第一个老伴是中排王寨的，老伴的姐妹有嫁在上排的），实际上是去"调查"小米要嫁的这家人所住的寨子好不好，家里是否"干净"，最后调查的结果则是寨子不算好，位置偏僻且路难走，但这家人是"干净"的，于是小米嫁了，嫁到了排外，嫁到了习惯通婚的"圈外"。

从婚姻的角度来说，排内婚，是为了巩固小范围、封闭、互惠、平行来往的婚姻圈，建构与维系一个好的区域，而跨排进行通婚，则可能开放一个出口，扩展婚姻圈，促成更广泛的人群互动。

从以上的分析，我们可以看出，蒙白人的结亲倾向是"结构化了的排内婚"，那么这样的婚姻缔结倾向是如何促成的呢？首先我们得从蒙白年轻人间的谈恋爱说起,要说谈恋爱则离不开他们的谈恋爱空间——"花园"。

第二节 "花园"① 的隐喻

费孝通先生在其《乡土中国》中指出,"在中国的乡土社会中,家并没有严格的团体界限,这社群里的分子可以依需要,沿亲属差序向外扩大"②。这里的"需要"即是指在政治、经济、宗教等方面的因素,"亲属差序"则是指单方面的父系关系,所以"中国的家是一个事业组织,家的大小是依着事业的大小而决定的。如果事业小,夫妇两人的合作已够应付,这个家也可以小得等于家庭;如果事业大,超过了夫妇两人所能担负时,兄弟伯叔全可以集合在一个大家里"③。在此,我们可以看出费孝通先生的"家"是一个有着伸缩自如特性的概念,这体现在蒙白人社会中,就是一句"'家头'里还有'家头'"所要表达的意思。在蒙白人社会中,对家、房族、家族的表达,所用苗语都为"达贝","达贝"最小,可指一个家庭,最大则指一个家族,又因苗族常聚寨而居,所以也可指一个寨子。因同一个寨子内都是一个家族,而家族又是一个以父系血缘为基础的集团,所以一个家族也即费孝通先生所说的"大家庭",所以经常多是一个寨子的人都是一个家族,当然也有个别寨子会是多家族合居,或是以一个大家族为主,以及一些小家族合寨而居,这种情况多是招赘婚,或者是20世纪50年代从外寨搬迁过来,因分田土在此,就在当地落户安家。

一、"花园"与家族

蒙白人的寨子,基本上是一个寨子为一个家族,而姑娘的"花园"一

---

① "花园",在"蒙白"苗人中有两种,一种为姑娘的"花园",一种为媳妇的"花园",在本书中探讨的是姑娘的"花园",如没有另外说明,文中的"花园"都指的是姑娘的"花园"。
② 费孝通. 乡土中国与生育制度 [M]. 北京:生活·读书·新知三联书店,1984:39.
③ 费孝通. 乡土中国与生育制度 [M]. 北京:生活·读书·新知三联书店,1984:39.

第二章 "花园"、家族与婚姻

般也是以家族为单位,一个家族有一个;也有一个寨子有多个家族的,如下排等鲜寨子是王、李、陈三个家族居住。听老人讲,等鲜寨有三个"花园","花园"搭建的地方,就是当时三个家族的老祖宗刚搬到等鲜寨时居住过的地方(王家的在田坝坎角,李家的在篮球场坎角,陈家的在现所居房子附近)。中华人民共和国成立后,因陈姓人口少,陈家和李家被分到了一个小组,虽是如此,但陈姓、李姓两个家族的姑娘仍于正月期间各自在自己的"花园"内"坐花园"。

还有一种为媳妇的"花园",媳妇的"花园"则不以家族论,而是以居住的远近、平时亲密程度来分,关系好的媳妇们常在一个"花园"里。如果一个寨子有多个家族居住,常会有多个家族内的媳妇在一个花园里的情况。此外,在搭建的地点、形制、对进到里面的人的要求,以及"坐花园"的目的上都区别于姑娘的"花园"。媳妇的"坐花园",没有任何的要求,"花园"就搭在房前屋后的空地上,搭建也较简单,只要能挡风就行。一起"坐花园"的媳妇常是妯娌之间,平常玩得好的、走得近的叔妈、伯妈,家户间串门,无论男女老少都可以随意进出,不过男人则很少进入,他们多在家里与亲朋好友喝酒聊天。媳妇们"坐花园",据说是为了遵守正月间不能在家用针线的禁忌,也有说家里因为"不见亮"(太暗)看不清楚绣花。其实这正体现了蒙白人妇女的一种小群体集聚的习惯,这是一种封闭的农村文化环境的产物。过去生活单调,妇女们聚集在一起相互间倾诉彼此的苦与乐是一种打发日子的方式,正月间聚集在一起绣花,这样也便于相互交流,切磋绣花技艺。

姑娘的"花园"与媳妇的"花园"是有区别的,姑娘的"花园"可以看作家族的一个象征符号,在下排的关口寨(因人口少,很少有外人知道),只有六户人家,现与上塘堡划为一个组。关口寨的唐玉州是这样讲的:"我们关口寨人虽少,但也有一个'花园',各寨编各寨的,两三个姑娘也坐,三四个姑娘也坐,因为各寨有各寨的地脉龙神管"[1]。因一个寨子多是一个家族,所以本寨子内的、属于一个家族里的小伙子是不允许到本

---

[1] 2016年1月28日,下排关口寨唐玉周家。唐玉周,63岁,小学文化水平,能识字,医生,低保护,每年国家补助200元。

寨子姑娘的"花园"里去的。对于这样的规定，如有违反，则有很严重的惩罚。如等鲊寨的王光兴讲："因为是一家人，碰到自己家族里的妹妹会不好意思。祖上讲，如果违反了规定是要'杀头祭祖'的，因惩罚很大，家族的观念也深入人心，所以没人违犯"①。本寨的小伙子不能进，外寨子的姑娘也不能进，因为"花园"象征着一个家族，只有本家族的姑娘才能进。

蒙白人在一定的岁时节令里，建立自己家族婚姻、生殖的空间，表征上有多重含义，把"花园"建立在祖先最早居住的地方，有祖先庇佑，以及人群婚姻结合的神圣法理的宣示，也有一个家族对"有女长成"这样的婚姻前提表述。这种"花园"就是一种来源久远的，并且具有一定普遍性的习俗。在西南地区的苗族其他支系，以及其他一些民族中，类似的关于婚姻恋爱的空间建构普遍存在，贵州六盘水水城县南开乡一带的小花苗，在寨子附近就有"姑娘房"；在六盘水市的六枝特区的梭嘎箐苗中，以及黔西北的苗族中也有类似的"花房"，他们与蒙白人的"花园"一样，最后都要在文化中形成一个表征的空间，生产出新的婚姻过程和不断变化的习俗。

蒙白人建立的"花园"，除了表达自身的文化功能以外，还是自己完整婚恋文化空间构成的一个前奏性的事物，是其年节中社会秩序整合的空间建构的一个组成部分。它除了完成自身的文化功能之外，还会在"跳园"空间中发挥自己的作用和意义。

二、"花园"与"分隔礼仪"和"聚合礼仪"

蒙白人社会是典型的父系血缘社会，大多聚族聚寨而居，一个寨子一个家族，就相当于一个"大家庭"。一个寨子里的人之间的关系都是以血缘为基础的伯爷老叔、兄弟姐妹。因此，蒙白人实行寨外、族外婚（少数寨子内有多个家族的实行寨内族外婚）。用张晓教授的话说，一个家族内

---

① 2016年1月17日，下排等鲊寨王光兴家。王光兴，65岁，小学文化水平，能识字，是等鲊寨的小组长之一。

第二章 "花园"、家族与婚姻

的未婚青年男女则是生活在一个血缘家族的社会里。这里的以血缘为基础构建的社会，青年男女在这样的血缘社会里分别扮演的是孙女、女儿、姐姐、妹妹或孙子、儿子、哥哥、弟弟的角色，并没有婚姻配偶这样的性质。这样社会里的人倒是以血缘亲属关系为纽带，牢牢维系在一起的。所以当外寨子的男性来本寨子找姑娘谈恋爱时，怕见长辈，见到后会害羞，就如同布朗在其"亲属关系研究"理论中提到的"女婿与岳母、儿媳与公婆的回避关系"[①]。在"花园"建立的时候，一系列的习俗和规约，已经明确地表达了血缘关系的边界，而寨子外的"马郎坪"和"花园"就是为了避免害羞和尴尬的最好的婚恋空间的文化建构。

姑娘"花园"就在寨子边平地上，是用小细竹子编成围栏或用柴垛围起来的一个圆形露天场地，而这块场地并不是绝对的禁地，在平时尽可晒谷子、堆柴火、晾衣服，但在正月间"坐花园"时，则是本寨本家族姑娘的专属地，是本寨本家族年轻小伙子的禁地。这就在特定的时刻赋予了这块地方一定的社会意义——家族里适龄姑娘的专属空间。这种专属的社会意义，由"花园"这一名字也可以看出来，"花园"，苗语为"网摁"，"摁"指的是女人们的花；网是指绣花的园圃或地方；合起来，也就是指女人挑花刺绣的地方。而姑娘要到"花园"里去挑花刺绣，在当地是有严格的年龄限制的，所以，"坐花园"时的场地具有了仪式性的象征意义，而绣花这一行为实践，则具有仪式性的结合功能，建立一种群体认同感。所以坐在"花园"里的"绣花"，代表了姑娘们与血缘家族社会之"分隔礼仪"，随之便向某一性别群体的"聚合礼仪"。因此，也可以说"坐花园"代表的是一个家族中的姑娘们的一个过渡，说成是"成年礼"也未尝不可。

"花园"为同一个家族的姑娘聚集的地方，一方面象征着一个家族的团结和一个"大家庭"的意义，同时也预示着女性从一个家庭、家族、寨子向另一个家庭、家族、寨子的转换。虽然谈恋爱、"坐花园"的对象可能并不是以后与自己最后能够结婚的对象，但其却是作为一种

---

① [英] A.R. 拉德克利夫-布朗著. 原始社会的结构与功能 [M]. 潘蛟等，译. 北京：中央民族大学出版社，1999：99-115.

社会机制，调节着整个社会的存续与再生产。此外，因蒙白人中有"不落夫家"的习俗，男女结婚后，女人并不立即住夫家，而是继续住在娘家，像没有结婚前、自己仍是姑娘时一样生活、劳动。姑娘在娘家期间是可以和未结婚的姑娘在一起"坐花园"的，结了婚未"当家"的新婚夫妇，可以在"坐花园"期间增进感情，最后怀孕"当家"，常住夫家，因此，这也说明了"花园"对于人口繁衍、家族延续和社会再发展的寓意。

三、"花园"的"花"与生育

在一般的语言表述中，蒙白人姑娘和小伙子在正月间"坐花园"是为了谈恋爱，其实蒙白人女孩"坐花园"的实质没有这么浪漫，它实质上就是在人群规约的严格约束下人口再生产的开始。是费孝通先生所认为的"男女间的关系必须有一种安排，使他们之间不发生激动性的感情……男女只在行为上按着一定的规则经营分工合作的经济和生育的事业……"[①]"花园"几乎与"花"没有关系，因为在"坐花园"的习俗中，没有对愉悦、审美的关注，而关注的主要是"花园"空间的建立，给这个群体人口再生产产生了什么样的直接结果。因此，在蒙白人社会中，结婚不是目的，结婚后，女人要"坐家"（仍住娘家），只有在两三年以后，女人有了孩子她才会长住夫家，也即成为夫家家族里的一员。两个人如果结婚后，多年一直没有孩子，在蒙白人社会中，他们将永远是被排除在社区存续的外围，即使去世以后，他们也只能归入"英年早逝"这一类。所以我们将"花园"和一系列"坐花园"的行为，看作蒙白人群体人口再生产的一种空间表征及隐喻。女人能够怀孕是安然和幸福的，男人有了自己的孩子，也就有了丧祭仪式中灵魂与祖先聚会的资格。而这一切，都是从"花园"这一表征空间的出现开始的。但不可否认，这一文化的表征和隐喻，又是在"花"的名义和象征中被反复表达和祈愿的，而且这样的隐喻和祈愿不但在"花园"中被表达，也同样表现在其他一系列的文化情景中。比如蒙

---

① 费孝通. 乡土中国与生育制度 [M]. 北京：生活·读书·新知三联书店，1984：46.

第二章 "花园"、家族与婚姻

白人的"跳米花月"。"跳米花月"虽是为了使稻谷扬花,谷粒饱满,庄稼丰收,但由年轻姑娘和小伙子来承担此"责任",其实也隐喻了"传宗接代"的意思。这样的情形在中国南方的各民族中也非常普遍,求子,几乎是他们文化的一个永恒主题。在百越中,有将"花"喻为"孩子"的习俗,求"花"也即是求子。如广西西部巴马、东兰一带壮族就有求花或换花习俗,壮族认为掌管生育为"花婆",只有向"花婆"求子才能得以生育。毛南族也是敬奉"花婆"或"花王圣母",认为花婆住在花山,管护花山。孩子在花山上的命花如果缺水、缺肥、生虫,在世间便体弱多病;她将两枝花移栽一起,世间一对男女便结成姻缘。人逝世后回归花山还原为花,待花王圣母再次赐花下山时才转为后世人。① 在安顺花苗与青苗、贵阳青苗、紫云青苗中有"跳花"节,跳花时节为正月期间,跳花场所谓之"花坡",花坡所在地之地主称"花主",跳花时间谓之"花期",跳花时在花坡中间立一棵冬青树谓之"花树",跳花完毕,放倒花树,赠予无子之家,以花树制床板,寝之可生子②,这也是说明了"花"与"生育"的关系。而"绣花"在蒙白人中间有特指女性的意思。下排等鲊寨的李光忠支书的老婆为遵义余庆县的汉族,刚嫁过来时,寨子上的媳妇就跟她聊天,问她家里有几个"绣花"的和几个"拿笔"的?这即是他们对女性的认识,因有这样的观念,自然会随口问出,而当被询问的人不属于这个意念系统时,自然就会对她的询问感到云里雾里,但这也正说明了在当地人的价值观念里女人与"绣花"的关系。

蒙白人女孩子从七八岁开始,就要跟着妈妈学绣花了,因为要绣花,还要干农活,所以当地的女人大多都没上过学,也不识字。

> 李光艳(29岁,未婚,主家李叔的女儿,读了中专,算是寨子上的大龄女,是与她同一个年龄段的姑娘中,唯一一个读了这么多书的)说,女孩子在七八岁时,就要学绣花,她当时老是学不会,还被妈妈骂过。当地人,在临死时所穿衣服的绑脚、背牌、腰带上的绣花

---

① 刘亚虎. 荒野上的祭坛:中国少数民族祭祀文化 [M]. 北京:北京出版社,2003:231.
② 罗荣宗. 苗族之娱乐 [A]. 民族研究参考资料第二十集·民国年间苗族论文集(内部资料) [C]. 贵州省民族研究所编,1983(12):263.

都是自己绣的，而且不光要给自己绣，还要给自己未来的老公绣，所以女孩子必须要会绣花。陈国金老婆（34岁，是金谷村谷朗寨的杨姓姑娘，现已有三个孩子，大女儿17岁。自己有两个哥哥，小时候家庭还是比较富裕的，但小时候没有进过一天学校，不识字）说，与她同龄的、还有一些小一点的好多女孩都没有读过书，主要是父母认为女孩子读了书，也是要嫁出去的，所以姑娘在年轻时，只是学绣花，她说她是同批姑娘里绣花绣得最好的，绣了好几个"背牌"，还送给自己妈妈两个，现在还有两箱子的绣品在娘家没有拿过来。

所以，当姑娘时绣的花又好又多，也预示着婚后的生育能力。

此外，在蒙白人中，还有一个"搭花桥"的仪式，做这个仪式的目的就是为了想要一个孩子，蒙白人的"搭花桥"就是为了通过"桥"将"花"比喻的孩子引来自己家里，以使自己有传宗接代的后人。在水族地区也有通过"搭花桥"来求子和保佑子女平安的习俗，如他们的"祭桥词"中所唱的，"人要长寿，择得好日子来搭桥。这是命中要建的桥。我们要搭好这桥，把小娃娃引回家。这是婆家拿来的好树子，长在深山老林。没有藤缠，没有虫爬咬，人就像这棵好树子。我们拿红蛋，接引小娃娃回家。娃娃回家来，家里父亲是个好父亲，母亲是个好母亲，回家来吧"[①]！关于"桥"对于"孩子"的隐喻，在苗族古歌中，也是有所呈现的。如苗族古歌《仰欧瑟》中，唱道人的出生，就需要架桥："说道育姜央，架桥田坎边，才生下姜央，姜央这样生……松鼠和麻雀，它俩拿绸缎，走村又串寨，从东走到西，从南走到北，看中好地方，在那里架桥，才生仰欧瑟，姑娘真漂亮。"[②]

"花园"表征着家族、身份角色的转换、人口的繁衍、社会的延续，那么年轻的蒙白人姑娘和小伙子在"花园"里的谈情，自然就成为一种制度化和结构化了的模式，是受到一定的时间、空间约束的。

[①] 吴秋林. 众神之域——贵州当代民族民间信仰文化调查与研究 [M]. 北京：民族出版社，2007：184.

[②] 苗族古歌中关于"架桥"与"生子"，见曹端波. 开寨始祖、家庭与婚姻——都柳江流域侗族的村寨结构与婚姻制度 [J]. 安顺学院学报，2003：95-99.

第二章 "花园"、家族与婚姻

第三节 蒙白人的"太多果"

在蒙白人的传统婚姻（中华人民共和国成立前）中，虽然父母包办的婚姻所占比例要高一点，但自由恋爱在当地则是很受鼓励的，如通过自由恋爱的方式，小伙子结交到美丽的姑娘，或姑娘结交到英俊的后生（小伙子），父母都引以为荣，觉得自己的孩子有出息，因此，每个蒙白人男子都是经历过自由恋爱的，而且小伙子来找姑娘常常都是以"群"的形式，一般不会单独行动，这在以下的几种"谈情"方式中都有体现。

谈恋爱在当地称为"太多果"，"多果"为姑娘，"太多果"也就是与姑娘谈恋爱的意思，客家（汉族）则称为"打马郎"①，亦名"摇马郎、玩马郎"。"太多果"没有固定的时间，只要是农闲时节，也即田里的稻谷收割回家、入仓以后的八月至正月间，年轻人都会找准时机出来"太多果"。甚至农忙时，干完活休息时以及赶场的时间，年轻人也都是不会错过的。男女青年见面，常以歌唱的形式问答，小伙子先问，如姑娘愿意则亦以歌答之。但是"太多果"与婚姻并没有绝对相应的关系，青年男女一边尽可以交友谈情，一边父母仍可替他们做主择偶。

"太多果"是蒙白人对所有时间、空间里男女青年谈恋爱的统称，虽然"太多果"没有固定的时间，但我们可将其分为平日的"太多果"和节庆的"太多果"两类。平日的"太多果"，蒙白人又将其称为"玩马路"，即是指青年男女在马路上走来走去的聊天、开玩笑。节庆的"太多果"，则就是"坐花园"（"宁网摁"，"宁"是坐，"网"是园圃和地方，"摁"是绣花）、"跳园"（"甚比让"，"甚"是跳，"比让"指跳园这一活动和跳园这一场地）、"跳米花月"（"甚比让该地腊"，月亮是"该地腊"，也即在月亮下跳园的意思）等。因"坐花园、跳米花月、跳园"在外界已多为人知，所以下文就以汉语的形式进行表达。

---

① 谈恋爱在当地汉语称为"打马郎"，亦名"摇马郎、玩马郎"，寨中择一块僻静地方为"马郎坪"，建屋一间曰"马郎房"（苗语为"贝多果"），专为青年男女谈恋爱之所。

一、平日的"太多果"

平日的"太多果"比较随意,时间一般是在下午或晚上。

中午过后,外寨的小伙子们来到姑娘寨子外的山坡上,以吹口哨和吹木叶的方式,对着姑娘家房子的方向吹,邀约姑娘们出来"玩马路"(在马路上谈情说爱)。姑娘们听到后,就会以出门上山砍柴或放牛的名义跑出来与小伙子们相会。届时小伙子们就会帮助姑娘上山砍柴或放牛,边砍柴、放牛,边谈恋爱,如"乖哥出门去要柴,蓉妹出门去放牛。只有一个乖哥到,只见一个蓉妹在,面颊酒窝逗人想,鼻梁高雅惹人爱,宽眉浓黑放光彩"[①]。但也有因"太多果"而疏忽了家务,也常遭到父母的责备,所以在与小伙子谈恋爱时,常能听见姑娘诉说苦情的山歌,如"一棵栀子,一棵梅,昨晚挨打因为你,每回挨打都为你,哥哥啊,永远不敢想起你"[②]。

一天的活干完了,临近黄昏,外寨的小伙子们同样是以打口哨和吹木叶的方式,邀约姑娘出来,因姑娘干了一天的活了,即使父母听到后,也不会反对,姑娘听到口哨声,会穿上干净的衣服,将头发重新梳理一遍,再照一下镜子,对镜中的自己满意后,就飞奔出来与小伙子会合,小伙子会拿起手中的手电筒照一下姑娘,随后便一起到寨子外的马路上边走边聊天了,走累了,就坐在路边的石头上歇一会儿。离远了看,这条路上星星点点的亮光,像是无数的萤火虫,其实那是姑娘小伙们在"玩马路"。

二、节庆的"太多果"

节庆的"太多果"就是正月间的"坐花园"和六七月间稻谷抽穗时的

[①] 关于年轻的苗族姑娘与小伙子对歌的内容,见黔南州苗学会学术委员会编. 黔南苗学研究通讯(内部刊发)[Z]. 2011:104.

[②] 陈国钧. 苗夷族中的"摇马郎"[A]. 载民族研究参考资料第二十集·民国年间苗族论文集(内部资料)[C]. 贵州省民族研究所编,1983(12):303.

第二章 "花园"、家族与婚姻

"跳米花月",以及正月初五到十二的"跳园"。"坐花园"和"跳米花月"是绝对的属于年轻人的时空,而"跳园"是男女老少、各民族、各支系都会来参与的。"跳园"笔者会在下面章节中重点阐述,所以在此只对"坐花园"和"跳米花月"进行详述。虽然"坐花园"在蒙白中有两种,但因此处所谈的是青年人之间的社会交往,因此在下文中谈的"坐花园"都为姑娘的"花园"。

1. 坐花园

"坐花园"在蒙白人、"红毡苗"和"海葩苗"中都流行,在一个集中固定的时间进行。姑娘的"花园"搭在寨子外面,因蒙白人的男女青年"太多果"不允许在寨子里,"坐花园"也不允许,所以姑娘的"花园"选址一般都在苗寨周围的草地斜坡上。如果外寨子的小伙子在寨子里遇到姑娘寨子上的老人都会觉得不好意思,会脸红,趁他们不注意常常就一溜烟似的跑开了,但只要离开家、不在寨子内,男女嬉笑、谈情则绝无任何束缚,父母都不干涉,反以其儿女能博得更多异性的欢心为荣。"花园"多搭在寨子的左、右、后三个方向,依寨的形式而定,也有在寨子前面的,不过比较少,因寨子前面的地形多较低,以免闲人混杂。作为搭"花园"的地址,一是最好选在寨子的附近,以方便姑娘的进出,二是要选一个斜坡,以便小伙子眺望及呼喊,三是要有些草皮和树林,使青年男女可以有一个较隐蔽的环境。

2. "坐花园"的人——多果

姑娘的"花园",一般选在寨子外围、偏僻处、树林里等,"花园"位置固定。"花园"的围栏是姑娘们用细竹子细木条编织而成的,而用细竹子编围栏是奶奶、伯妈等老人教的。"花园"一般有一间房子那么大,可容纳20人到30人不等,围栏一般有1.5米高,留有一个口供进出,"花园"有围栏但没有顶棚,有遮风的功能但没有避雨的功能。因"花园"位置固定,围栏不需要每年都编织,只需每年的腊月间,姑娘们相约上山砍来树枝木条,把"花园"破朽的地方修补一下即可,然后将"花园"内外打扫得干干净净。

因冬天气温低,姑娘们坐在"花园"里绣花会手冷、脚冷,因此姑娘们还会在腊月间天气好的时候,相约到家族公共的山坡上砍来足够的柴火,堆在"花园"外面,等"坐花园"时,烧柴火取暖。

"坐花园"的姑娘,在这里既指未结婚的女子,也指结婚后但未当家(生孩子)的女子。当地有"不落夫家"的习俗,女子结婚后是住在娘家的,只是在砍柴和过节的日子里返回夫家。因此在娘家的这段时间,还是可以和家族里的女子一起"坐花园"的。

"蒙白"姑娘"坐花园"的年龄有一定的限制。据当地老人讲,最小的也要到十三四岁,大的有十六七岁,虽然十三四岁的姑娘就可以去"坐花园"了,但大多都是去玩的,真正谈恋爱也要到十六七岁。等鲊寨的老人讲,现在的年轻姑娘在外读书、打工的越来越多,所以姑娘们不像以前那样常在一起玩了,也不再"坐花园"了。

因正月初一那天有很多的禁忌,如正月初一不准抱火出门,否则会烧山,不准将洗脸和洗碗水倒出门,怕缺水,田地不丰收,因此,正月间的"坐花园"是从初二开始。姑娘们会提前约好,每天早上,先由哪一个姑娘早一点过来将柴火点燃,柴火烧到一定程度,再洒一些水,使其成为一堆木炭,只是散发出温度,不会有烟熏到人的眼睛。做完这些后,回家吃早饭。早饭过后,姑娘们搬着凳子,提着绣花篓,拿几个过年前打的粑粑,陆续地来到"花园"里。姑娘们有说有笑,一边绣花,一边等着来串"花园"的年轻小伙子。

3. 串"花园"的人——多哈

"以前正月间,可好玩了,我们一般(年龄差不多)年轻人经常是十几天都不着家,各个寨子找姑娘玩去耍,回家后,衣服都黑的不能看了……"

这是40多岁的下排长舍寨的李如清对自己年轻时的回忆。

在蒙白人这里,一般在大年三十夜是不能出去玩耍的,因为老人说是外面有"大猫"①,如果出去的话会被咬。正月初一这天,也是不允许出去的,因为这一天要给自己寨子上的老人磕头拜年。到了初二这天,才允许

---

① "大猫"指老虎。

第二章 "花园"、家族与婚姻

到外面寨子去玩,出去玩耍时,打开柜子拿出自己平时舍不得穿的衣服,再戴上从集市上买回来的帽子,约上寨上的小伙子去别的寨子找姑娘玩耍。

　　李如清讲,在他们年轻的时候,是没有什么好衣服的,十三四岁时穿的好衣服就只是一件单衣单裤,算不上好,就是比平时穿得干净一点。大冬天冷飕飕的,也不管了,跟着比他们大一点的男孩就去别的寨子找姑娘玩了。他们来到别的寨子后,小心翼翼地,怕碰到寨子上的老人,看到有老人过来了,赶紧一溜烟地跑了,躲起来,等老人走后,再跑出来,如果碰到老人,实在来不及躲了,就把头低下,或者拿手遮住脸,也不敢与老人打招呼,希望老人走快点,赶紧结束这尴尬的场面。

　　找到姑娘的"花园"后,他们寨子上的人都还是很规矩的,会先在"花园"外面吹口哨、唱歌,静静等着"花园"里的姑娘作出回应,如果姑娘们也唱歌了,他们就和姑娘们对歌,如果对上了,他们才可以进去,如果要是对不上,他们也不好意思进去,如果姑娘邀请,他们就进去,否则,他们就只好到下一个寨子去串"花园"了。有一些寨子的男孩子胆子大、还很调皮,他们即使对不上歌,也会直接闯到"花园"里去找姑娘玩耍。

　　对歌时,姑娘会先问男生的名字,小伙子们就集体唱道:"我们是漂泊无依的人呀!漂泊无依的人四海为家,四季游行,姐姐呀,我没有名,也没有姓。"

　　姑娘们则回应道:"牛有主,山有神,人哪可以没有姓名呢,哥哥如不嫌弃的话,就请告诉我你的大名吧"。[1]

　　大家约好一起去找姑娘玩,还因为怕会害羞开不了口,如果大家一起的话,在他们这群年轻人之间,总会有个把个在别的寨子有亲戚,像姑妈、姨妈一类的,所以也可能在"花园"里碰到自己的表姐妹,因为是熟人所以他就会开口跟她们讲,让她们烧粑粑给我们这群

---

[1] 梁瓯第. 摇马郎 [A]. 载民族研究参考资料第二十集·民国年间苗族论文集(内部资料)[C]. 贵州省民族研究所编,1983(12):305-312.

外寨的年轻人吃，有了这样的开端，后面大家慢慢熟悉起来后，就不会再尴尬了。

还有一种情况是，如果一个寨子上，其中有一个年轻人与这个寨子的姑娘在其他场合就谈上了，他会在正月"坐花园"时，带自己寨子上的同伴过来，将自己的同伴介绍给他女朋友寨子上的姑娘，并还会按照自己的意思，觉得哪个跟哪个合适，给他们当介绍人，让这个姑娘和这个小伙子谈恋爱，那个小伙子和那个姑娘谈恋爱。

4. "花园"里的互动

蒙白女人，在还是姑娘的时候，她们会将头部前面的头发剃掉，在前额部分系上一块白色的帕子，而男孩子则喜欢戴从赶场时买回的"军帽"。① 正月期间"坐花园"时，一群外寨的小伙子在经过"花园"外的对歌考核，最后胜利进入本寨子的姑娘"花园"后，就各自开始物色自己喜欢的姑娘了（用当地的话说就是"漂亮的与漂亮的谈，不漂亮的与不漂亮的谈"），物色好对象后，胆大点的小伙子就会动手去"抢"姑娘头上的帕子，或者姑娘手中的绣花帕。多数情况是本人物色好，并喜欢姑娘，有的其实不是本人喜欢的，是被一起来的同伴鼓捣着去抢姑娘的帕子。如果姑娘当时不喜欢这个小伙子，则会拼命地将帕子要回，小伙子不给，姑娘就会去追，一追就追到男方家里面去了。有的姑娘，经受不住这样的场面，还会被吓哭。如此，反复多次，就喜欢了。如果姑娘当时就喜欢小伙子的话，就会将小伙子的帽子"抢"过去，并跟随小伙子走出"花园"，找外面的田坎、有树林的地方去聊天。女生会聊自己的家庭，聊自己的生活；读书的男孩子会聊自己在学校的事情，聊老师，聊自己都学了什么，当然也会聊以后的生活，因20世纪80年代末90年代初时，寨子上已经有一些人去外面打工了，所以他们也会聊想去外面打工一类的话题。

---

① 李廷华，等鲊寨人，42岁，初中毕业，务农。20世纪80年代时，"蒙白"年轻小伙子中戴"军帽"很流行。"军帽"是指集市场上流行的模仿解放军帽子做成的军绿色帽子。

第二章 "花园"、家族与婚姻

其中有一些小伙子很机灵，很会谈女朋友，特别讨女孩子喜欢，他们在正月"坐花园"期间，会在集市上买五六顶帽子。到这个寨子去，看上一个姑娘，抢走姑娘的帕子，并被姑娘抢走了帽子，到另一个寨子后，又看上一个姑娘，又抢走姑娘的帕子，并被姑娘抢走了帽子，如此要谈五六个姑娘。因姑娘间很少走动，所以一般不会知道自己的男朋友会有这么"花心"，除非哪个年轻人一直没有姑娘喜欢，会将"花心"的同伴出卖，这样的话，姑娘会将自己的帕子要回去，并归还小伙子的帽子，两个人就算分手。一个小伙子在不同寨子都有姑娘喜欢，是父母值得骄傲的事情，反而是那些整天都出去玩，结果没有一个姑娘喜欢，就会被父母骂没有出息。姑娘与小伙玩闹的时候，不仅头上的帕子，手中的绣花帕会被来串"花园"的年轻小伙子抢走，有时姑娘的鞋子也会被抢去，其他的姑娘看不惯这些小伙子，她们则会联合起来，一起去将这个男孩子的外衣抢过来，当然这只是闹着玩。

晚上，天黑了，在外面看不见绣花了，一些姑娘小伙谈成对象了，一些则没有谈成，谈成了对象的，姑娘就被小伙邀请到男方寨子里去，小伙是不能强迫姑娘的，如果姑娘愿意的话，就跟着小伙子去男方寨子了。姑娘来到男方寨子后，先不进男方家，而是先在外面找地方坐着，小伙子到家里就跟自己的母亲讲，我们的女朋友来了，今天晚上要做些腊肉给她们吃，然后女朋友才会进家里去，每个小伙子拿一点，大家都拿到年龄最大的那个小伙子家，煮好饭，蒸好腊肉，吃完后，大家就坐着聊天……

第二天早上起早一点，因为不能给寨子上的老人看到了，所以天刚蒙蒙亮，男朋友就提起送给女朋友的腊肉，将女朋友送回到她们寨子的"花园"里，姑娘们回到家时，会将带回来的腊肉分给姐妹、妈妈、伯妈、叔妈吃，爸爸、叔叔、大伯一般都是不好意思吃的。

而对于那些虽然谈成了对象，但姑娘不愿意到男方家去玩，或者小伙子愿意而姑娘不愿意的情况，小伙子是不会离开姑娘寨子的。等姑娘回家后，小伙子仍还不死心，就会在姑娘的寨子外等着，等天黑以后，就在姑娘的寨子外，对着姑娘家的方向，以吹口哨的方式来呼唤姑娘，在离姑娘家还有很远时就开始吹口哨，用口哨吹出姑娘的名字，姑娘听到后就会跑出来，如果不愿意，姑娘则不会出去。约出姑娘来后，他们会到马路上散步聊天。从下排火烧寨嫁到等鲊寨的唐玉花叔妈讲，她当姑娘的时候，她们火烧寨那边路平、地宽，像等鲊、长舍、跳园冲的小伙子们经常会来她们那边的马路上玩，走过去走过来，有的要聊到下半夜。

"坐花园"已然成为一种正常的男女社交机会，经过社交，男女互生情意，这是非常自然的事情。

左上：远离寨子、寨子边上的姑娘"花园"，"花园"还在，已没有姑娘来"坐花园"；
右上、左下和右下：寨子中间、房前屋后空地上的媳妇"花园"，花园里很热闹

5. "跳米花月"

节庆里的"太多果"除正月间的"坐花园"外，还有农历六七月间，于月明之夜，姑娘们与小伙子们开展的"跳米花月"活动。"跳米花月"简称"跳月"，又叫"米花节"，是因为当地栽种水稻，农历六到八月份正

第二章 "花园"、家族与婚姻

是水稻扬花的时候,而"跳米花月"就是保证稻谷丰收。在当地还有这样的说法"苗族不跳花,稻谷不扬花",下排等鲊寨的王明富则说:"晓得实际不实际,但是哪年跳花隆重一点就好,稻谷颗粒就饱满,跳不好不隆重,就差一点……"① 所以"跳米花月"这一名字,则形象的表示出了这一活动举行的时间——稻谷扬花之前的晚上、月明星稀的时候。"跳米花月"不在"跳园"的场地上跳,它有一个固定的场地,俗称"月场"。"月场"如同"跳园场"一样,上、中、下三排各有一个,但与"跳园"是按照三个排的顺序轮流来跳不一样,"跳月"则是各排的姑娘和小伙子只在本排的"月场"上跳,很少有相互之间串着跳的。

每当到了农历六七月间的月明之夜,一般是从初六、初七开始,一直要跳到十六、十七,年轻的姑娘和小伙子就三三两两地聚集到"月场"上。这时候的"跳月"只是年轻小伙子吹着芦笙,年轻姑娘踩着芦笙的调子跳,结了婚当家的,或上了年纪的人则不会到场。这些年轻的姑娘和小伙子,不像"跳园"时盛装着身、铃铛震耳、飘带飞扬,他们只是穿日常的衣服去"跳月",因为这是仅属于他们年轻人自己的空间,其实也可以说是为他们进行谈恋爱而专门开辟的空间。

平日的"太多果"没有固定的时间和空间,上街赶集时,遇有别人家白喜、红喜去吃酒时,只要不耽误农活、家务,其他时间都是年轻姑娘小伙子"太多果"的时间。而节庆里的"太多果"——"坐花园"与"跳米花月"则都有固定的时间和空间,"坐花园"是在白天,天一黑,看不见挑花刺绣了,姑娘和小伙子就要相互道别。"跳米花月"则是在晚上,从吃过饭七八点开始,一直要跳到十一二点,有时甚至跳到后半夜,对此父母是不管的。无论是平日的"太多果",还是节庆时的"太多果",则有一个共同点,那就是不能在寨子里,如果小伙子到女方寨子去"太多果"遇到了女方寨子上的长辈,则会不好意思的迅速离开。因此,只要在规定的时间空间内,年轻人则可以行使自己的自由权利,父兄不得干涉,因此可以说,他们属于"制度化的谈情",也可以说是两种空间本身所具有的"形塑力",这种"力"给予了年轻人一定的自由,同时将父兄以及结婚当

---

① 2014年9月16日,下排等鲊寨王明富口述。

了家的人排除在外。

那这种空间所特有的"形塑力"又是如何形成的呢？即是与"花园"的象征意义、蒙白人的社会结构和婚姻上的结亲倾向相关的，也即是"花园"作为"文化空间"所进行的构想空间的生产和象征性、体验式空间的生产。

第四节 蒙白人的婚俗

从以上的梳理我们可以看出，蒙白人的结亲倾向是一种"结构化了的排内婚"，而这种结亲的社会性意义，则体现在其婚姻形式和婚姻内容之中。也可以说，是"坐花园"作为"表征空间"的象征性、体验式空间所生产的社会关系在婚姻中的体现。

一、蒙白人的婚姻形式

在蒙白人的结亲策略中，排内小范围的通婚为理想的结亲策略，在当地蒙白人的意识形态里，理想的婚姻形式则是娃娃亲和父母包办婚，经自由恋爱、未经父母同意就结婚则是不被提倡的，即使成功了也很少能得到家人的祝福。而这正表明了"无论人们是否选择配偶，婚姻通常是作为两个群体之间的一种关系，而并非主要的是在两个人之间"[①]。如果两个人双方刚好相互喜欢，这也算是一种意外收获。

1. 娃娃亲

指的是两方老人（长辈）玩得好，在没有怀孕或没有生娃娃之前，就约定了让自己的子女来延续他们之间的感情，以后，如果哪一方反悔，是要拉家里面的牛、马来向另一方赔罪，而且要请另一方寨子里的伯爷老叔来吃肉、喝酒。除非两家生的孩子都是女的或都是男的，或年龄相差悬

[①] ［挪威］托马斯·许兰德·埃里克森著. 小地方，大论题——社会文化人类学导论［M］. 董薇，译. 北京：商务印书馆，2008：144.

殊，否则不论美丑都要嫁和娶。姑舅表亲和姨表亲，也是指娃娃亲，蒙白人的一种约定俗成的婚姻形式。在黔南州其他方言区的苗族，有的是舅家有娶外甥女作为儿媳的优先权，有些则是姑妈之子有娶舅侄女为妻的优先权。在民间有"舅家娶外甥（此处专指外甥女）哼都不敢哼"的择偶习俗。在贵阳花溪高坡的苗族中也存在姑舅表婚的习俗，认为这是注重宗族力量蓄积的表现，他们认为"嫁出去了一个女儿，就应该再还回来一个，所以在婚姻对象选择上，姑妈的女儿首先要嫁给舅家的儿子，俗称'还娘头'，如果不遵守还要受到苗族社会的严厉谴责和惩罚"[①]。而"姑妈优先"则是"侄女赶姑妈"的婚俗。在蒙白人中，这两种婚姻形式都存在过，而且至今依然存在。

2. 父母包办婚

在蒙白人社会中父母包办的婚姻很多，包办的原因有多种：出于经济方面的考虑，如果女方家庭经济情况不好，通过缔结婚姻的方式可以获得男方家的帮助；"亲上加亲"的传统，也是造成父母包办婚的原因，常见的有姨表亲[②]、姑舅表亲，如年轻人如果自己找不到对象时，亲戚之间的结亲就成为解决婚姻的办法，即使在现代生活的今天依然存在。在蒙白人中有杀鸡就代表将婚姻定下的习俗，所以有这样一个故事：舅家的儿子年龄一年比一年大了，但一直未找到对象，舅舅急了，提了一只鸡就到姑妈家去了，姑妈还以为舅舅提鸡是提着礼品来的，没想到舅舅刚一落座，拿过姑妈家的刀，就将鸡杀了，丢下一句话，"外甥女是我家的儿媳妇了啊"。这则故事表明了"姑舅表亲"在当地的流行。"姨表亲"在很多地方是行不通的，在黔南操苗语西部方言罗泊河次方言的苗族中流传着"姨妈结亲，挖瞎眼睛"的警示俗语，但蒙白人中则允许"姨表亲"，通过对上排的小谷朗寨的蒙白人所做的"婚姻家庭调查表"中可以体现出来。或者老人们关系很好，希望这种好朋友、好知己的关系能在自己的下一代继续，因此就给自己的儿女包办了婚姻；当然也有孩子小时候多病，早日给孩子订婚、并结婚可以让孩子获得抵抗病魔的能力。此外"门当户对"也

---

① 杨沛燕. 黔中苗族宗族研究——以高坡苗族为例 [D]. 兰州：兰州大学，2011：76.

② 在上排的小谷朗寨，存在多例姨表亲。

是一个原因，等鲊寨王光林说"过去我们这里的人结亲家讲究门当户对，你这个后生长得漂亮但家里没得家底，也没有姑娘嫁；生得丑，没人才，但家里有钱有势，还是有姑娘嫁的，所以主要是看家底。如果姑娘看上了哪个家里很穷的后生，老人就不同意，就会说他家里穷，姑娘会穷一辈子，所以只有老人答应才行。即使姑娘和小伙通过"坐花园、玩马路、跳园"认识（恋爱）了，老人不同意，他们也是不允许结婚的"。

其实，娃娃亲也是父母包办婚姻，因为两类婚姻都是在当事人没有感情的基础上，由双方家长做主的婚姻结合。在儿女还小的时候，他们并不知道结婚意味着什么，因此会按照父母的意愿行事，双方家长就按照自己的意愿给孩子定娃娃亲，包办婚姻。在等鲊寨有两例结早婚、父母包办婚的例子，但有一例，后来离婚了。

例一：陈廷忠老人讲，以前父母包办婚姻多，年轻人是被逼迫的，老人谈成以后，年轻人是跑不脱的。不像现在离婚了、打官司、去打工，以前是无处跑，跑到外面生活不了，你来路不明，没人收留你的。以前我们都结婚早，因为结婚早是一种"名誉"①，我们这里的人喜欢比名誉，结婚虽早，但当家也要到十八九岁。我大儿子陈国兴结婚也很早，女方年龄也不大。当时我父亲和下塘堡李家的老祖公关系好，大家就趁两位老祖公还在，就将两个娃娃的事情办了。但国家政策好了，提倡婚姻自由，他们后来离婚了，老人也怕，也不敢妨碍，就随他们了，后来又与白岩寨的这个姑娘"坐花园、玩马路"，就谈成了。

例二：李廷兴是等鲊寨子（等鲊寨因户数较多，在国家行政体制下被划分为两个村民小组）上二组的组长，他说，他结婚早，结婚时老婆是白岩寨嫁过来的姑娘，结婚后老婆一直住在娘家，老婆在娘家可以和姑娘们一起"坐花园"，还可以跟别的后生玩，而我也可以到别的寨子去串"花园"，找别的姑娘。我18岁才当家……

---

① "男子结婚年龄愈早表示家庭富有"，见李植人. 青苗的婚姻习俗 [A]. 载民族研究参考资料第二十集·民国年间苗族论文集（内部资料）[C]. 贵州省民族研究所编, 1983: 316.

第二章 "花园"、家族与婚姻

结婚后即使成年了不愿意,退婚也是不行的,因为有高昂的"赔偿"制度在那里约束着。坝卡寨 85 岁的王廷学老人就讲了高昂的赔偿费用。

> 两方老人如果玩得好,在没有怀孕或没有生娃娃之前,就定了娃娃亲,除非两家生的孩子都是女孩或都是男孩,否则不论美丑都要嫁,如果哪一方反悔,是要拉家里面的牛、马来向另一方赔罪,而且要请另一方寨子里的伯爷老叔来吃肉、喝酒。以前的政府是不敢管的,因为这是我们的风俗,到了民国时期才有所改变,政府规定不能用鲁莽的方法。如果当时发生这种情况,政府组长、村主任就来调解,可以用钱来解决,但不能赔得太多,如果一方不同意拿钱,就要从家里开始挂红并放鞭炮,一直要放到对方家里。可想而知,这样要花多少钱来买红布和鞭炮啊。中华人民共和国成立以后有了婚姻自由,如果年轻人自己愿意,老人不同意是不行的。

3. 自由恋爱婚

蒙白人为年轻男女提供了很多的自由恋爱的公共空间,正月里的"坐花园、跳园、平时的玩马路",还为他们建有"马郎房"(据当地老人讲,20 世纪 80 年代还有,现在都已拆除),但正如《龙里县民族志》所阐述的:"在封建婚姻制度束缚下,男女青年的婚姻都必须由'父母之命、媒妁之言'而定,只有极少数有情人终成眷属,而且多半是纯属巧合,青年男女根本上就没有婚姻自主权,社交恋爱仅是形式而已"[①]。但是中华人民共和国成立后,《新婚姻法》的贯彻实施,男女青年已逐步掌握婚姻自主权,完全由父母包办婚姻的现象日趋减少。社交恋爱不再只是形式,逐渐成为缔结婚姻的现实。所以也正如 65 岁的王光林所说的,"到了我这个时代就好点了,毛主席的时代讲究婚姻自主,所以老人管的就不多了,比较讲究婚姻自由了,只要男女双方愿意,不管男方家底情况如何,因为家底情况代表的是父辈一代,以后两个年轻人能够同甘共苦也会发家的。"

---

① 关于苗族青年男女的婚姻受封建婚姻制度束缚的内容,见龙里县民族事务委员会编. 龙里县民族志 [Z]. 1980:193.

二、蒙白人的婚礼仪式①

无论是哪一种婚姻形式,蒙白人的婚俗一般都要经过说亲、定日子、送糯米、接亲的过程,但中华人民共和国成立后的自由恋爱,也还是要得到家长同意的,如果未得到家长同意,女方就跑到男方家的情况,则是没有这些婚礼程序的。有这些程序,才代表婚姻的完整,也即我们经常所说的"明媒正娶",同时也说明了结婚是从一社会角色到另一社会角色的重要过渡,是女方从一家庭、家族、寨子脱离,而转换到另一家庭、家族和寨子的社会性结合,其所牵涉的人员数量之多所以需得格外重视。

第一步:一来二去的说亲。一般去说亲时,前前后后要到女方家跑三次,最后一次女方父母就会说,娃娃愿意就随她了。第一次,男方家要请两个能说会道的毛大郎(也即媒人,为男性),一人带一把红伞(不知道为什么要带伞,只是说老辈子就是这么传下来的)到女方家去。女方家一看红伞即知来意。如女方父母表现冷淡,也不招待吃饭,这门亲事就无须再谈,如表现热情,并招待吃饭,表明已基本同意,但不直接表态答复,而是说须征求"伯爷、老叔"的意见后再定,并约好媒人下次来的时间。第二次,两位媒人带上糖、酒之类的礼品到女方家,女方家也会把伯爷、老叔请过来坐。在这些长辈中,有的说男方家还可以,有的说男方家不行。好事多磨,就看两位媒人的口才了,经过多方的说谈,最后女方家同意了,并约定好男方家下次来的时间。第三次,男方随两个媒人一起去,去时除拿糖、酒外,还要抱一只母鸡去看"鸡骨卦",视女方家的伯叔情况,每家送一封糖、一瓶酒。还要叫男方和女方当着老人面来对话。老人会直接对男方说,你到我们家来提亲,讲好以后你又不要我家这个姑娘了,你怎么办?男方会说"我随便,她就是吃得做不得我心甘情愿供养,只是

---

① 婚礼仪式的材料由本人访谈资料、参与观察资料、20世纪80年代由龙里县民族事务委员会所编的《龙里县民族志》中的婚俗资料相互补充而成。

第二章 "花园"、家族与婚姻

讲你们不嫌弃我家,不管吃得还是做不得,我都会好好待你家姑娘的"。然后再把自已姑娘叫来,问姑娘的意见,姑娘就会说,你们老人做主就行了。接下来就要讲彩礼,女方父母会说,我们把这个姑娘养这么大,现在去了你家,你得给我多少多少财礼。随女方父母喊多少,男方都不能讨价说不行,只能说"好事,好事",先是有多少就拿多少,差多少以后再补就是一句话,其实没有再补的。亲事说好了,就要定日子了。就跟女方父母说:某天我们来喊你家姑娘去吃饭,女方父母会说,姑娘已经是你家的了,你们说哪天来喊就哪天了。下一步这就要定接亲的日子了。

第二步:杀鸡定日子。男方请媒人到女方家做两件事,一是付之前定好的彩礼钱,以前是几十元,后来达到几万元,甚至十几万元。二是定结婚的日子。当天,女方就要送给男方家一只母鸡,表示决定。

第三步:送糯米。男方家把糯米送到女方家,然后女方家提前把糯米做成粑粑,等到结婚的时候送给亲戚朋友们。

第四步:接亲。结婚当天,男方和自己的同辈弟兄、毛大郎,天一亮就到女方家去接亲,老辈人不去。去的时候带一把红伞、糖、酒和猪肉,看女方家爸爸有几弟兄,就带几封糖、几瓶酒去,每个伯和叔还分得三斤六两肉。女方请来了家族里的伯爷、老叔,他们在火笼边等到坐起,女方家则摆酒、摆肉招待他们。男方接亲的人到女方家后,女方家设宴招待新郎一行人。席间,伯爷、老叔们频频向新郎一行人劝酒,强迫新郎吃大块肥肉。酒过三巡,新郎必须向长辈敬酒,说:"公公,帮我吃一点,留在兔年和狗年我来吃。"(这两个年头,是"敲巴郎"祭祖的年份,岳父家"敲巴郎",女婿要来敲牛,女婿来敲牛的意义在下一章节有详细论述。)随后又给长辈添饭,也同样说这一番话。

女方家请一个儿孙满堂的老妇人为新娘梳妆打扮,叔妈、伯妈都来帮忙给新娘穿衣服。新娘的舅舅还给新郎挂上一丈二尺的红布,做完这些,就送新娘出门。新娘带的礼物不多,仅随身衣服、5升米的粑粑及1只仔鸡,并无其他嫁妆。到男方家,直接进门,没有仪式。男方家又请寨子上两个未婚姑娘和身体健康的奶奶、伯妈陪新娘吃饭，吃了三口，新娘对陪者说："老人，帮我吃一点，等过以后我来吃。"言下之意，等几天我回来当家做主人再吃，这可能含有吃不了用不尽的吉祥之意。

吃过午饭，炮仗一放，一挂红，新郎和他去接亲时的那个兄弟，另外再请上三个人，总共五个人，马上就把新娘送回到娘家了。新娘回到娘家后将盛装苗衣脱下，换上普通的日常装，盛装苗衣要留在家里，直到新娘怀孕生子满月后，才会让新娘将盛装苗衣带到夫家去。来到新娘家后，女方家招待这五个人吃顿晌午饭，吃罢饭后，给男方家打个大粑粑，再抬一只鸡（现在则不打粑粑，而是装一袋五六斤糯米）他们就要往家返了，等走到寨门口时，女方家寨子上的姑娘们就在寨门口等候，等着和他们对歌，如果对不上歌，就去抢男方的粑粑。小的姑娘就抢粑粑（糯米），大的姑娘就陪新娘到男方家去了，男方家就要整饭给她们吃，男方喊来寨子上未婚的小伙子们来跟女方寨子上的姑娘们玩，姑娘们因害羞常表现出扭捏和不情愿，而小伙子们则想法逗姑娘们，与姑娘们聊天，如果男女双方都相不中对方，也就不会交流，如果是相中了，小伙子就会和姑娘谈恋爱。天快黑时，男方就要把新娘以及新娘寨子上的姑娘们送回来，回来时，还要给这些姑娘每个人都包肉、鸡、鸭、鱼，让她们带回家给自己父母吃。父母就会高兴地说："哦，姑娘们去新郎家，包肉回来给我们吃喽。"这样自己父母也很欢喜高兴。

至此，整个婚礼过程就结束了。婚礼虽然结束，但新娘并不是马上就住在夫家，而是会住在娘家，实行"不落夫家"[①] 习俗。女方一年要回三次夫家帮忙做活路：二月砍柴一次，栽秧时一次，八月收谷子时一次，每次夫家都会打一个二三十斤的大粑粑给女方背回家去，都是当天去当天就返回娘家了，不在男方家歇息。回到家后，先把粑粑分成一小块一小块的，然后将小块粑粑一家两块分给家族里的伯妈、叔妈，相当于认亲。第

---

① "不落夫家"习俗在中东南西南地区的布依族、侗族、壮族、苗族、瑶族、藏族、彝族、普米族等许多民族中都存在。见贾仲益著. 中国少数民族婚俗 [M]. 北京：五洲传播出版社，2006（10）：78.

二、第三次也是打个粑粑给女方背回家去，但这两次就不分给其他人了，只留给自己家吃。第二、第三年和第一年是一样的，女方也是一年回三次夫家，夫家打三次粑粑，但是从第二年女方就可以在夫家歇一晚，不用当天去当天返回娘家了。

结婚后，从第一年开始，每一年的正月男方要到女方家去拜年，女方有几个伯叔，男方去的时候就要拿几封糖、几瓶酒作为礼物送他们，女方的伯叔们，家家都会做好饭后宴请男方，一天之内就是这家吃了那家吃，每家都要吃到，从早到晚都在吃喝中度过。第二、第三年只是到女方的亲伯伯、亲叔叔家去，不再像前一年那样被请喝串寨酒了。

"坐家"期间，虽然看起来年轻夫妻平常相处的时间并不多，但正月间的"坐花园"，从初一开始一直要到月底，近一个月的时间则是新郎和新娘约会的时间。一般来说正月间的"坐花园"是年轻姑娘和后生谈恋爱的场所，但也是结婚的年轻夫妻约会的时间，结了婚未当家的女人仍可以和姑娘去"坐花园"，自己的老公就来陪着自己，女人用自己绣好的服饰将自己的男人打扮一番，让自己的男人在跳园时，展示女人自己的手艺。在这样的相互来往之中，两个年轻人感情有所加深，第三年，如果男女两个人关系很好了，也怀上娃娃了，就可以回夫家长住，也即"长住夫家"。

三、婚礼中的互动

列维-斯特劳斯认为，"当一个男人将他的姐妹给予另一个男人，因而建立了姻亲关系时，社会才真正形成"[1]。埃德蒙·R.利奇认为，上缅甸的克钦人通过婚姻交换，建立起了有等级分化的社会组织形式。[2] 拉德克

---

[1] [挪威]托马斯·许兰德·埃里克森著. 小地方，大论题——社会文化人类学导论 [M]. 董薇，译. 北京：商务印书馆. 2008：151.

[2] [英]埃德蒙·R.利奇著. 缅甸高地的政治制度 [M]. 杨春宇、周歆红，译. 北京：商务印书馆. 2010.

利夫-布朗认为，婚姻交换，关联着一个社会人群间的关系组成。[①] "婚姻交换"长期以来成为人类学中讨论社会形成、社会稳定的一个关注点，而研究"婚姻交换"，物、人的行为则成为切入点。因此，在本节中，笔者将通过婚礼仪式中的"物"和"行为"来探讨人群间的互动，进而来研究群体社会中人与人、群体与群体间的关系组成。

1. 仪式中"物"的象征

从上面的婚礼仪式中，我们可以看出，糖和酒是男方到女方家说亲、接亲和认亲时，所带的礼物。说亲分为三次，第一次不带礼物，第二次带糖和酒，女方会请伯爷老叔过来坐，糖和酒在此表达的意义是，请家族里的长辈一起来做个参考，鉴定一下这个女婿如何；第二次也是带糖和酒，给女方的亲的和堂的叔伯（亲属）每家各一封糖、一瓶酒，此时的酒，则是请叔伯们做个见证，亲事已经说定，下一步就是定日子了。接亲时，男方也是给女方的亲的和堂的伯叔（亲属）每家带一瓶酒、一封糖，同样是请叔伯做个见证，他们的女儿嫁人是得到他们共同的许可和祝福的。过年认亲时第一年给亲的和堂的叔伯每家带一瓶酒、一封糖，第二、第三年只给亲叔伯带，再往后就看情况了。过年认亲时的酒和糖，则是表明了男女两个人的婚姻，是两个群体间的关系，但随着年限的增加，送酒的范围则在减小，则说明了关系的远近亲疏。婚礼中不同的程序、不同的礼节，酒和糖所表达的意义不同，所以酒和糖的民族志表达具有社会关系的认同作用、仪式性的公证作用，以及特定的地方性表达作用。但是为什么在说亲、接亲和认亲时，男方要送女方的叔伯们酒和糖呢？酒和糖为什么在以上婚礼的各个环节中就能表达那样的意义呢？

首先我们先来看酒，彭兆荣教授对"酒"从古文字的表达意象入手，认为酒与"酉"和"福"有相关性，表示祈福、美满之意，进而推之表达了对"五谷丰登"的祈求；其次从古文献的相关记载，得出酒是作为祭祀最重要的礼品，在人神之间起沟通作用。[②] 因此用酒作为礼物，就有礼敬

---

① [中国台湾] 简美玲. 贵州东部高地苗族的情感与婚姻 [M]. 贵阳：贵州大学出版社，2009：123.

② 彭兆荣. 人类学仪式的理论与实践 [M]. 北京：民族出版社，2007：139-140.

第二章 "花园"、家族与婚姻

女方家族神灵的礼仪,也包含了姻亲关系世俗与神性的交流。所以,在两个家族的婚姻往来中,通过酒这一物来表达对对方神灵的礼敬,这是必须的。

糖,作为一种调味品、饮品,甜甜的,很少有人不喜欢,用西敏斯的一句话来说就是"不足为奇的是,富豪与权贵会如此喜爱它;同样不足为奇的是,穷人们也学会了热爱它"[①]。虽然说,"人类的构造中有着部分内在的对甜味的偏好,这一点似乎不容置疑"[②],但在一个群体的社会和心理情境中,对于一类好食物所产生的情感,则是由"社会性"决定的,而后才会运用象征赋予其以意义,然后根据意义展开行动。对于蒙白人来说,糖何时进入他们的生活,没有明确的资料记载,但"甜"则是他们喜爱的。蒙白人主要的生计为水稻种植,听老人讲,老辈子最早时种的一种稻谷,名为"草把米",像糯米一样,吃起来糯而不腻,香甜可口,但因产量低,亩产只有三四百斤,而且脱壳程序多,后期晾晒处理也麻烦,再后来有新的品种引进,所以人们种的就越来越少了,甚至不再种了。20世纪70年代引入了粘稻,20世纪90年代时引入了粳稻,粘稻亩产量是600斤,而粳稻为900斤,现在两种稻子都有人种,但粳稻种得最多,因为产量高,但这两个品种的稻谷都不如"草坝米"好吃。此外,蒙白人还要种糯稻,糯稻产量也不高,但过节或者做仪式时,人们常用糯稻来打粑粑,所以即使产量低,人们也必须种一些。糯米吃起来有一股甜味,但为了增加它的甜味,在吃粑粑和汤粑时,还会加糖。糖并非当地所产,如需要也只能从市场上购买,对于蒙白人一直以来贫穷的生活状态,糖成为一种日常生活用品则不可能,但它却以与糯稻的香甜为共同意象,上升为仪式用品,用来表达对生活美满、幸福的祝愿。这一物品,也可以更多地理解为世俗的好物品的共享与交流。

除酒和糖外,糯米也是婚礼仪式上不可缺的礼品。糯米作为仪式上的祭品,杨正文教授认为这源自"苗族社会的传统信仰,只有这些作为祭品

[①] [美] 西敏司著. 甜与权力 [M]. 王超,朱健刚,译. 北京:商务印书馆,2010:183.
[②] [美] 西敏司著. 甜与权力 [M]. 王超,朱健刚,译. 北京:商务印书馆,2010:16.

才能得到祖先的认可,才能沟通阴阳两界"①。除糯米的"通灵"属性之外,以上谈到的最早的生计种植带给他们的对糯米的感情,都是糯米出现在婚姻仪式上的主要原因,且作为婚礼中的一个主要的程序——送糯米,以及接亲时,女方家给男方家的回礼,男方家在新娘"不落夫家"期间送给新娘家的礼品。

鸡出现的场合有三个:在男方家第三次到女方家说亲时,抱鸡去"看鸡骨卦";男方接亲时,女方的嫁妆里有一只鸡;女方回转娘家,再一次去往夫家时,也会带一只鸡。鸡在蒙白人社会中是家家都养的家禽,有客人来访,鸡是待客的佳肴,在各种仪式中,鸡是最常见的祭品,婚礼仪式中,鸡的三次出现分别代表了不同的意义。说亲时的"看鸡骨卦",则是一种古老的"占鸡卜"巫术,在《史记·孝武本纪》和(宋)周去非的《岭外代答》中都有关于"占鸡卜"的记载。通过"鸡骨卦"来看吉凶,看男女两个的结合是好还是不好。在汤梅的"鸡在民间文化中的象征意义"一文中叙述道,"在贵州黔东南台江的苗俗中,男女恋爱,男方到女方家接亲,男方要送一只鸡给女方家,女方家对鸡的要与不要,则代表了对婚事的同意与否"②。虽然"看鸡骨卦"表达的是一种神秘力量的行为,而对鸡的"要与不要"表达的是人的主观意识的想法,但都表达了鸡在决定重大事项上所起的作用。男方来女方家接亲,女方的嫁妆里所带的一只仔鸡,以及姑娘回转娘家,第二次去夫家所带的鸡,都隐含着鸡是生殖力和生命力的象征。"在黄河中上游地区,女子出嫁时,常是手里抱一只公鸡······"③ 在陕北一带流行窗花剪纸,"新婚夫妇的窗上经常会贴'男女合鸾'的剪纸图样,寓意生儿育女,子孙繁衍"④,这些都象征着鸡的生殖力。

此外猪肉则是出现在接亲时,男方给女方的叔伯家送的礼。猪在蒙白人社会中,也基本上是家家户户都要养的牲畜,因为过年家家户户都要

---

① 杨正文. 清水江流域的白银流动与苗族银饰文化的成因 [J]. 民族研究, 2015 (5): 52-60.

② 汤梅. 鸡在民间文化中的象征意义 [J]. 河北理工大学学报(哲学社会科学版), 2006 (3): 70-72.

③ 靳之林. 抓髻娃娃与人类群体的原始观念 [M]. 南宁:广西师范大学出版社, 2001: 102.

④ 靳之林. 抓髻娃娃与人类群体的原始观念 [M]. 南宁:广西师范大学出版社, 2001: 102.

"杀年猪"，此外在仪式上，猪是仅次于牛的祭品，最重要的是它是女婿送到岳父家的礼品，如果岳父、岳母去世，女婿要牵一头猪去，如果岳父的兄弟没有女儿、女婿，在他们去世时，也要代行亲女儿、女婿的礼节，牵一头猪过去。所以送猪肉在此是要确认和强化家与家、家族与家族关系的缔结，又因为猪是家里养的（即使是从市场上买回来的，但猪的家养属性已深入当地人的观念）更能表达两家所联结的关系，强调由家形成社会的连续性，在礼物的体系内，很清楚地表达联姻的关系与理想。席间，房族女婿与长辈们的对话"公公，帮我吃一点，留在兔和狗的年我再来吃。"兔年和狗年是蒙白人"敲巴郎"祭祖的年份，女婿在岳父家"敲巴郎"时，将会担任执刀敲牛者，这在第四章中有详述。因此，他们的对话，有关系永恒、源源不断的意思在里面。

2. 仪式行为的象征

婚礼的仪式包含了太多的两个姻亲家族间的互动，表明两个男女的婚姻一方面是群体人口再生产的单元构成，也是群体间血缘互助关系的构成和确立。在这样的仪式中，排内婚的结亲理想也会得到仪式性的表达。比如婚礼仪式上的"逗"姑娘环节和"包扎包"的行为。对于这两个仪式过程，笔者在田野调查期间有亲身参与……

（1）"逗"姑娘

> 到了新郎家后，小姑娘和小伙子就开始围着火堆聊天，刚开始还是姑娘一堆，小伙子一堆，当其中比较活跃的一个小伙子开始抢走了一个姑娘的帽子后，姑娘去追，其他的小伙子也活跃了起来，小伙子开始将凳子往两个姑娘中间放，两个姑娘刚开始还执拗的不愿意，但是经不住小伙子的纠缠只好让开了一个位置，刚开始还只是规矩的聊天，后来竟然将胳膊搭在了两个姑娘的肩上，姑娘们刚开始也是不愿意的，还把小伙子的胳膊放下来，但经过多次的反复，就不再放了。
>
> 我作为一个外来人，这些小伙子自然也对我客气点，还主动邀请我参与他们的活动，有一个小伙子还将胳膊搭在我的肩上，嘴里面说着，"姐姐，这是我们这里的风俗，既然你也来了，就也参加一下吧"。看来他们没有把我当外人，也一点没有害羞的意思，该如何做

还是如何做。

我问他们坐过花园没,大一点的姑娘说小时候跟着姐姐坐过,大一点的男生,说是跟着堂哥他们也去串过花园,但那会儿还小没敢找姑娘。他们还说,这个场面就像他们小时候跟着姐姐哥哥坐的花园,大家一个找一个聊天,当然以后也有可能就成为男女朋友,之后结婚的也有。

主家为了姑娘小伙子们方便谈话聊天,将大家安排在了侧屋里,侧屋空间狭小,仅能勉强摆上两张桌子,加我共14个女生,再加8个男生,也是勉强能够坐下。像其他吃酒的客人一样,先是每人都发了饮料和苹果,然后主家将菜摆好,请在座的年轻姑娘和小伙子吃菜喝酒,大家边吃边聊。小伙子故意把肥肉往姑娘的碗里夹,也不断地劝姑娘们喝酒。小侧屋有一个窗户,时不时地会看到嫂子、叔妈、伯妈一类的人过来瞅一瞅,不知道她们瞅到了什么,但总是笑一笑又缩回了头。

因为有我在,大家还是比较照顾我,按说,我是结了婚并且有了孩子的,是不应该到这样的场合来的,但还在女方家的时候,是叔叔、伯伯、叔妈、伯妈们劝我来的,包括女方的父亲在内,他们说,"你去看一下吧,看一下小伙子是怎样和姑娘们相互拉扯的……"到了男家后,新郎首先就向我讲了,他和他老婆是这些小伙子和小姑娘的"牵线人"。

等饭吃饱了以后,天也渐渐变黑,姑娘们有要走的意思,但小伙子们把门堵死了,很有休想有任何一个人"逃走"的意思。小伙子们拉,姑娘们就推,桌子上的饭碗可经不住你推我拉,砰、砰地掉在地上碎了好多,门也被撞的嘭、嘭直响。我当时认为,从姑娘们想急切的逃走这样的情况来看,其实,姑娘们好像是不愿意来的。在大家齐心协力下,姑娘们终于一个个地跑了出来,姑娘们在前面跑,小伙子就在后面追,姑娘们跑到了正在洗碗的叔妈、大姐们那里,急得是满头大汗,而她们则是乐开了怀。我看到这样的情况,当真是不解,表面上来看,的确是姑娘们想走,小伙子们则是拖着拉着不让走,有的姑娘都急得哭了。我是抱着求救的态度对她们说的:"刚刚打碎了很多的碗和碟子呀",而她们则是说,"没关系,我们碗多得很";新郎

第二章 "花园"、家族与婚姻

家的门啊、桌子啊都被弄烂了,新郎爸爸还说了句"这是一件好事情"。

因为有比较小的姑娘要走,我也是出于一种对她们进行保护的心态,况且,天越来越黑,男方家好像也没有要送我们回去的意思,于是我就果断地决定跟她们一起走路回去。可是判断有误,路越走越长,天越来越黑,路上又被狗追,风呼呼地刮着,不知哪来的塑料袋子,被吹得嗖嗖地响,大家都很害怕,无奈只好给李书记打了电话,请他把我们8个人接了回去,剩下的姑娘则留在了男方家的寨子。

第二天早上,看到了昨晚留在男方家的姑娘,听她们几个说,她们晚一点就被送回来了。都怪我,不了解情况,否则也不会有被狗追、走夜路的事情了。听叔妈她们说,以前,如果要是姑娘和小伙子一个喜欢一个的话,则会留下来聊天到天明,也可以说是新郎和新娘,又介绍成了一对。

昨日的喧闹于今天早上就散去了,当我走在寨子里的小路上时,叔妈、伯妈们碰到我,都是急切地向我发问,问我有没有被小伙子拉,有没有小伙子看上我之类……还说,如果看上我了,我就留在他们这里算了。当我告诉她们,我把我已结婚的事情,都跟小伙子们说了后,她们都埋怨我不应该说的。当我把这些姑娘跑、小伙子追的事情告诉叔妈、伯妈们听时,她们只是笑,我还说了我"告状"他们打碎碗和碟子的事情,她们笑得更开心了,有人还说了句,"我们那会把主人家的床都搞坏了,都没关系的……"另一个叔妈还问我,我有没有被追,或被抢帽子,被哪个小伙子喜欢没。从她们那急切和开心的样子中,可能在回味自己年轻时被追过的快乐时光。

在男方家,小伙子"逗"姑娘、开戏谑玩笑的行为,以及叔叔、伯伯、叔妈、伯妈们对我的反映而做出的回应,即是说明了这两个婚姻群体,彼此都是一种"候婚人"[1]的角色,而这种戏谑玩笑也只有在"候婚人"之间,或可作为婚姻对象的姑娘和小伙子之间才可进行,通过开玩笑

---

[1] [美]罗伯特·F.墨菲著.文化与社会人类学引论[M].王卓君,译.北京:商务印书馆,2009:148.

在可能的姻亲之间可以减少某种张力。参与戏谑开玩笑的姑娘们是一个家族里的姐妹或堂姐妹，小伙子们也是一个家族里的兄弟或堂兄弟，他们之间的这种戏谑受到了长辈们的支持和赞赏，从一定层面上，说明了他们所倾向的婚姻中的结亲对象。

(2) 包"扎包"

女方寨子上的姑娘在被男方寨子上的小伙子送回来时，男方会给这些姑娘每个人都包肉、鸡、鸭、鱼，俗称包"扎包"，让她们带回家给自己父母吃。父母们就会高兴地说："哦，姑娘们去新郎家，包回肉来给我们吃喽。"这样自己父母也很欢喜高兴。虽然，当时我们有8个人是自己跑回来的，而我又不是小姑娘，但男方家也把连同我在内的14包"扎包"送到了女方家，女方父母再将这些"扎包"分送到每一个去的小姑娘的家里。

在黔东南的苗族中，则是有"挑礼饭"的习俗，"男方家在迎娶新娘约半年到一年，挑一个好日子（如子、丑、午、未都是与嫁娶有关的好日子），由男方家的父母一人，在叔伯弟兄及妻嫂的陪同下，挑礼饭到女方家。挑去的礼包括：猪肉（大约30斤），糯米粑粑（女家叔伯弟兄一户一个。每个粑粑约一斤，通常不少于40斤糯米）、酒（70—80斤）。女方家在收到男方挑来的礼饭后，必须将它立刻收起来放到屋里。礼饭绝不可以让任何的姻亲喝到或吃到。等到男方家回去后，女方家便找叔伯弟兄来家宴客，消费方才男方家挑来的礼饭"[1]。简美玲认为，"礼饭的饮用禁忌不仅严格地代表了与自己是房族弟兄，还是姻亲关系的界线，而且也表达了该社会中家与家的缔结……"[2]

从这些小姑娘的父母与女方家是一个家族、是家族兄弟关系，以及"扎包"的丰盛程度上来看，说明了夫家对女方家族的认同，以及婚姻关系的缔结，家与家的缔结。虽然在此所包的"扎包"是小姑娘包来给自己

---

[1]［中国台湾］简美玲.贵州东部高地苗族的情感与婚姻[M].贵阳：贵州大学出版社，2009：154.

[2]［中国台湾］简美玲.贵州东部高地苗族的情感与婚姻[M].贵阳：贵州大学出版社，2009：155.

父母的，不像黔东南那边的苗族是由男方家专程送到女方家，然后由女方家邀请叔伯们来食用和饮用，但这样的方式，更能避免女方家姻亲的食用和饮用，而确保来自男方家的食物是被女方家的家族人食用和饮用。这就是通过仪式性的食物分享行为，所创造的一种人群与人群间的契约纽带关系。这也是苗族群体的结群的一种基本方式，而且是基于血缘关系的结群，这也是结亲的一个基础，它呈现的文化意义几乎贯穿在从信仰到饮食习俗、禁忌的一切层面。

第三章　斗牛场、斗牛与"排"的互动

蒙白人与牛之间是一种共生的和互惠性的供给关系，所以蒙白人必然是崇拜牛和爱牛的。牛与蒙白人的生活以及牛作为祭祖和丧葬仪式中的祭品等，这些在后面的章节中会有叙述，在此，我们讨论在"斗牛"这一文化空间中展现出的蒙白人社会关系的层次和结构意义。在现世展现的斗牛中，蒙白人于此不仅表达娱乐、力量，还促成社会互动与交往，最后完成蒙白人社会在一定区域内的空间形塑和分布，以区隔他们社会内部的层次和差异，使得他们在一个更大的空间范围内被结构起来，展现为一种更大的区域社会存在关系。所以，蒙白人爱斗牛，他们把对牛的这一份崇拜和爱惜在斗牛中体现了出来。但在其背后，实则还隐藏着复杂且丰富的社会关系和社会互动。

第一节　斗牛场、主与客

一、斗牛场

从文献记载和蒙白人的口述传说中可以看出，现今蒙白人所分布的区域内是有一系列的斗牛场分布的，并且也一定存在一系列的斗牛规则和人群社会关系的隐喻（文献中对斗牛场及场主名的记载详见附录六）。如蒙白老人说，在他们小的时候，就听老一辈说过，斗牛场开了有48

第三章 斗牛场、斗牛与"排"的互动

个,而这 48 个斗牛场中有的在蒙白人居住区,有的则在红毡苗和海葩苗居住区,但由于时间久远,现在能说上来的也就只有 8 个斗牛场的场址所在地:"有的是在'海葩苗'的地方(惠水岗度、贵定仰单烂坝),有的是在'红毡苗'的地方(高坡乡驻地、孟关),有的是在古代'白苗'(即蒙白人)的地方(龙里虎场坝,可能是饶钵山)"①。但我们可以看出,上、中、下三排的 3 个斗牛正场均未在他们口述中的这几个斗牛场之内,问他们原因,也没有人能说得清楚。问他们这 3 个正场是什么时候开辟的,与传说中的 48 个斗牛场或者 8 个斗牛场有什么关系,也没有人能说得清。但他们都一致认为,这 3 个斗牛正场的开辟要追溯到一个叫"批弓摆王"的狗场,是以上的 8 个斗牛场中的一个,"批弓摆王"这个地方,据他们说是在现在的惠水县境内,具体哪个村寨则说不清楚。这就是说,在历史的发展和变革中存在的斗牛场、斗牛规则以及斗牛中各群体关系间的互动已经成为历史了,而这样的属于蒙白人的集体记忆,仅仅是表明了在历史上蒙白人的区域与其他苗人一起,曾经构成一个他者眼中的共同区域。

虽然如此,但这种影响现世群体存在的区域空间分布形式依然存在,同样会影响现在蒙白人的斗牛和斗牛场分布。因为现在的蒙白人是过去"白苗"的构成支系,作为其中的一支,在区域分布以及斗牛和斗牛场的意义上就都会有历史的余音,但对于当下来说,则是与他们当下的区域和空间存在相适应。

现在,蒙白人聚居的上、中、下三排各有两种斗牛场,一种为正场,一种为草坝场,正场只有一个,但草坝场则可以有多个,而现在仍在使用的草坝场也只有一个了。所以现在龙里县境内蒙白人的聚居区域内,一共有 6 个斗牛场,上、中、下排各两个,各有正场一个,草坝场一个。

---

① 杨昌文. 龙里县中排乡和民主乡苗族考察记略 [A]. 贵州六山六水民族调查资料选编(贵州卷) [C]. 贵州省民族研究所、贵州省民族事务委员会编. 贵阳:贵州民族出版社,2008:120.

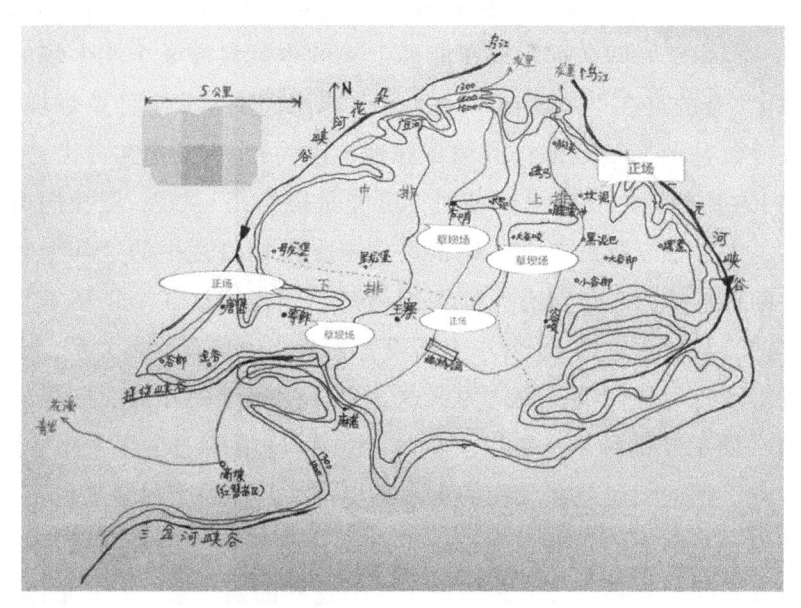

上、中、下三排的"正场"和"草坝场"分布图

从表1中我们还可以看出，蒙白人的斗牛场有两种，都有场主，斗牛要按照一定的日期来进行。为什么蒙白人中的斗牛场会有两种？场主如何选定？三个排斗牛的日期是如何定的？这些都是值得去深入探讨的。下面我们将从流传在当地的传说故事来谈起。

表1 正场和草坝场的场主及所属自然管辖，以及七月、八月间举行的"属相场天"（时间）

三个排	正场场主	正场日期（属相）	正场所属自然寨	草坝场场主	草坝场日期（属相）	草坝场所属自然寨
上排	下坎泥	猪	下坎泥	大谷咬	鼠	大谷咬
中排	王寨	龙	王寨	咋哨	鼠	咋哨
下排	等鲊	狗	跳园冲（原是等鲊地盘）	坝卡	龙	跳园冲（原是等鲊地盘）

第三章 斗牛场、斗牛与"排"的互动

1. 斗牛场来历

上、中、下三排的斗牛场（正场）则都是从批弓摆王狗场分下来的，下排狗场排第一，上排猪场排第二，中排龙场排第三，其中下排的狗场为大场，上排和中排的场为小场。①

这是下排的人所讲的，但这一说法在上排也得到了确证。

我们的牛打场是老古就开的，第一个是惠水那边的批弓狗场，我们三个排的斗牛场都是从批弓狗场分下来的，下排排第一，上排猪场排第二，中排龙场排第三……②

以上是关于正场的来历，是从他们所认为的首开的第一个斗牛场——批弓摆王狗场分下来的。

关于斗牛场的正场和草坝场，蒙白人说，正场主要是为"敲巴郎"祭祖的牛和给去世的老人所要敲的牛进行"踩场"的地方，斗牛是次要的。草坝场只是副场，是由三排人自己内部商议，另外开设的场，像以前养牛的人多，一个排可以开几个草坝场，现在养牛少了，上、中、下三排都只有一个草坝场还在使用，草坝场则是允许三个排的牛都在里面斗。草坝场作为副场，可以说是对正场上斗牛活动的一种补充，如以下说法。

后来草坝场的确定，则是为了方便三排人之间的走动（在三个排之间有少数的跨排通婚），大家聚在一起斗牛，图个高兴。如果在其他排没有亲戚和认识的人则是不会去斗牛的。在下排，以前有两兄弟叫王廷文和王金文，两兄弟分家后一个住等鲊，一个住坝卡，他们两个原来都是牛打场的场主，分家后，两个兄弟就将牛打场分成两个，等鲊的哥哥王廷文是狗场的场主，坝卡的弟弟王金文是龙场的场主，狗场是正场，龙场是草坝场。三个排之间有一定的约定，正场只允许各排的牛在里面斗，老人过世要敲牛，踩场也只能在本排的正场里踩

---

① 2016年2月17日，于下排等鲊，讲述人：王光林，65岁。
② 2016年11月6日，于上排小谷朗，讲述人：冯启州，83岁，初小毕业，曾当过村里的会计。

场,"敲牛祭祖"的牛原则上也只允许本排的牛在里面转场,但如经过协商则也可以互相拉牛到对方排的正场里去转。在正月初十,或者农历七月、八月间逢狗场天,此时也正是打米的时候,我们下排这里都要进行牛打架。①

但是为什么正场和草坝场要有这样的分工呢?则与他们口中的这样一句话有关,"斗牛场正场是一经选定不能随意更改的,除非发生了不吉利的事情"。这句话反过来说,也就是,为了避免发生不吉利的事情,就只好另开一个场进行斗牛。老人们都说,在之前是没有正场与草坝场之分的,无论是踩场和斗牛都在一个场进行,结果发生了不好的事情。在下排的蒙白人中就有这么不吉利的事情发生,导致场地一再更换。

下排长舍的李应开老人讲:

下排的狗场(正场),原先场址在中白番(下排的一个自然寨),中白番那个场地宽敞又平坦,场主是等鲊寨王家。当时有一个女娃叫果可,很是调皮,她瞒着自己的父母,牵了一匹马到牛打场去打架,牛打场是牛打架的地方,怎么能够允许女人牵马进来呢,结果就在那里出事了,连人带马都死了,如果不换牛打场,还会死人的,所以这个好的斗牛场就被废弃了,后来就搬到了现在的跳园冲这边,这些地盘原先是等鲊寨的。②

下排坝卡寨的王廷学老人讲:

斗牛场正场是一经选定不能随意更改的,除非发生了不吉利的事情。传说,以前上、中、下三排斗牛没有区分,上排的牛拉来下排斗时,上排的牛腿被打断了,当时没有按规定将断腿的牛杀了祭场,就还在里面斗牛,之后就发生了不吉利的事情,一下子下排的坝卡寨死了七个后生(小伙子)、等鲊寨死了七个姑娘,后来又换了个地方来斗牛还是生不出儿子,没有子孙后代,后来将那七男七女埋到场子边

---

① 2016年1月25日,于下排坝卡,讲述人:王廷学,85岁。
② 2016年1月19日,于下排长舍,讲述人:李应开,75岁,老党员,老支书。

上，进行了一次杀牛祭场后才求得祖先原谅，场子才不乱，才有后代繁衍。①

从以上的传说故事可以看出，草坝场是为了对正场上斗牛的一种补充，以及方便各排亲戚间的交往互动而开辟的。

2. 斗牛场选址

蒙白人认为斗牛场场址的选择，主要考虑的是地形地貌，上排小谷朗的冯启州老人说，首先要选择一个凹地，凹地中间还要足够宽敞平坦，凹地周围可以让人驻足观看，也就是说既要有牛斗的地方，还要有人观看的地方；其次斗牛场不能选在靠近山坡的地方，以防遇到下雨天从山坡上流下来的水会将牛场浸透，使牛场到处都是泥巴，不利于斗牛。当满足了地理上的条件后还不够，还要遵守规矩，规矩一旦破坏，惩罚就会随之降临，然后就必须杀牛祭场或者更换斗牛场。以下就是关于草坝场场址因地理条件不好或发生了不吉利的事情，以及破坏规矩而不得不更换的说法。

上排小谷咬冯启州老人讲：

> 原来有一个斗牛场在长田坝（现是中排的一个自然寨，为蒙白人、红毡苗杂居，但原先是上排大谷咬自然寨的地盘，红毡苗则是当时从高坡过来帮工的人的后代），但是这个斗牛场太小了，不够大，不好玩，就想另外找地方。当时大谷咬（现为上排的一个自然寨）有两兄妹，就说不要长田坝这个场了，再开一个场，哥哥则在大谷咬另开了一个场，但是这个场在斗牛那天，直到中午天一直不亮，说明这个场不吉利，所以又将牛场开到了黑泥巴（上排的一个自然寨，原属大谷咬地盘，现在斗牛场所在地的对面山坡那里），但在斗牛那天又出问题了，本来场上是没有泥巴，干得很，但牛却陷进了土里，不见了，这两个场都不吉利，于是又换到了现在的这个地方，与原先的那个斗牛场隔一条马路，一直就到今天。如果出了事，不换场的话，就

---

① 2016年1月25日，于下排坝卡　讲述人：王廷学，85岁。

会天不明地不灵,不换场也可以,但要拉牛来祭场。①

3. 斗牛场场主

场主现在虽为某个寨子,但在传说故事中则指的是那些有威望的、聪明且有能力的人。如下面这则传说故事中所讲的财大富。

> 以前有同母异父三兄弟,老大叫财大富,是随娘过来的,长得人高马大,非常聪明能干,在贵阳烧鸡洼(老地名,不知道在现在哪个地方)开跑马场;而他的两个小的兄弟则在"平公白望"开斗牛场。于是有人就告诉财大富,说他的两个兄弟在平公白望开斗牛场。以前开斗牛场是要立碑的,碑上会写有出钱出力的人的名字,等他到了平公白望后,发现碑上的名字已经写"归一"(好)了,已经没有空的地方了,他看到碑的最顶头边沿上面勉强还可以刻下几个字,于是他就把自己的名字硬是挤在了碑的最上面。虽然他没出钱出力,但他的名字在最前面,别人都认为他是那个出钱最多、出力最多的人,反倒把他当成了这个斗牛场的老大和场主了。②

而场主发展到现在成为某个寨子,则可能与蒙白人多是聚族聚寨而居的传统有关,从一个祖先那里所繁衍的后代,则为一个家族的人,所以整个家族都可以说是场主,而聚族聚寨而居的寨子,则自然成为场主。虽然后来可能会有外族人迁徙进来,或者招女婿上门进来造成一个寨子而出现了多个家族,但家族间关系亲密,亦有同为场主的可能。如以上故事中所讲的,等鲊寨王廷文为狗场的场主,明显表达的是王姓家族人为场主,但等鲊寨为三个家族人合居,所以场主由原来只是王姓家族人而发展成为三个家族的人都为场主。

王廷学老人讲,下排狗场场主现在为王光林和陈廷忠,在上一届则是等鲊寨的李应彪、李正中、王大志、王光林,在这四个人中除王

---

① 2016年11月6日,于上排小谷朗,讲述人:冯启州,83岁,初小毕业,曾当过村里的会计。

② 2015年12月30日晚,于下排等鲊,讲述人:王光林,65岁。

光林外，有的去世，有的则不愿再续任，所以又加进了陈廷忠。①（陈廷忠老人有 70 多岁，是陈家老人中年龄最长的，陈家的大师傅，人很健谈，年轻时上过高小，是当地的文化人。王光林老人 65 岁，虽不是芦笙师，但吹得一手好芦笙，不是大师傅但也会念咒，大师傅、鼓师、芦笙师是家族里共用的，在房族中轮流来担任，其父亲是上一届的芦笙师，所以这一届轮到别的房族去了。）

4. 斗牛禁忌

听到牵牛去斗的人家的铜锣声后，就不再去他家借东西；看到牵牛去斗的人家在院门外烧有香，就不去他家串门；因为他们认为去别家借东西或者串门的这些行为都会影响到牛的战斗力。此外，孕妇、生孩子未满月的妇女（俗称"坐月婆"）也不能去他家，俗称"不去踩牛"，如果斗牛被这类妇女看到了，牛在斗牛场上则不打；任何人都不能摸牛背，如果摸了牛背，牛的战斗力就会下降，所以大家都懂这样的规矩，如果有人故意去摸斗牛的背，那他就是不怀好意了。还有，事先如果别人知道，对方的牛是要拿来敲巴郎的，会愿意别人来挑选竞争的对手牛，以利于对方的牛不被打得头破血流等。这些在斗牛上形成的共识，即为布迪厄（Pierre Bourdieu）所认为的"惯习"。布迪厄认为："惯习来自个人和群体长期的实践活动，一旦经过一定时期的积累，经验就会内化为人们的意识，去指挥和调动个人和群体的行为，成为人的社会行为、生活方式、行为模式、行为策略等行动和精神的强有力的生成机制"②。所以蒙白人在斗牛上形成的共识，已经内化到他们的意识中去，成为一种机制，指导、约束和调动着这一群体的行为实践。

从以上的梳理，我们可以看出，正场是从最早的一个叫"批弓摆王"的狗场分下来的，而草坝场则如当地人所说是"副场"，是对正场斗牛的补充，是经过大家商议决定开辟的。两种场都有场主管理，正场场主的确定与传统上的认定有关，草坝场的场主则与斗牛场所在的地盘是属于哪个

---

① 2016 年 1 月 25 日，于下排坝卡，讲述人：王廷学，85 岁。
② 宫留记. 资本：社会实践工具——布尔迪厄的资本理论 [M]. 开封：河南大学出版社，2010：177.

寨子的地盘有关。所以，斗牛场正场的场主则遵循的是一种对祖先的沿袭，不会随着场地的变动，而对场主进行改变。传说故事中的财大富作为首开斗牛场的场主以碑刻的形式进行了确定，得到了大家的认可，这与我们在第五章中提到蒙白人"敲巴郎"后要竖牛桩（碑）来作为"敲巴郎"的凭证，以示身份的改变是一个意思，即是用石碑的形式来代表一种凭证，即使后来因多种原因而不断更换场址，但曾经以立碑的形式确定的场主则是不会改变的。在两个场的斗牛顺序也是有区分的，正场上的斗牛顺序是从一开始开辟斗牛场时就分好的，下排狗场排第一，上排的猪场排第二，中排的龙场排第三，而草坝场作为副场，其斗牛顺序，是抽签决定的，上排的大谷咬和中排的咋哨寨都抽的是鼠场天，斗牛活动同时进行，下排抽的是龙场天。场址的选择，则体现的是一种对超自然的崇拜。从蒙白人口中经常能听到，"斗牛场一经确定不得随意更改"，除了有好的场址难找，破费人力财力外，则也有一种土地之灵力的概念在里面。F. K. 莱曼认为，土地最早和最终的拥有者是自然之"主"，而最早的开辟者必须与自然之主签订协议，人以定期祭奠自然之主的形式，来继续保有对土地的占有之权。① 传说故事中所讲的开牛场立碑即是一种与自然之主签订协议的凭证，签了协议怎能随意更改，但如果是发生了不好的事情，杀牛祭祀自然之主，让自然之主将污邪之气清除，又或者祭祀完自然之主，不愿意再到原来的场地上斗牛，而换到别的场地，再与另外的土地自然之主签订契约，原来的自然之主也会原谅。如下排的斗牛场原先在中白番，因为有人犯了规矩，而换到了等鲊寨，到了等鲊寨后，又因没有遵守规矩，带来了灾难，换了新场子还是不行，最后是通过杀牛祭原来的场让自然之主清除污浊之气，平息自然之主愤怒之后，在场上斗牛才没有出错，这表现了一种对土地之灵力的崇拜和信仰。也可以说在蒙白人的观念里，人与斗牛场这一特定的地域有了一体性，表现为将自身的祸福与斗牛场这一空间进行关联，将空间实体的完整性表征为人的完整与祸福。所以当斗牛场发生了任何不吉利的事情时，则认为是这一空间的不吉利，如果不进行祭祀，或

---

① ［英］F. K. 莱曼著. 郭净译. 建寨始祖崇拜与东南亚北部及中国相邻地区各族的政治制度［A］. 王筑生主编. 人类学与西南民族［C］. 昆明：云南大学出版社，1998：191.

第三章　斗牛场、斗牛与"排"的互动

者不放弃原来的地方，而另选他处，则将会给人自身带来伤害，不是家庭不顺，就是粮食颗粒无收……空间祸福表征的是人的祸福，所以斗牛场一经选定，不得任意更改，除非发生不吉利的事情，也就是这个道理。

如表1中所显示的，这些斗牛场的斗牛分两个时间段举行，一个是在"跳园"时的正月间举行，一个则是在农历的七月、八月间的"属相场天"举行。在"跳园"期间举行的斗牛，上排为正月初五、中排为正月初八、下排为正月初十。而在七月、八月间举行的时间①：上排——猪场天；中排——龙场天；下排——狗场天。上面说的都是正场的斗牛，而草坝场的斗牛举行的日期则为：上排——鼠场天；中排——鼠场天；下排——龙场天。上排和中排的草坝场都是鼠场天，所以同时进行。

各排在正月间举行斗牛的时间，与其"跳园"的时间是同步的，即"跳园"开始，斗牛就开始了，表面上是一种时间的先后自然顺序，但实际上它包含了区域的结构性质。三个排的斗牛场空间自然具有区域性质的结构，但这样的结构是有一定秩序的。如果蒙白人区域空间是一个圆形结构，那这个时间排序就有向心的作用力，最后聚集的点就是一种高级别的结构关系；如果是一种层级的结构，最后下排的斗牛就是另外一个层级上的时间安排……但在现实的观察中，好像这种走向高一级别的时间运动并没有出现，最后的下排斗牛和"跳园"是三个排中最为"热闹"，参加人最多的斗牛和"跳园"，但并没有把下排蒙白人推向一个更高的层级，而且下排人本身也没有成为某一结构的高级者的文化欲望。但这与蒙白人的口述不完全吻合，在他们的口述中，其斗牛场具有一定的历史渊源关系，并且三个排的斗牛场下排第一，上排第二，中排第三，但当下其时间的安排上也就是一种错开时间的安排，希望所有三个排的蒙白人都能参加所有场的斗牛。至于在七月、八月间斗牛的"属相时间"，其历史渊源关系则更深刻，背后的文化逻辑关系是一个完整的系统，于此，后面还有论述。

---

① 蒙白人按"农历"来计算时间。只不过将一年的12个月，按12生肖来计算，正月为"龙月"，依次类推。日子也按照12生肖来计算，以正月初一为开始，依次类推，正月初一的计算也是按12生肖类推，今年为猴日，明年则为鸡日。

二、正场和草坝场的主与客

从上面的分析，我们得出，草坝场是从正场中分离出来的，也就是说先有正场，然后才有的草坝场。它们之间的区别在前面的蒙白人的口述中也已言明，正场上的斗牛，按照日期，各排在各排的场地举行，彼此不能越界到其他排的场地斗牛，否则会引起纠纷，所以可将正场看作每个排内的一个公共的斗牛空间。而草坝场则是三个排之间可以互相越界去斗牛，但要去斗牛前，需事先邀请约定，所以可将草坝场看作各排都可以来斗牛的一个公共空间。这样的公共空间分布在蒙白人的历史上原来是没有的，也就是说，是其斗牛场适应三个排的斗牛交流从旧有的空间中生产出来的新的公共空间，而这个公共空间仍然属于每个排，但可以纳入其他排的斗牛进入。你的排的牛可以进入我的草坝场斗牛，我的牛依然。这是一种平等的空间交换，依然是具有三个排的平行关系，不具有统属性质。

正如上面所说，正场和草坝场上的场主，以及来参与斗牛的人所来的范围不一样，那么所来的人的这些范围都是什么，为什么所来的范围不一样，则都是需要探讨的问题。笔者以下排的斗牛为例，来展现斗牛场正场与草坝场上的来客都是哪些。

下排斗牛场正场上的"主"是等鲊寨，"客"即是来源于下排除等鲊寨以外的其他自然寨，像跳园冲、长舍、火烧寨、金谷村谷朗寨等，他们都是属于本下排内的寨子，也可以说是属于一个通婚圈，他们都隶属建立在血缘关系基础上的同一家族或者是以婚姻为基础建立起的姻亲关系，这些从第二章中的婚姻调查表可以看出。而看斗牛的人则可以是上排和中排各个寨子的蒙白人，以及附近的红毡苗、海葩苗还有客家（汉族人）等（见表2）。下排各寨子距离斗牛场，以脚程算都在1小时以内，多是当天比赛，当天牵牛到场。也有提前一天就牵着牛先来到距斗牛场近一点的亲戚寨子上歇息的。

第三章　斗牛场、斗牛与"排"的互动

表 2　正场上的主与客

正场	圈内（斗牛的人）	圈外（看斗牛的人）
主	等鲊寨	等鲊寨
客	下排各自然寨	所有人

对于下排的草坝场，"主"是坝卡寨，坝卡寨的王廷文老人说，坝卡寨王家的老祖与等鲊寨的老祖原先是兄弟，都住在等鲊寨，当初两个人一起开斗牛场，后来弟弟搬到了坝卡寨，就约定好弟弟再开一个斗牛场，等鲊寨的哥哥为狗场，坝卡寨的弟弟为草坝场，草坝场经过三排抽签决定为龙场。但"客"的范围则比正场上的范围要大，是除下排的各个寨子外，上排、中排中与下排有亲戚关系、朋友关系的寨子的蒙白人，用当地的话说，则是"如果没有亲戚朋友关系，离的远去了也没地方住，所以一般不会去"。而到现在则是没有亲戚关系的，以及住在附近的红毡苗和海葩苗都会来参加斗牛（见表 3）。因上排、中排离下排较远，为了保持牛的体力，所以提前一两天，上排和中排的亲戚朋友就会将牛牵来，住在下排的亲戚家。在前面的章节中，笔者提到蒙白人结亲的策略和倾向是排内婚，并不是说没有例外的排外婚，因为距离上相近，中排的王寨与下排、中排的咋哨与上排就多有结亲的例子，此外，走街串巷的生意人，在各排都会有认识且要好的伙计，相互间结成亲家也不是没有可能，但绝大多数都还是排内婚，这从前面章节的婚姻调查表中也可看出。所以，我们可以说草坝场就是为了方便这些嫁到婚姻圈外的姑娘家、姑婆家与娘家的走动，是为了增进交往关系，也未尝不可。亲戚家为了表示欢迎，则会拿出好菜好饭招待自己的亲戚。现在因为有车子，不需要提前一两天就来到亲戚家住下，离的较远的寨子都会当天用大卡车将牛拉来，斗牛结束后，再用车子将牛拉回去。

表 3　草坝场上的主与客

草坝场	圈内（斗牛的人）	圈外（看斗牛的人）
主	坝卡寨	坝卡寨
客	上、中、下三排	所有人

这种在斗牛场上体现的主客关系，实际上隐含了每个斗牛场的空间表征，斗牛受到时间和空间的制约，自然就是群与社会结构的关系表达。一个群，有一个斗牛场，而且群的意义在斗牛中可以表达，也会在斗牛场和斗牛过程中划定一条边界。有时候，斗牛圈与婚姻圈是重叠的，但这个空间在表征上是对所有人开放的。所以，观看斗牛的人可以是蒙白人的另外的血缘群体，可以是其他支系的苗人，也可以是汉族人，甚至外国人。

第二节 正场的排内互动与草坝场的排间互动

蒙白人斗牛场的正场与草坝场性质不同，来客范围也不一样，正场体现的是排内的社会关系，而草坝场主要体现的是排外的社会关系，主要是三个排之间的社会关系。

蒙白人的斗牛，分娱乐性的斗牛和"敲巴郎"时的斗牛两种，但草坝场上的斗牛则仅为娱乐性斗牛，是排内排外的人都可以来参与的斗牛，而正场上的斗牛则可是"敲巴郎"时的斗牛也可是娱乐性的斗牛，是只能本排内的人才可以来参与的斗牛。

一、排内互动

为"敲巴郎"而举行的斗牛，有一定的时限。一般来说，家庭经济条件好，比较能干的人，在"兔年"或"狗年"来临的前三年就已经决定要举行"敲巴郎"祭祖仪式，并已选好了作为祭祖的巴郎（牛）。那些专门用于"敲巴郎"的牛，主人平常会精心饲养，不会用于劳动，等到"兔年"或"狗年"在七月至八月间的"属相场天"将牛拉到场上去踩场（在斗牛场上转三圈）并为自己的牛寻找要打斗的对象。

1. 踩场

"敲巴郎"的牛要被牵来进行"踩场"，也即将"巴郎"拉到斗牛场的正场上，让"巴郎"在场上亮相，以展示敲给祖先的"巴郎"所具有的

第三章　斗牛场、斗牛与"排"的互动

力量与勇猛。

当主人牵着"巴郎"来到正场上时，只见"巴郎"角系红布，头顶戴花，富有的人家还会给牛角尖上套一副三四寸长的银角套。除此之外，那些家族里的人以及亲朋好友会将事先准备好的床单、红布披在"巴郎"身上，使其鲜艳夺目、光彩照人，就像要出嫁的"大姑娘"。主人将"巴郎"进行如此地装扮，其实还不如说，人是在装扮自己、展现自己，自己的牛得到夸奖，也即是自己得到了夸奖。而牛主则身穿红（黄）袍，把跳园时系在腰间腰带套在牛鼻子里，然后用手牵着，身边还有一个叔伯兄弟撑着一把红伞撑在牛的头顶（这一装束与给去世的老人杀牛时，儿子或孙子牵牛的装束一样）。

牛主牵着"巴郎"在正场上"踩场"，"踩场"时还会一串串地燃放鞭炮。每绕一圈，"巴郎"身上就会增加一层新的床单或红布，将这些披在"巴郎"背上后，人们就跟在"巴郎"的后面，围着场地转，一共要转三圈。转完三圈后，牛主人请一位曾经敲过"巴郎"的老人来向"巴郎"说几句祝福的话，"踩场"的仪式即告结束。"踩场"结束后，接下来就要进入斗牛的环节，所以我们可以说，"踩场"在很大程度上就如同是斗牛活动的开幕式。

斗牛场正场上的"踩场"环节，对牛以及牛主自身的装扮，为牛打伞、用腰带来牵牛，以及绕场转三圈等，这些行为实践其实是在塑造一个神圣的空间。将牛进行打扮和为牛打伞，其实是用这种方式，将"敲巴郎"之牛与其他牛以示区隔；牛主所穿的红（黄）袍子为大师傅念咒和"跳园"时所穿，也同样是在表达一种与以往不同的神圣时空。最重要的是腰带，这里的腰带有120厘米长，为黑白相间，黑白各为13道，从第一章中对蒙白人传统服饰的介绍可以得出，他们的服饰上没有扣子，腰带在此首先起到的是固定上衣与下身裙子的作用。但黑白相间的腰带除有固定衣服之功能外，还是"跳园"场上青年男女所穿盛装的必佩戴装饰品、老人去世入棺时要佩戴的物品，以及"敲巴郎"时用来牵牛的工具，而且与"敲巴郎"后主人所立牛杆上的着色等同，也是黑白相间，黑白各13道。黑白相间的着色，蒙白人说不清是为什么，但将黑白相间的腰带作为节日仪式上以及去世老人的入棺佩戴物，则不仅表达其固定衣服、美观大方之

用，而且已上升为一件显圣物。米尔恰·伊利亚德认为"对宗教徒而言，空间并不是均质的，宗教徒能够体验到空间中断，并且能够走进这种中断中……他将空间分为神圣空间与世俗空间，神圣空间借助显圣物表征自我神圣，在均质空间中确立了一个参照点"[①]。而此刻，牛、人所穿着的红（黄）袍和牵牛的腰带则是蒙白人的显圣物，尤其是腰带，它不仅出现在"跳园"、葬礼、"敲巴郎"的仪式上，而且以其与"敲巴郎"后所立牛杆表达的共同意象，获得与祖先的交流与沟通，将人——牛——祖先联系成为一个整体，彰显了斗牛场这一神圣空间。进而使斗牛场上的斗牛成为神圣空间里的一场仪式展演。亲朋好友将红被单、红毛毯这样的礼物献给牛，既是展示了自己与主人家的关系，也是分享了祖先赋予牛所带来的福气。

可以说在"踩场"的活动中，牛、主人以及主人的血缘姻亲们被整合在了一起，成为一个完整的整体，这时的空间表征和空间生产最为丰富，牛不仅代表着个人、个体家庭，而且代表着整个家族以及与自己有亲戚关系的所有人的荣誉。这实际上就是一个村寨中家族荣誉和力量的仪式性展演，在这个展演中出现的一切表演过程，都是血缘家族和姻亲关系各个层级结构的表演，充满着象征性。所以在这一过程中出现的人是不同的"角色"，所有出现的物都具有象征性和符号性，都会代表着某一种祈愿和希望。虽然这个"敲巴郎"祭祖行为的"好处"会在最后归为某个人，但这一行为则被认为是一个血缘群体的共同荣誉行为。所以，在这样的空间表征中，其文化的生产内容丰富多彩。

2. 斗牛

"踩场"结束之后紧接着就是斗牛了。正场上所斗之牛都来自本排内，也即是说属于一个婚姻圈集团。正场上的斗牛不需要通知，一到日子，大家就牵着牛款款而来，因各自然寨距斗牛场都不是太远，即使慢悠悠地走，脚程最多也就一个小时。虽是只有一个排内的牛，但来的牛很多，因为正场上的斗牛不是为了输赢，所来之牛不论高矮胖瘦、犁田的、大的、

---

① ［罗马尼亚］米尔恰·伊利亚德著. 神圣与世俗［M］. 王建光，译. 北京：华夏出版社，2002：1-2.

第三章 斗牛场、斗牛与"排"的互动

中的、小的都来到了斗牛场上。虽然都来了，但不一定都参与斗牛。牛主先是互相协商，自找对手，没有统一进行分组的斗牛依然热闹，可以说是牛山牛海。参与角斗的牛，到场之后先是由主人牵着绕斗牛场转一圈，进行"亮相"，也即将自己的牛展现给大家，看清自己牛的力量，好让别的牛的主人做出是否作为自己牛的对手的判断。"亮相"完毕后，即可下场到附近的田野里稍做休息，或者开始邀约、物色对打的牛。其中用于"敲巴郎"的牛主，在寻找与自己的牛进行打斗的对象时，常会选择一些力量较弱之牛来相斗，因作为"敲巴郎"的牛要取胜才吉利，如被打得头破血流则为不吉利，所以被选中作为打斗对象的牛主晓得缘由，不会拒绝，失败了也并不计较，还会说些祝贺之词，以增进彼此的情意，并认为这是一件成人之美的好事，所以作为"敲巴郎"的斗牛也只是象征地斗一下即可。找好对手后，即可到场主那里报名，接下来将两头牛牵到场子中间，由场主敲一声锣即宣告开始。

排内正场的空间是一个我群的空间，是一个对外排斥的空间。在这只属于我群（本排内）的空间内，本排内所有的牛，不分大中小牛，耕田的牛，还是专门斗牛，都一起聚集到了斗牛场上，上演的斗牛实则是一场仪式展演，主要是自导自演自享受，斗与不斗在于自己决断，主要是享受这一年之中为数不多的几次聚集，大家聚集在一起，聊聊天，交流一下感情，为自家、也为别人粮食丰收进仓庆贺。

在这个正场的空间里，主体自然是"敲巴郎"祭祖的那一个血缘家族，但一个排肯定不仅是一个血缘家族单位，一般会是多个血缘家族单位，而这个正场则是一个排的公共空间，是所有属于这个排的蒙白人都可以进行仪式性展演的空间。在每一次敲牛祭祖的斗牛中，排内都会出现主次的社会关系。某一个血缘家族敲牛祭祖，他们的血缘群体就是此次斗牛聚会的主体，而待下一次另外的血缘家族出来敲牛祭祖，那另外的血缘家族群体就是新的主体。在正场里以"敲巴郎"祭祖为主要目的的斗牛中，这个群体对于牛的展示是此次仪式最为重要的内容之一，以牛为名目的群体聚会，体现了传统农耕生计的基本色彩，也是最具有象征性的色彩。这里面的群体性社会关系的展示、祝福和祈愿、知识的传播和交流、情感的表达、群体性娱乐、社会规约的梳理……尽在其中。排作为一个群体性结

构在斗牛场正场中被确立和再次"申明"。各个血缘群体之间，除了已经具有的姻亲关系之外，排内还有地缘性质的社会群体关系，即我不一定是你的姻亲，但我是这个排的蒙白人。

左图："敲巴郎"准备的牛　　　　右图："巴郎"进行"踩场"

二、排间互动

相比较而言，草坝场上的斗牛就没有排的社会关系的空间建构，主要就是为了更大范围的娱乐性斗牛而展开。从表2中可以看出，草坝场上的"主"为坝卡寨，"客"则为下排内除坝卡寨以外的所有自然寨的人，以及上排、中排与下排有亲戚关系的人。草坝场上的斗牛要实行邀约，也即本排的人会邀请外排的亲戚来参与斗牛，因上排和中排的寨子离斗牛场较远，为了保持牛的体力，他们一接到邀请，则会提前一两天先来到下排的亲戚家。

因是娱乐性斗牛，则不会有如正场中所展示的，为牛装束打扮、亲戚祝贺献礼的"踩场"环节，则是直接进入斗牛。参加斗牛的人陆陆续续牵着自

第三章 斗牛场、斗牛与"排"的互动

己的牛来到了斗牛场上，先在周围的田地里找一块地方稍做休息。首先由场主代表讲话，内容大意为，欢迎来参与斗牛，接下来就是斗牛中的一些规则，如管好自己的车子等物品，看管好小孩子，如被牛踩伤一概不负责之类，如下图就有一块告示牌。以前的话，如遇到有人在场地乱窜、乱摆物品，年轻人则会主动站出来维持秩序，现在维持秩序的则都是警察。

左图：斗牛场上的通告牌　　　　　　右图：因路途遥远，将牛用大卡车拉来

　　场主讲完话，参加斗牛的人，就可以先后牵着自己的牛到场上转一圈，让大家看清楚自己牛的体型、长相、勇猛与力量，以作出是否选择作为打斗对象的计划。等参加斗牛的人都转完后，就可以自行寻找对手，组成一对，到场主那里报名，然后进行抽签，来决定出场顺序。草坝场上的斗牛虽是允许三个排的斗牛都来参与，但与正场上的斗牛相比，则要少得多，而且参与斗牛的人在选择打斗对象时，一般避开与自己有亲戚关系的人，以免牛伤着了，也伤了和气。而在正场时的本排内的斗牛就不会有这么多顾忌，因为正场上所进行的斗牛是一场仪式空间下的展演，既然是展演，就不会是真的，所以即使有牛打伤了，也不必当真。此外更不会选择本排的牛作为打斗的对象，而是会选择外排的牛，其实在选对手牛的过程中，排内人的那种"我

群"与"他群"的认同感就明显体现了出来,即使在平常本排内的两个自然寨可能因为占土地、砍了彼此的树木而发生过纠纷,但以前的矛盾则不会带到斗牛场上,在斗牛场上斗牛时,他们会站在自己排的一边,用他们的话说,则是"如遇外来的对抗,我们会团结起来的……"

2011年长舍寨与等鲊寨两个寨子因为一些利益上的争夺,做过一个名为"切鸡剁狗"的仪式,当地人认为,如果对某人或某个群体进行了"切鸡剁狗",那这个人或这个群体对他们自己曾经做过的事情否认且不认账的话,在两三个月内他们家里就会有人去世。

事情是这样的,一个沙石厂的老板,与等鲊寨人商量好后,从等鲊寨拉了一些沙石,但要从属于长舍寨的一段路经过,就因为没有给长舍寨相应的补偿,也就是"买路钱",所以长舍寨的人认为等鲊寨的人是借他们的路才发的财,如不给他们长舍寨人补偿,则就不公平,于是就找等鲊寨的人来理论。当时长舍寨的人由他们的组长带头,拿了鸡和狗,等鲊寨也是王、李、陈三家的人都出动了。当时长舍寨的人就将鸡和狗杀死,并放了狠话。听他们说后来政府和派出所都有人来了,并告诉长舍寨的人,如果他们再这样闹下去的话,会坐牢的。等鲊寨的人说,因为他们在理,长舍寨的人是无理取闹,所以长舍寨的人做这个"切鸡剁狗"他们不怕。①

虽然发生了这样的事情,但并没有影响两个寨子间的和气,斗牛时相互为彼此加油助威。

在一次次的斗牛中,不是从你寨出牛,就是从我寨出牛去与别的排的牛去斗,相互之间都亲密配合,使他们之间的关系仍如往常一样,接亲娶媳、相互来往。

两头抽为第一组的牛由主人牵到场上,场主一声锣响即宣告开始。两头牛很快就斗起来,牛角是牛的专用武器,用牛角顶也是斗牛的惯用动作,当然斗牛中会有多种情况出现,比如两头牛一开始不斗,要经过牛主的引导,或者刚一上场其中一头就被吓跑了。场上看斗牛的人,则会随着

---

① 2016年1月10日,于下排等鲊寨,讲述人:李廷香,52岁,在家务农。

第三章 斗牛场、斗牛与"排"的互动

牛的较劲一紧一松，不断发出喊叫声和欢呼声。当两头牛相互间争得不可开交时，人们就给本排的牛喊加油，两头牛在场上一下子打到了东，一下子歪到了西，观看斗牛的人围成的圈，则也是随着两头牛位置的变化，不断地变换图形，一下子圆的、一下子方的，一下子变大了，一下子又缩小了……既紧张又刺激。当牛斗至半酣，胜败即见分晓，或一方已败退逃跑，围在周围的年轻人，则上前主动将牛隔开拉住，不使胜牛追赶。因斗牛场周围没有修筑很高的围墙将场子围住，如果牛败退要逃跑，人没有拉住，牛跑出几公里以外的事常有。

在草坝场上的斗牛，斗牛时自己家族里的人、属于自己本排内的亲戚朋友都会给自己的牛敲锣打鼓，加油、呐喊助威，如果牛获得了胜利，亲朋好友就端来酒杯向自己敬酒，表示祝贺。而老年人则喜欢在斗牛场上边喝酒、边摆谈、边看热闹。这都说明了名为斗牛，其实是以斗牛之名，并借助于这一空间，实现了排内与排外的亲戚朋友之间的相聚，但同时也包含排与排之间的一种暗自的力量和能力的较量，如选牛时不选本排的牛作为打斗的对象，可能大家都想看一下排与排之间牛的较量。虽是如此，但牛与牛间的较量，其实也是在表征着排与排之间谁的土地产的粮食更多、谁更富有的较量以及哪里的男人们谁更有能力的隐喻等。

这样的草坝场斗牛，则是一种以世俗性娱乐为主的公共空间的实践过程，展示和建构这样的场域，以在一定程度上实现排与排之间的交流和社会关系的建立和互动。能来草坝场斗牛的群体和个人，实际上也把自己的群体归属于一个更大一些的蒙白人的社会空间结构之中，以便实现蒙白人的三个排这样的一个社会群的结构。在蒙白人的空间表征中，这样的更大的结群实际上也是存在的，而草坝场只是在一定程度上体现了这样的社会关系和群体结构。

在农耕社会中的斗牛，传统中有一个功能，即通过斗牛使优良品种得到筛选，以提高耕牛的力量和品质，进而推动农事发展和水稻技术的进步。这样的功能在传统的蒙白人的斗牛中应该也会得到实践，但在当下的斗牛中，这样的功能不是太明显，反而偏重于娱乐和男性力量的象征性表达。在蒙白人社会中，绣花的能力是女性的，而喂养一头能够斗牛的壮牛则是一个男性表现能力和力量的基本路径，这样的象征在今天蒙白人的斗

牛中依然存在，但这个空间表征在现实中还有另外的产出，这就是"打彩"（赌博）的出现。

在蒙白人的草坝场斗牛中，参与斗牛的或围观的，大多数都是押了注（押钱赌哪头牛胜）的。这也可以看作另一种草坝场上所展示的排间互动。

从正场和草坝场上的斗牛，可以看出，斗牛实际上是在"运动"的，在正场上的斗牛，斗牛双方都是本排内的，大家借斗牛名义聚在一起，输赢不重要，就是为了图个高兴、快乐，彼此之间加深一下感情，表现和梳理一下排作为一个群体的社会关系和意义。此外还有用来进行"敲巴郎"祭祖的斗牛，这时斗牛的输赢又存在人为的操作性（"敲巴郎"牛主选择看起来比自己的牛要弱势的作为对手），因此，本排间的斗牛是一次"有焦点的聚焦"[①]，这个焦点就是大家聚集起来聊天、聊牛、喝酒、高兴等。而草坝场上的斗牛，虽也有亲戚朋友间聚在一起，借斗牛名义，交流感情的意义在内，但因有来自外排的人和牛，所以无形之中就增加了"比赛"的意思。因为大家明白，"对外进行的比赛，有助于弥合不断发生在'内部比赛'中的同排人之间的分裂"[②]。所以可以说，无论是正场的斗牛，还是草坝场上的斗牛，所有的斗牛都与社会性相关。布迪厄曾经指出，"在观察社会空间的时候，首先必须看到建构这些社会空间的区分化原则，把这些原则当成观察社会结构的基础"[③]。正场上的斗牛是一场仪式空间中的本排内的展演，是一场展演性的聚集；而草坝场上的斗牛则更多体现的是排与排间的一种无声的较量。所以，正场和草坝场上的斗牛即可看作蒙白人在不同场域中进行的象征性实践活动，正场上的斗牛象征着排内是亲密的、均质的、互惠的，具有结亲倾向的婚姻集团关系，草坝场上的斗牛象征的是各排间则是充满较量的对立关系，也即是蒙白人的社会结构的体现。在正场的斗牛中，排内的社会关系和结构被表达，因为敲牛祭祖与排内所有的人相关，而排也就在正场的斗牛展演中被整合或者强调。从结构

---

① ［美］克利福德·格尔兹著. 文化的解释 [M]. 纳日碧力戈，等译. 上海：上海人民出版社，1999：484.

② ［美］克利福德·格尔兹著. 文化的解释 [M]. 纳日碧力戈，等译. 上海人民出版社，1999：497.

③ 高宣扬. 布迪厄的社会理论 [M]. 上海：同济大学出版社，2004：137.

第三章 斗牛场、斗牛与"排"的互动

性而言，排在正场中是一个比较小的超血缘的姻亲关系的社会结构，不是蒙白人社会结构的全部。

这种超血缘姻亲关系的蒙白人社会结构，在草坝场的斗牛空间中又被进一步扩大，包含了三个排。在排内，群体是平权的社会结构，没有任何小群可以居于所有群之上，所有的小群都是平等的，几乎没有任何竞争。但这在三个排一起出现的空间表征中，除了排与排的文化类型的共同性外，还具有相当的竞争性质，可以有胜利和打败、赢钱和输钱的概念和实践。

第三节 斗牛场、斗牛与"表征空间"的生产

在蒙白人的口传故事中，正场与草坝场两个斗牛场的来源、选址以及场主的选定，情形都是不一样的。为什么要斗牛，在表征上，蒙白人认为是娱乐、好玩，但在这样的空间中，其空间表征的性质不一样，表现的社会结构范畴也不一样，而且又有明确的规则和区隔，来表征一系列的区域性的社会关系和层次以及级别。

在本节中，笔者将从空间的角度来对两个斗牛场的性质、规则进行具体分析，以期解读斗牛作为"表征空间"所生产的社会关系。

法国社会学家布迪厄认为："社会空间是由人的行动场域所组成的，而由行动者在不同场域中进行象征性实践的社会空间才是社会的结构。也即社会结构是同从事象征性实践的行动者的'生存心态'（惯习）、同行动者在权力斗争和较量中所进行的各种不同类型的社会实践紧密联系。"[1] 在此，笔者所要探讨的是蒙白人斗牛这一行为实践，通过两种斗牛场对于所斗之牛的来源，斗牛的性质所做出的规定，而限定了两种斗牛场上的主与客。这种主与客之间的互动，不仅展现了自然寨内的家族内部之间的关系，也展现了排内建立在婚姻基础上的姻亲间的关系，以及排与排间的社会关系，这即是斗牛场作为"空间表征"所进行的构想性的空间的生产。"敲巴郎"时的斗牛中，所体现的是血缘家族关系和姻亲间的关系，而节

---

[1] 高宣扬. 布迪厄的社会理论［M］. 上海：同济大学出版社，2004：136.

日性的斗牛则展现的是排与排间的互相较量与竞争的关系,是斗牛作为"表征空间"所进行的象征性和体验性的空间的生产。"社会结构,是指在由制度即社会上已确立的行为规范或模式规定或支配的关系中,人的不断配置组合(关系)"①。所以蒙白人的社会结构则是由蒙白人在斗牛场上进行的斗牛实践中所表征的各种社会关系的不断配置组合。

以下即是斗牛场上的斗牛作为"表征空间"所生产的社会关系。

一、空间表征的"排内"与"排外"

从正场与草坝场上的斗牛情况和人与人之间的互动情况,我们可以得出,这即是蒙白人对公共空间进行的一种结构性的分布,它们的存在表征的就是一种三个排之间的共同属性和差异性。正场是以排为边界的"排内公共空间"(或称"单排公共空间"),这一公共空间对于别的排来说是有排他性的;而草坝场则可看作上、中、下三排都可以来斗牛的"排间公共空间"(或称"多排公共空间")。三排都有相同的斗牛场,斗牛场上有共同的斗牛禁忌,可以看作共同属于一个边界清晰的群体,但每个排又都有归属自己的斗牛场,这就表明这一群体又是由三个边界清晰的次级群体组成。可以说这是蒙白人在借助地域空间表达一种社会关系,也即是亨利·列菲弗尔所认为的"空间不仅被社会关系所支持,也生产社会关系和被社会关系所生产"②。用欧·奥尔特曼和马·切默斯的话来说,这表达的是一种"开放"和"封闭"意识,也即是一种"独处机制"③。他们认为这样的"独处"广泛存在于人们的社会生活中,而不同社会中的人们以不同的方式(行为机制),如语言、行为、仪式、习惯、物体、包括住房、村落、小区域等在内的空间,来对这种"独处"进行表现。如阿诺尔德·范热内普在谈道巴什基尔人的婚姻时,讲到当新娘嫁到新郎家的一年里,

---

① [英]拉德克利夫—布朗著. 社会人类学方法 [M]. 夏建中,译. 济南:山东人民出版社,1988:148.

② 包亚明. 现代性与空间的生产 [M]. 上海:上海教育出版社,2003:48.

③ 独处,指对接近自己的有选择的控制,也就是说人们(个人或群体)设法调整自己与别人或环境的某些方面的相互作用和交往。

新娘必须避开与公公正面相视;① 在笔者家乡院子内的大门前会修有"礼貌墙"。相对于墙来说，门是活动的，门在没有上锁的情况下，外人可以随意推开，但墙则推不动，因此有了墙以后，就弥补了门在阻隔家内人与家外人上所起的作用。在此处，蒙白人则是用斗牛场这一地域空间来表达这样一种"排内"与"排外"的社会关系。

那么蒙白人为什么要通过地域空间占有的这种形式，来表达这样的"独处"关系呢？首先，我们可以看出蒙白人对斗牛"正场"的占有，是一种地域空间所有权的体现，是代表对这一空间所占有的群体的一种神圣权利的象征，也即亨利·列菲弗尔所认为的"空间乃权力、知识等话语，转化成实际权力关系的关键……"② 上、中、下三排各有一个"正场"，他们以各排的"正场"只能由各排的牛在里面"踩场"和斗牛，来体现这种所有权。而在确定了自己的所有权地域空间后，在其上的斗牛这样的地域行为，又起到了加强群体认同的作用，如"印第安人会用图腾柱装饰来显示他们的集体认同。在西方近代史中，每年都要举行仪式以提醒人们农田周围和社区财产的界限。例如，在15世纪和16世纪的英国，每年的祈祷节仪式（后来叫界线勘察仪式）包括仔细重查一个村子的界限等等"③。

此外，蒙白人斗牛场中的"正场"，做出不允许其他排的牛在里面斗的规定，还可看作一种"排内"与"排外"的边界。也即是说，对地域空间的占有，是要将此群与彼群进行区别，所以斗牛不仅规划的是地域本身的界限，其实是在维护排内社会群体的界限。

二、空间中的私有地域与公共地域

同时我们也可以将"正场"这样的"排内公共空间"，称为是相对于

---

① ［法］阿诺尔德·范热内普著. 过渡礼仪［M］. 张举文，译. 北京：商务印书馆，2012：123.

② ［法］亨利·列菲弗尔著. 空间与政治［M］. 李春，译. 上海：上海人民出版社，2008：43-62.

③ ［美］欧·奥尔特曼，马·切默斯著，文化与环境［M］，骆林生，王静，译. 北京：东方出版社，1991：235.

其他排的蒙白人来说的私有地域①，而"草坝场"这样的"排间公共空间"，则可看作三排的一个有归属性的公共地域。一般进入占有者的场所，在大多数文化中都有明显的规定。如彼得森援引了1878年关于一次仪式的叙述，这是陌生人和信差接近澳大利亚土著居民营地时必须遵守的规定："信差在走近他要去送信的部落的营地时没有立即闯入他们独居的地方。他在离营地相当远的地方坐下，通常在可以看得到的距离范围内。他用树皮和树枝生起一小堆火，目的是用烟来表示他的到来，一刻钟之后，一个上了岁数的黑人向他走来，手里拿着一根火棍或一块一头点燃的厚树皮（这里可能指的是黑人吸烟的烟杆和用树皮卷成的烟卷）。信差向老人出示他的信物，老人检查之后就安排他去送信"②。表示出如果不执行这些表示尊重该群体及其界限的仪式，可能会导致公开的敌对和遭到攻击。在蒙白人的正场上，原则上只允许本排的人在里面"踩场、斗牛"，但如果是认的伙计（兄弟）、朋友，他们要"敲巴郎"祭祖，在遵守一定规则的前提下，也是可以拉牛在里面进行"踩场"。

2016年蒙白人的斗牛场上，来了一群既不属于下排这个区域、也不属于他们蒙白人的红毡苗。他们是观音村（现属龙里县谷脚镇）百样寨的，姓王的人家今年9月想要"敲巴郎"，所以要牵牛来"踩场"。听等鲊寨的老人讲，百样寨是红毡苗，与他们这种蒙白人是不一样的，在老辈子的时代是不允许的，但因为百样寨的红毡苗是从水罗洞（属龙里县金星村，与下排相距较近）逃荒跑过去的，中华人民共和国成立后分田土就落脚在观音山的百样了，而等鲊寨与水罗洞的人又是认伙计（兄弟）。李廷兴组长讲，俗话说"野狗咬野猫，一个咬一个"，"野猫认野狗，叫花子认朋友"，既然我们等鲊寨的蒙白人与水罗洞的红毡苗认兄弟、认朋友，大家就像亲兄弟一样，无论老人过世，还是娶媳妇都互相去吃酒，那我们与百样寨的红毡苗自然也是兄弟，是朋友，他们要拉牛来转场，我们没有道理不同意，当然他们

---

① 私有地域，由个人或群体所拥有，并为他们所专用，能被其他人明显地识别出是他们的。
② ［美］欧·奥尔特曼，马·切默斯著．文化与环境［M］．骆林生，王静，译．北京：东方出版社，1991：237．

第三章 斗牛场、斗牛与"排"的互动

也是提前就打听询问过我们寨子里的人的。在赶场的时候,他们遇到了我们等鲊寨的人,就问过这件事,最后经过商量,同意他们牵牛来"踩场",当时他们踩完场后,就回去了,没有参与斗牛,因为敲给老祖宗的斗牛,不在于输赢,当然赢了更好。

"草坝场"是上、中、下三排的蒙白人都可以来参加斗牛的"排间公共空间",也即三排的一个公共地域①,但即使是公共空间,它的使用者对于外人的使用也是表现出某种程度的控制权的。如来斗牛时也要实行邀约,而且要遵循规定,要杀败牛来祭场。据《定番州志》载:"当地苗族斗牛活动始于明永乐十九年(1421)。成化九年(1473),定番州改为程番府,始设考场,苗乡举行隆重斗牛活动以示祝贺。程番城内汉人刘伯伟挑选了一头声称'当今世上此牛为王'的壮牛,披红挂绿,击鼓鸣炮,以示富豪,准备参加斗牛赛。邻村苗民蔡大富,亦买一头膘壮牯牛与刘伯伟较量。斗牛那天,苗民击鼓吹笙,刘伯伟的牛败下阵来,蔡大富按预约规定杀了刘伯伟的败牛。刘伯伟不服,到州府告状,州官行其公正,打了刘伯伟五十大板。苗家斗牛得胜,又赢了官司,兴高采烈地牵牛进城。"②"1945年,在下排长舍寨的草坝场斗牛时,一头牛的牛角被打断,由于场主没有执行古规,将此牛当场宰杀,来祭场,以牛肉招待大家吃一餐,所以人们认为不吉利的事将会发生,结果只好弃之不要,改在原来场址的上方"③。所以草坝场的场址是一再地变动,可能都因为发生了他们所认为不吉利的事情。即使每次都有"通告""注意事项"之类的警示标语,但不吉利的事情还是常有发生。

蒙白人的斗牛是在一定的斗牛场实现的,从而也把斗牛场的分布作为区域的一种空间分布的依据,通过"正场"和"草坝场"上的斗牛表征了他们排内与排外的社会结构以及地域的私有与公有,实现了他们的"表征

---

① 只要他(她)遵守某些最起码的社会准则,几乎任何人都可以临时使用公共地域。但在此的草坝场,为蒙白人斗牛专用。

② 吴正彪等主编. 黔南苗族 [M]. 北京:中国文化出版社,2009:431.

③ 杨昌文. 龙里县中排乡和民主乡苗族考察记略 [A]. 贵州六山六水民族调查资料选编(贵州卷)[C]. 贵州省民族研究所、贵州省民族事务委员会编. 贵阳:贵州民族出版社,2008:119.

空间"的生产。在蒙白老人口中，常有多少个、多少个斗牛场的口述，这实际上是区域空间的习惯性边界的表达，斗牛场之内，就是蒙白人生存区域的空间表征，进而是蒙白人文化空间的认定。所以，斗牛场和斗牛，犹如"花园"和"坐花园"，也是蒙白人的空间表征和表征的空间。斗牛在斗牛场上展开时，斗牛场在地理环境中具有物理属性，在文化上它又是"空间表征"，在斗牛的过程中所展现出的排内间的社会交往和排与排间的互动关系，又是一种表征空间所生产出来的社会关系的体现。通过每年的"敲巴郎"祭祖时的斗牛活动，把排内群体的印记表露在他们所拥有的场所内，增强排内群体认同，表征的是一种"独处"的社会关系；而在"草坝场"的公共空间内，也调整着与其他排的人的交往，将自己排内牛的力大无穷、体格健壮展现给其他排的人，其实也展现了他们自己的威武和健硕，建立他们的个性和特色。"正场"就像一扇门将本排的斗牛关在了里面，而将外排的斗牛关在了外面，将本排与外排进行了阻隔，体现了一定地域的私有性，但是草坝场又如同一扇门在本排与外排之间建立了一个通道，实现了本排斗牛与外排斗牛的联结，超越了这层阻隔，使得他们在草坝场这一空间范围内被联结起来，展现为一种更大的区域社会存在关系，确立了自己作为蒙白人的明确的文化和社会边界，表征的是所有蒙白人的公共地域。所以我们可以说，"各种文化间的不同不是存在或不存在独处调整的能力，而是各种文化用以实现它们的成员之间不同程度的交往的特殊机制"[①]。

---

① [美] 欧·奥尔特曼，马·切默斯著．文化与环境 [M]．骆林生，王静，译．北京：东方出版社，1991：151．

第四章 "跳园"与排内排外的社会整合

公共性、聚集性是仪式典礼最显著的特征，……行礼的时候，常是影响了整个部落，集中了所有的精神气力。[①] 亲朋相会、尽情欢乐，已故的亲属也要回来参加，与活人在一起执行礼仪，分享欢宴，而达到全地方总动员，协和一致皆大欢喜的程度。同时，这样的典礼与区域性社会的定期整合和边界的强调有关，并且在这样的聚集性典礼中实现某种文化空间的表达和再生产。蒙白人的跳园就是这样的聚会，并且在居住地极为分散和外族群体密布环视的社会情形下，他们的跳园在保持自己的人群文化和人口繁衍上意义尤为重要。

第一节 蒙白人的"跳园"
——"圣地"[②] 上的敬畏与欢腾

"跳园"，是蒙白人青年男女进行的节庆时的"太多果"（指节庆时

---

① [英] 马林诺夫斯基著. 巫术、宗教、科学与神话 [M]. 李安宅, 译. 北京：中国民间文艺出版社, 1986：37.

② 葛兰言认为, 圣地是季节节庆活动定期举行的地方，这些地方的神圣性来自"在山川附近集会的地方共同体使得由季节节庆所激发的神圣力量的原理在这些地方生效，这些共同体代代都在这些地方实现他们的重新团结。"见 [法] 葛兰言. 古代中国的节庆与歌谣 [M]. 赵丙祥, 张宏明, 译. 广西：广西师范大学出版社, 2005：161-169.

的谈恋爱、谈朋友）活动，与"坐花园"和"跳米花月"比较起来，其规模之大，绝不仅是"太多果"所能概括的。据笔者两次的参与观察经历来看，在"跳园"现场参与"跳园"和观看"跳园"的人有四五千人之多。蒙白人现有人口 1 万人左右，试想一个群体的一半人都聚集在一起参加一个活动，我们足可以说，这是一个群体的聚会。当然不排除像我这样的外来群体的参与，但主体还是蒙白人，因为文化的认同和自觉决定了外来群体不会太多。虽然如此，但因为"跳园"的公开性，还是使"跳园"广为外人所知的。

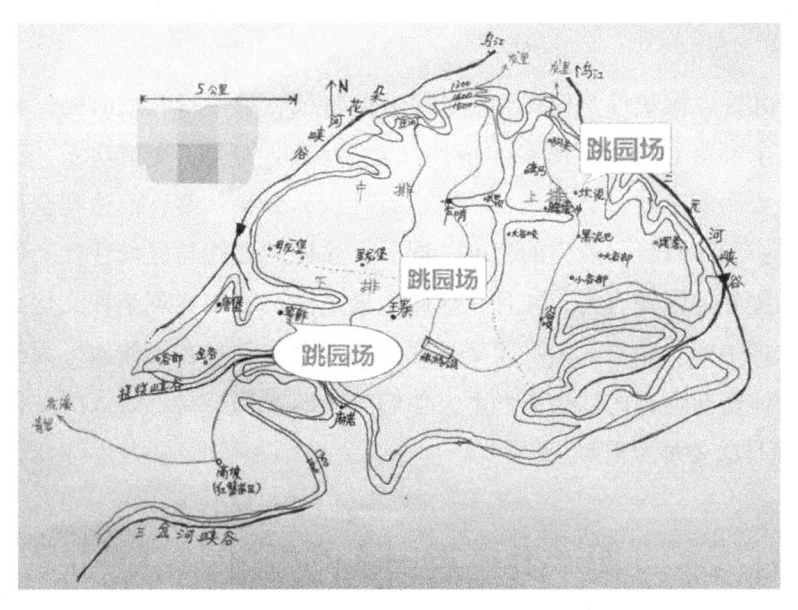

蒙白人聚居的上、中、下三排"跳园场"分布示意图

"跳园"，是蒙白人于每年正月间开展的节庆仪式性活动。在当地又被称为"跳大园"，按时间先后和分批次所举行的时间与地点在前面章节中已有介绍，在此则不再赘述。但蒙白人的"跳园"既包含了这些天在上排、中排举行的一系列的"跳园"仪式和活动，又是下排最后"跳园"的所指，因为蒙白人的"跳园"要在下排的"跳园"中有最后的仪式活动，而这些仪式和活动在空间上包含了上排和中排的群体。

在这些天里，各个寨子上的男女老少都会穿上漂亮的盛装来到当地的

第四章 "跳园"与排内排外的社会整合

"跳园"场上过节。不过只有青年男女在场内跳,其他的长辈则站在场外看。在活动一开始有身穿红(黄)袍的大师傅手端"敲巴郎"祭祖时的牛角进行的"踩场"仪式,随后才是男女青年进行的"跳场"活动,也可以说跳园由两部分组成:踩场和跳场。①

在哲学上,空间和时间表达的是事物存在的基本属性,表达着事物的演化秩序。"空间和时间是一切实在与之相关联的构架。我们只有在空间和时间的条件下才能设想任何真实的事物"②。这些都揭示出了物质与空间和时间的关系。而对于仪式,也是时间和空间的展示,"仪式在时间和空间上的展示自成体系,自成格局"③。在仪式实践中,空间和时间营造出了一种不同于以往的神秘气氛,构建了一种神圣的时空,在这一神圣时空内,人们则是进入了一种不同于以往日常生活的时间和空间之中。蒙白人的"跳园"仪式就是这样的神圣时空,是一种文化空间,而对于人们在"跳园"仪式这一神圣时空和文化空间内的行为实践,我用圣地上的敬畏与欢腾来表现。

一、"圣地"上的敬畏

当地的"跳园"是分三个时间相继在三个排举行,其仪式内容大致相同,现以2014年正月初十在下排举行的"跳园"作为代表。

"踩场"——"圣地"上的敬畏

---

① "跳园"时的"踩场"和斗牛时的"踩场"有一定的区别,"跳园"时的"踩场"是指身穿红(黄)袍的大师傅手端"敲牛朗"祭祖时的牛角在"跳园"场内转三圈,斗牛时的"踩场"则是指牛主人牵着头顶戴花、身披被单和腰带的牛在斗牛场上转,虽在形式上有一定的区别,但都有空间所有权、空间神圣性,以及与祖先进行沟通进而获得祖先的保佑这样的意义在里面。
② [德] 恩斯特·卡西尔著. 人论 [M]. 甘阳,译. 北京:西苑出版社. 2003:54.
③ 彭兆荣. 人类学仪式的理论与实践 [M]. 北京:民族出版社,2007:314.

下排的"跳园场"在下排的跳园冲寨（自然村），但场主却是位于山顶上的等鲊寨（自然村），因"跳园场"的场地所占的地盘是等鲊寨的，不仅如此，"跳园场"周围有很多田土也都属等鲊寨的蒙白人所有。据等鲊寨的陈廷忠老人讲，"跳园场"原是他们陈家的，在民国时期，其父亲还向"上头"交过土地税，原是有交税单子作为凭证的，但后来其父亲去世后，单子也找不到了，现在"跳园场"属于他们等鲊寨，管事的人是李廷兴组长。

2014年正月初十，下午一点多的时候从山顶上走下来了一群人，走在前面的几个人身穿红袍和黄袍，最前面的一个人敲锣，后面5个人手里端着牛角，在他们之后还有一群穿着民族盛装的年轻小伙子和姑娘，他们从高山上沿着"之"字形路走了下来，随后进入"跳园场"地。"跳园场"位于群山环抱之中，周围是层层的梯田，相当于在一个盆地的中央。首先是穿红袍和黄袍的人敲着锣、端着牛角围着场地转三圈，进行祭祖和祭场仪式，接下来由等鲊寨的年轻小伙子吹起芦笙在场内转三圈，然后其他寨子的小伙子才吹起芦笙加入进来。据当地人讲，在"跳园"期间，必须先由场主寨上的人先在场内跳三圈，这是不得违反的，如果场主没有先跳，其他寨上的人先跳了，就会有人死去，这要拿"七仓牛干巴、七仓蚂蚱"来解，才能避免灾祸的降临。

我们从"跳园"场地上，场主寨上的人先跳，而外寨的人后跳的规定，可以看出这是一种对土地所有权和优先权的体现，这与"建寨始祖"崇拜有关。F·K.莱曼认为，在东南亚北部以及中国南方和西南地区的民族都存在着"建寨始祖"的观念，这一观念认为，土地最早和最终的拥有者是一些自然之"主"，而土地的初次开辟者和定居者必须同这些"自然之主"订下某种契约协议，该契约规定，人必须适时以供物、祭品敬奉自然之主，以保持沟通，并遵守相关禁忌让"自然之主"满意，以换得人拥有这片土地的权利，而且，土地开辟者的后代也将继续这份土地所有权。[①]

[①] ［英］F. K. 莱曼著. 郭净译. 建寨始祖崇拜与东南亚北部及中国相邻地区各族的政治制度 [A]. 王筑生主编. 人类学与西南民族 [C]. 昆明：云南大学出版社，1998：191.

第四章 "跳园"与排内排外的社会整合

蒙白人的"跳园场"的开辟者也像是与"跳园场"这片土地的"自然之主",定下了拥有这片土地并享有支配权的契约一样,这一契约在每一年的"跳园"仪式中不断地确认与强化,被所有蒙白人所认可。如果谁违反了这一契约规定,那么违反的人将会被施以惩罚,由此,蒙白人对之产生"敬畏"心理。而且这样的敬畏心理还在一系列的规约和禁忌中被强化,比如"七仓牛干巴、七仓蚂蚱"这样的话语,既可能是一种恐惧的传说,也可以是世俗的惩罚规约。从"跳园场"作为"圣地"的角度来看,这又体现的是一种对"圣地的敬畏",以及圣地上对规则、秩序、权力、惩戒的表征。关于"圣地"葛兰言曾指出,"古老的中国节庆活动之所以选在田野间山麓或河边,是因为这些地方是自然秩序的统治者,是自然界中的圣地"[①]。在本书中,蒙白人的"跳园"场地,位于寨子边上、田野之中、群山环抱的乡野间,蒙白人选择这里,因为这是他们心中的"自然圣地",虽然这是场主的选择,但也是被所有蒙白人所认可的,成为祖祖辈辈都选择的地方,不仅"建寨始祖"观念得到传续,也成了与祖先保持沟通的神圣之地,所以在祖辈选择的地方来"跳园",又体现出这里是"精神圣地",认为他们祖先的灵魂于此有最为直接的联系,这将在下文"'敬畏'——文化认同的表征"中具体阐述。所以蒙白人聚集于此,表面上看是活着的人的聚会,而实际上也表达了与自己祖先的相聚,表达的是对于祖先的敬畏。

群山环抱中的跳园场(左图为从高处俯瞰的远景图;右图为近景图)

---

① [法]葛兰言著. 古代中国的节庆与歌谣[M]. 赵丙祥,张宏明,译. 桂林:广西师范大学出版社同, 2005: 161-169.

147

为什么会把"跳园场"的存在与对祖先的敬畏联系起来,除从"建寨始祖"的角度考虑外,还与祖先崇拜有关。对于祖先的崇拜即是相信祖先有保佑、恩泽以及惩罚活着的人的能力,因此活着的人对祖先存在敬畏,并对祖先有祭祀的责任,如果没有按时祭祀祖先,忽视祖先,忘记了祖先的恩德,或是没有按照祖先所规定的程序来做,那么作为惩罚,祖先的神灵就会让活着的人生病或者发生不幸的事在其身上,这也可以说是拉德克利夫-布朗所认为的,崇拜者与祖先之间的一种"依存感"[①],因此在代表着"祖先"的"跳园场"上,一年一度的"跳园"中都有祭祀祖先的环节,以及相应的规则与程序。如果违反了这一程序,就是触犯了祖先的禁忌,那就必须要花很大的气力来请求祖先的原谅,如在蒙白人中是要"拿七仓牛干巴、七仓蚂蚱来解",才能避免灾祸的降临。

此外,代表场主的本寨(自然村)上的年轻小伙子先在"跳园"场地上跳三圈,其他寨(自然村)上的小伙子才能进来跳,这是一种优先和特权的表现,其行为实践背后隐藏着一种精神机制,那就是对祖先行为的模仿,这一行为实践是从祖先那里传承下来的。在有关祖先黑人庆的传说故事中,大家在黑人庆跳之前,天空阴云密布、雨淅淅沥沥下个不停,但在黑人庆朝着大家相反的方向跳了后,天空立刻放晴了。在此,我们可以说蒙白人是将场主寨(自然村)上的小伙子寓意为祖先黑人庆,无论在哪个排的跳园场上举行跳园,那个排的场主寨(自然村)上的小伙子都寓意的是祖先黑人庆。年轻小伙子跳园时穿的黑袍、所披的"挡箭牌",当地蒙白人认为这是祖先黑人庆的装扮,他们是以这种方式在纪念自己的祖先。如从传说故事中体现的那样,由祖先黑人庆先跳了后,天空放晴来看,那么由表征着祖先黑人庆的场主寨(自然村)上的小伙子先跳,其实就是对好天气、好收成的预示。因为只有如此做了,才符合祖先所规定的程序,也才会有好的天气,进而来年有好的收成。所以也可以认为这是一种对祖先所规定程序的遵守,是对祖先敬畏的表现,是仪式权威和传统权威的共同表达。

---

① [美] 杰里·D. 穆尔著. 人类学家的文化见解 [M]. 欧阳敏,邹乔,王晶晶,译. 北京:商务印书馆. 2009:174.

第四章 "跳园"与排内排外的社会整合

"跳场"——圣地上的欢腾

二、"圣地"上的欢腾

在祭场和祭祖完毕后,由场主寨(自然村)上的小伙子先进场来跳三圈,接下来其他寨(自然村)上的年轻小伙子就可以进场来跳了,而年轻的姑娘则三五成群的围在场外,密切注视场上的小伙子,若是见到自己中意的小伙子,便以横队形式进场来到小伙子面前,随着小伙子所吹的曲调,边走边舞,各成行列,随着芦笙的旋律、节拍,缓缓踱步。在我们外人来看,一直保持着小伙子在前面边吹芦笙边舞,而姑娘们则随着芦笙的曲调跟在后面保持着舞步,徐徐向前。因为每个姑娘的两只手里都拿着一张绣帕,所以手上和胳膊上没有多余的动作。场外站着的是家长们,有父母和兄嫂也有爷爷奶奶,不过以女性居多,男性则更多的聚集于另外一个场地——斗牛场。女性们站在场外,关注着自己的孩子,也关注着别人的孩子,一方面怕自己的孩子饿着、渴着,所以拿着干粮和水在场外等着,还有当她们看到孩子们的头饰快掉下来了,就上前帮忙扎紧;看到自己孩子身上的吊穗装饰与别的孩子的吊穗缠在一起了,赶快跑上前去帮忙解开;另一方面是在为自己的孩子寻找对象。可以说,在这样一个盛大的节日仪式里,人们几乎是倾巢出动。

从以上对跳园场的现场描写,可以看出,这体现的是"圣地上的欢腾"。在前面,我们已经提到跳园由"踩场"和"跳场"两部分构成,"踩场"体现的是圣地上对祖先的敬畏,"跳场"则体现的就是圣地上的欢腾。这类似于巴赫金的"狂欢节","狂欢节就其意义来说是全民性的,无所不包的，所有的人都需加入的亲昵交际"①。因此，在跳园场上，无论场内和场外，参加跳园的与观看跳园的，实际上，是没有"演员"和"观众"之分，因为"狂欢节不是一个为人们观看的场景，人们在其中生活，人人参与，因为狂欢节的观念包容了全体大众"②。与狂欢节紧密相连的一个概念是"公众广场"③，在狂欢节时，公众在广场上举行节日宴会，而蒙白人在跳园场上进行的跳园，对蒙白人来说，也是全民性的，是人们进行狂欢的场合。

在第一天下午也即正月十一那天下午，跳园快结束时，客寨的小伙子会换上黄绸大袍在场内跳，而场主寨上的人，则会争先恐后地来到场上"抢"那些穿黄绸大袍人的黄袍，谓之"拖客认亲戚"，也即将客人拖到自己家里，就是亲戚了。黄袍被抢去了，也只好就去抢走黄袍的主人家里做客，而被抢的小伙子的父母姐妹以及朋友也会一起来到主家。来到主家后，青年小伙子会先吹着芦笙于堂屋中绕几周，向主人家表示祝贺并感谢主人的盛情招待。在主人家吃过饭后，接着又到下一家表示祝贺，而主人家等一批客人走完，会再接待下一批来自己家表示祝贺的客人。这些客人与主人间的关系，并非都是姻亲关系，但其中必有一个人与主家是姻亲关系，只要其中这个与主人家是姻亲关系的人的黄袍被抢去，与之同族、同自然寨的，或不同自然寨但平常关系好的伙伴都会结伴一起去，所以即便以前互不认识的陌生人，经过这次到主家做客，相互间也就熟悉了，就像是亲戚一样了。如果在本寨的亲友已经走完，又会跟随别人到别寨的亲友家去祝贺。在这几天里，举办跳园的这一排的各家客人都是络绎不绝，亲友不断，"跳园场"周围的苗家寨子，到处充满着一派节日的欢乐景象。这即是在跳园期间，通过"拖客认亲戚"生产出来的非姻亲、非血亲的社会关系，可以理解为蒙白人跳园的"表征空间"的生产，也是蒙白人社会

---

① [美]刘康. 对话的喧声——巴赫金的文化转型理论[M]. 北京：北京大学出版社，2011：188
② [美]刘康. 对话的喧声——巴赫金的文化转型理论[M]. 北京：北京大学出版社，2011：186
③ [美]刘康. 对话的喧声——巴赫金的文化转型理论[M]. 北京：北京大学出版社，2011：186

第四章 "跳园"与排内排外的社会整合

关系的延伸与扩展，姻亲关系缔结的可能性、人群认同等一系列社会关系都会被生产出来。

于此，在"跳园"期间的"公众广场"① 不再局限于跳园场地的那块圣地，已经延伸到蒙白人居住的寨子，在这几天内，人们可以纵情高歌、开怀畅饮、串亲戚、结朋友、交流感情、增进友谊。将日常生活中没能做的、受限制的，汇集于同一场景中集中展演出来。

如同下排的"跳园"，上、中排举办"跳园"时也是如此。像笔者这样的外人，既不是当地的蒙白人，在当地也没有亲戚朋友，但笔者如果到了寨子上的哪一家，主人家都会像款待自己的亲戚朋友一样热情地招待你，将我们也带入了他们的"公众广场"。这种开放性的"公众广场"空间，为蒙白人社会的建构和发展开辟了许多通道，让许多族内的人可以有机会深入到血缘姻亲的群体中来，也可以接纳更多的外来个体和群体，成为蒙白人的新的社会组织结构。

第二节 "跳园场"上的文化认同与互动

一、"敬畏"——文化认同的表征

在蒙白人的心中，"跳园"场地是他们蒙白人的祖先祖祖辈辈就在这里聚会的地方，他们与举行集会的地方之间有着紧密的联系。这一联系就是他们将这些地方认作祖先聚集的地方，是一块"圣地"，被蒙白人所敬畏。而这神圣性就来自"跳园场的神性"这则神话故事里所讲的"蟒蛇"。

---

① "公众广场"，是巴赫金的对话理论中与"狂欢节"紧密相连的一个概念，"公众广场"是狂欢节举行的场所，民众自发聚集在广场上，尽情地享受着自由和平等。本书中的"公众广场"不仅指蒙白人跳园时的跳园场，而且包括了跳园期间对客人进行宴请的场主寨子。虽然在寨子内是以家户为单位对外寨客人的宴请，但与寨子上的人家无论有无亲戚关系，只要客人来了，主家都会热情招待，这也表达了"一家的事情就是全寨子的事情"的含义，那就是"属于一家的客人也是全寨子的客人"，因此，从另一个层面来说，也可以看作一种"全民的狂欢"，那狂欢的场合就是"公众广场"。

1. 跳园场的神性——"蟒蛇"① 的隐喻

以前我们在燕楼、党武（现为贵阳花溪区的两个乡）那边是"望牛打场"兴跳园的。迁徙来到这边后，我们这个种族如果不兴跳园，不"望牛打场"也不得（没有）意思。过去跳园场是在塘堡寨的下面坝子上。我们等鲊寨的老祖陈福才（音译），人聪明且有本事，还长得帅气，也到塘堡寨去跳。他一吹起芦笙，七八排的姑娘就来了，而塘堡新寨有个叫赖蛇的人不管怎么吹芦笙，都没有姑娘过去。于是他们就埋怨我们等鲊寨的老祖一吹芦笙就把姑娘吸引跑了，他们得不到姑娘，所以就要把我们的老祖撵走。于是我们的老祖就走了，姑娘也跟在我们家老祖后面来了。来到现在跳园冲的坡头跳了几年后，塘堡寨的人又说，那也是他们的地盘。并对我们的老祖说："如果你们要跳园，就回你们等鲊寨去跳。"于是我们就在现在坡脚下面的那一大片土地上跳了。

现在跳园的这个地方，以前是一个水塘，里面住有一条大蟒。这个水塘一年365天都没干过水。我们王家的一个祖先当时有一块田在下边，这条大蟒经常来这块田糟蹋粮食，于是这个老祖就趁大蟒不注意，把它给打晕，然后用耙子把大蟒钉在一棵树上，然而这条大蟒13天都不死。最后大蟒死后，水塘也自然而然就干了。大家就叫这个塘子为"邦地落"（苗语，意为一口塘自然会干、沉下去），水塘的水干了后，那个地方就成了一个窝窝。以前大家是在坡脚下面的那一大片土地上跳的，看到水塘变干后成了一个窝窝，就说我们在这里跳可能会更好，于是我们就从那一大片土地上搬到这个窝窝来跳，从此就一直在这里跳了。如果下大雨，这个窝窝是不会被淹的，中间如同一个漏斗，雨水会漏掉，这可算是块宝地呢。②

---

① 这则关于跳园场的神话故事，为下排等鲊自然寨的人所讲，在上排和中排，笔者也走访了多个寨子的老人，他们均否认有关于同下排一样的跳园场传说故事，而且对他们自己排的跳园场是否有其他的传说故事，均表示没有或没听过、不知道。

② 2014年2月15日，正月十六，下排等鲊寨，讲述人：王光兴（60岁，大师傅，蒙白人）、王光林（65岁，大师傅、蒙白人）、李廷湘（50岁，蒙白人）。

第四章 "跳园"与排内排外的社会整合

从这则关于跳园场的神话传说中,可以得出,蒙白人的跳园场地是几经周折,才被祖先选中的。跳园场先是在塘堡寨的坝子上,后又转到跳园冲的坡头、等鲊寨的坡脚,最后才到了今天的这个地方。从传说中,我们可以看出,跳园场的一再变动有两个因素:一是以"能否吸引姑娘"作为标准;二是场地位于田野之中、平坦的洼地。第一个因素直接呈现出的是跳园所要表达的意义和功能,这在上文"圣地上的欢腾"中已有呈现;第二个因素则用一条"大蟒"暗示了跳园场的神圣。蟒蛇因其生理特征:贴地前行、快而无声、蜕皮重生、繁殖力强等,常为人所畏惧和膜拜,因此,在世界不同地区的神话故事里,"蟒蛇呈现出的是相互交织且矛盾的多重形象:或是被视为神灵,被人们加以膜拜;又或是作为图腾,被人们所信仰;又或被当成邪恶的符号,令人畏惧"[①]。而在这则传说中明确表达了蟒蛇糟蹋人类的粮食,所以其是作为邪恶的形象为人类所痛恨的,因此结果是被人用耙子钉死,但蟒蛇所住的水塘在它死了以后,水自然干了,则又说明了蟒蛇的神圣性。因此在此所表现出的是对蟒蛇神圣表示膜拜,又对蟒蛇的邪恶表示畏惧的矛盾心理,所以人们用行动来表达即是,将蟒蛇认为是神圣的并不是指人们就必须供奉膜拜,人们可以将这份神圣"借"过来,就如同英国人类学家弗雷泽所说的"交感巫术"[②],以及中国神话系统中所讲的"感生神话"[③],蟒蛇具有很强的繁殖能力以及人们所认为的旺盛的生命力[④],而人们若在蛇住过的地方跳园,那蛇的栖息地将会把蛇所具有的能力传递给人。此外,在我国古代的一些神话传说中,蟒蛇

[①] 卜会玲. 神话中的蛇意象研究 [D]. 西安:陕西师范大学,2011:3.

[②] "交感巫术",分为模拟巫术和接触巫术,这里所讲的是接触巫术,指事物一旦互相接触过,它们之间将一直保留着某种联系,即使他们已相互远离。见 [英] 詹姆斯·乔治·弗雷泽著. 金枝 [M]. 徐育新,汪培基,张泽石,译. 北京:大众文艺出版社. 1998:57-58. 在此,则是指蟒蛇旺盛的生命力与强大的繁殖能力与其所居的地方间的联系,被当地人认为蟒蛇的这一能力会通过它所居的地方而传递给人。

[③] "感生神话",或称贞洁受孕神话,是女子(通常为处女)身体接触某物,或者意念涉及某物而受孕生子的神话。见向柏松. "神话与民间信仰"[J]. 中南民族大学学报(人文社会科学版),2010(1). 在此则是指,青年男女在传说中的蟒蛇曾经所居的地方"跳园",会感染蟒蛇旺盛的生命力与强大的繁殖能力。

[④] 人们常说,人死就如蛇蜕皮,蛇的这一生理特征,被人认为是蛇有死而复生的能力,因此它的这一能力成为人的一种向往。

常作为权力、"王位"的隐喻，成就了许多英雄帝王的霸业。如在《山海经·海内经》①中提到的一位名叫延维的蛇神，人主对其加以奉食祭祀，而后取得了天下。汉高祖刘邦也有斩白蛇，建立西汉王朝的传说。据《史记·高祖本纪》中记载，刘邦路遇白蛇而杀之，后又得到老太太哭诉赤帝之子杀了他儿子白帝之子的暗示，随起义造反，建立西汉王朝。因此，在这则传说故事中叙述蒙白人的先祖将蛇杀死，得到了这块宝地，我们可将其看作蒙白人通过关于蛇的这则传说故事，来证明其跳园场的神圣性，也即是说"神话作为神灵形象、神灵观念、神灵仪式的解释性故事，为民间宗教活动提供了神圣的依据"②。马林诺夫斯基也说："神话论述了寓于社会群体的制度与活动中的根本现实，它论证……巫术信仰的可追寻的模式……"③

但从另一方面也体现出跳园场的古老性，祖先自从选中这块宝地后，祖祖辈辈就一直在这里跳，至今都未变动。所以也可以说，是神话成为蒙白人举行跳园仪式的根据，而跳园这一仪式也使这一神话得到了体现，使神话成为蒙白人文化中的有机组成部分。如同马林诺夫斯基所说的："神话的作用在于它能巩固传统，它通过追溯原始事件中的更高、更好、更超自然、更有效的初始事件的真实性，从而赋予传统更大的价值与威望"④。也正因为有这样的跳园场来历的传说，下排每年的跳园来的人最多，也最热闹。总之，能够一直选择在此地跳园，一则可以说此地的确与传说中的一样，是一块风水宝地，是一块圣地；二则可以说是与祖先进行交流的最好地方。所以在跳园活动一开始，会有穿着红袍的大师傅、鼓师、芦笙师⑤，端着牛角的祭祀。

---

① [清]郭璞传，山海经笺疏：卷18·海内经："有人曰苗民。有神焉，人首蛇身，长如辕，左右有首，衣紫衣，冠旃冠，名曰延维，人主得而飨食之，伯天下。"

② 向柏松．神话与民间信仰 [J]．中南民族大学学报（人文社会科学版），2010（1）：151-156．

③ [英] B. 马林诺夫斯基著．金泽，宋立道，徐大建，等译．巫术与宗教的作用．史宗主编．20世纪西方宗教人类学文选 [C]．上海：上海三联书店，1995：96．

④ [英] B. 马林诺夫斯基著．金泽，宋立道，徐大建等译．巫术与宗教的作用．史宗主编．20世纪西方宗教人类学文选 [C]．上海：上海三联书店，1995：83．

⑤ 可以将这三个角色，形象地称为是蒙白人的三个班子"，他们在祭祖和超度亡人做"仪式"时，缺一个不可。

第四章 "跳园"与排内排外的社会整合

其中的大师傅、鼓师、芦笙师身穿红（黄）袍、手端牛角这样的装扮，表面上看是对蒙白人的神话传说中的祖先行为进行的模仿，但实际上是在表达一种对祖先的敬畏，这在下面的两则神话故事中有体现。

2. 穿红（黄）袍和端牛角——现实需要的隐喻表达

在很早以前，我们苗家要"敲巴郎"来祭祖，"巴郎"的前腿每次都要送给皇帝。但我们这里离皇帝住的地方远，路上要走的时间长，有时要走半年才能到，时间一长牛肉就腐朽了，就不好吃了。皇帝见到此情况就讲，你们的好意接受了，但以后你们就不要送了，你们觉得哪个为大就送给哪个。从那以后，我们就把"巴郎"前腿就送给外祖父、外祖母，因为苗家认为外祖父、外祖母为大。而皇帝为表彰我们苗族的诚意，就给男的送了一件红袍作为礼物，从这以后，我们这种族的男人就穿红（黄）袍了。我们的苗王黑人庆穿着皇帝赏给的红（黄）绸衣在打仗时很勇猛，经常获胜。①

所以男人穿红（黄）袍这样的习俗，被他们认为会像祖先一样，事事顺利，同时也表征着这是皇帝的恩赐。

而端牛角则也与我们苗家"敲巴郎"有关。"敲巴郎"除祭祖外，还可以求子，一些人家结婚好多年，没有生长的，在"敲巴郎"的年份也可以买"巴郎"来敲，因为这是"伏羲姊妹制人烟"告诉我们的……②（因关于"伏羲姊妹制人烟"的传说，在上一章斗牛中已有叙述，故在此省略。）

---

① 2014年2月15日，正月十六，下排等鲊寨，讲述人：王光兴（60岁，大师傅，蒙白人）、王光林（65岁，大师傅，蒙白人）、李廷湘（50岁，蒙白人），除蒙白人男性盛装为红、黄或杏红的连衣大袍子外，高坡的红毡苗男性也是如此，在罗康隆的"文化调适的个案分析——明代黔中苗族因军事冲突诱发的社会生活重构"一文中，通过对文献资料的分析，认为男性的大袍子衣服与明末"奢安之乱"有关，本来是明军强迫他们挂黄旗，穿黄衣以示归顺朝廷，结果黄色大袍子被黔中苗族内化为一种仪式性的装束，"跳园"时候穿着，丧葬仪式时和敲牛祭祖仪式时大师傅念咒穿，且后世还流传皇帝赐黄绸衣这样的故事。

② 2014年2月15日，正月十六，下排等鲊寨，讲述人：王光兴（60岁，大师傅，蒙白人）、王光林（65岁，大师傅，蒙白人）、李廷湘（50岁，蒙白人），这则关于乌牛祭天、人口繁衍的传说故事，也存在于上排和中排的蒙白人之中。

在此他们端着"敲巴郎"时留下来的牛角，无论是祭天，还是祭祖，其实表达的是对祖先所具有的权威力量的敬畏，祈求祖先保佑人丁兴旺，因为祖先可以看作一种兼诅咒和保佑并存的规范。

在上一节"圣地上的敬畏"中，所表达的对于祖先的敬畏，在这两则传说故事中得到了体现。黄帝赐给先祖的红（黄）袍，成为先祖战争中取得胜利的保障，而蒙白男人在"跳园""踩场"仪式环节穿上红（黄）袍，既是表达他们对先祖的信仰和敬畏，也是想获得祖先的保佑；端着"敲巴郎"祭祖时留下的牛角，则是想在"跳园"仪式里再一次表达对人丁兴旺的企盼。跳园场的神圣性是蟒蛇留下来的，蛇的繁殖能力以及旺盛的生命力是蒙白人所渴求的，本身"敲巴郎"祭祖就有求子的意愿在里面，但在神圣的跳园举行时，将"敲巴郎"祭祖时的牛角再一次呈现出来，则是对这一愿望的加深，以及对求子更多了一层保障。而基于此，我们也可以说"仪式……经常是对社会的基本需要而做的某种象征性的戏剧化表演，这种需要有可能是'经济的''生物的''社会的'。无论其是否表现为公开的仪式做法，神话都是对这些需要的理性说明"[①]。

3. 本寨人"跳开场"——寻求秩序"合法性"的策略

在踩场祭祀完毕，开始跳园的第二个环节——年轻人的跳场开始之前，要由代表本寨的年轻小伙子进行的开场仪式，随后其他寨子的小伙子才可以加入进来跳。而这一仪式行为，与苗王黑人庆在跳园场上"从右向左顺时针转的来历"有关。

> 苗族老人杨洛的女儿与黑人庆谈恋爱，但女儿不小心撞上老虎被大老虎咬死了，黑人庆为给自己的恋人报仇，将大老虎杀死了。黑人庆杀死大老虎后，由于当时走得急，将自己的一只鞋落在了那里，于是杨洛就召集众人到"跳园场"来"跳园"并试穿这只鞋，看是谁为自己的女儿报了仇。等了十一天还是阴雨绵绵，浓雾弥漫，到第十二天早上，黑人庆的妹妹唤醒黑人庆起来梳洗，去参加"跳园"。黑人庆梳断了七把银梳，头发都梳不顺。最后妹妹用木梳给黑人庆哥哥

---

① [英]克莱德·克拉克洪. 金泽，宋立道，徐大建等译. 神话和仪式：一般的理论. 史宗主编. 20世纪西方宗教人类学文选[M]. 上海：上海三联书店，1995：166.

第四章 "跳园"与排内排外的社会整合

梳,很快就梳顺了。黑人庆穿好衣服来到"跳园场",看到大家都是从左到右逆时针绕场"跳园",他则变换方向从右到左顺时针转,突然,天空晴朗,万里无云。从此,"跳园"就按照从右到左顺时针的方向转了。①

先由场主寨上的人来"跳开场",这一习俗的传承,同样表达的是对祖先的信仰和对权威的敬畏,既是在对祖先行为进行模仿,也是对规矩、秩序的一种认可,因为"神话是陈述荒古的实体而仍活在现代的生活者,可因前例而给某种事务以根据,也可使人有古来的榜样而有道德价值,社会制度……"②在神话传说中"从右到左顺时针转"的开始,预示着好天气,好收成。也即是说"神话与仪式提供了系统的保护,使人免受超自然危险、疾病和自然环境的威胁"③。但如果不按照此规矩行事,不仅庄稼收成没有保障,还会对违反的人有所惩戒,用当地的话说即是"会有人死去,要拿'七仓牛干巴、七仓蚂蚱'来解,才能避免灾祸的降临"。所以,"我们的神话活在我们的典礼、我们的道德里面,而且制裁我们的行为、支配我们的信仰……"④ 这对于靠天吃饭的蒙白人来说,庄稼取得丰收是他们最大的心愿,对秩序的违反得到的惩罚也是他们无法承受的,因此这样的秩序必定深入心中,而且对于祖先的信仰和敬畏将不仅对人们的行为进行约束,而且也将对地方性的道德认同起到形塑作用。

那人为什么要信仰祖先,并与祖先进行交流,其实就是在上文中所提到的祖先崇拜的原因。祖先虽然是过去的、已经去世的人,而就在仪式中,人们认为祖先仍然"活"在他们的生活中,并且认为祖先有超能力,能够影响他们的生活,如保证风调雨顺、五谷丰登、子孙繁衍、人丁兴

---

① 2014年2月15日,正月十六,下排等鲜寨,讲述人:王光兴(60岁,大师傅,蒙白人)、王光林(65岁,大师傅、蒙白人)、李廷湘(50岁,蒙白人),根据他们的讲述做了整理。

② [英]马林诺夫斯基著. 巫术、宗教、科学与神话 [M]. 李安宅,译. 北京:中国民间文艺出版社,1986:127.

③ [英]克莱德·克拉克洪. 金泽,宋立道,徐大建等译. 神话和仪式:一般的理论. 史宗主编. 20世纪西方宗教人类学文选 [M]. 上海:上海三联书店,1995:165.

④ [英]马林诺夫斯基著. 巫术、宗教、科学与神话 [M]. 李安宅,译. 北京:中国民间文艺出版社,1986:85.

旺、社会和谐稳定。而人信仰祖先,并与祖先交流是属于大脑中的抽象的观念性的东西,只有将其变为外在于大脑的客体,它才能成为永久、持续的东西,也即利奇所说的"抽象观念的物质表现:仪式的聚合"①。在基督教神话中表现"与上帝交流"即是以在教堂里进行"最后的晚餐"这样的物质形式对抽象观念进行表达,而在此,蒙白人即是通过跳园中的踩场仪式来实现与祖先的交流。总之,跳园仪式中人对祖先的敬畏,是因为蒙白人相信,祖先所具有的神秘力量支配着人们的祸福,祖先通过命丧黄泉、绝后、庄稼没有收成等诅咒来展现其权威,而大师傅则通过身穿红(黄)袍,手端牛角进行踩场,以及场主寨(自然寨)的年轻男子优先跳三圈开场,将这样的诅咒传达给所有蒙白人。

其次,蒙白人信仰祖先,敬畏祖先的权威、并与祖先进行交流,其实说明"神话是对原始的或原型的神的行为的'叙事',而仪式则是对这种叙事的'扮演'……"② 因此,人敬畏祖先、并与祖先进行交流的原因,除了祖先崇拜外,还可以这样认为,人模仿或者追随神话提供的行为模式,"是人将自己的行为等同于神圣的典范人物的行为,由此可以让人体验到本体论存在上的真实和意义,重新造就出时间的循环以及恢复社区共同体的幸福与富足"③。在年复一年的"跳园"仪式中,祖先的权威便得以有效持续运行,不仅规范着人们的行为,形塑着地方的道德认同,而且也凝聚了群体,以及形成人群边界。

二、"欢腾"——圣地上的交流与沟通

"仪式是一个包含丰富的社会观念和社会实践的象征体系,是一种文

---

① [英]埃德蒙·R. 利奇著. 文化与交流 [M]. 郭凡,邹和,译. 上海:上海人民出版社,2000:37-38.
② 薛艺兵. 神圣的娱乐——中国民间祭祀仪式及其音乐的人类学研究 [M]. 北京:宗教文化出版社,2003:24.
③ 赵旭东. 文化的表达——人类学的视野 [M]. 北京:中国人民大学出版社,2009:193,203.

第四章 "跳园"与排内排外的社会整合

化建构起来的象征交流的系统"①。在"跳园"仪式中不仅有人与祖先间的沟通，还有人与人之间的交流，其交流的形式可以被分成三种样式表达：场内的年轻人间的交流；场外的长辈与场内年轻人间的沟通；以及排与排间、排与排以外的蒙白人的交流。笔者在对这三种交流方式进行阐述时，是将每一种交流方式都看作各种群体间的关系，也即是拉德克利夫-布朗所认为的、可以进行比较的"社会结构"，布朗认为"社会结构是人与人组合的各种群体间的关系，并且它们独立于群体中占据那些位置的个体成员之外，他们只是限定了一系列的角色关系而无须考虑这些角色的演员到底是谁"②。因此，年轻人是一个群体，长辈是一个群体，排以内的蒙白人，以及排以外的蒙白人都是一个群体。在此，即是通过"跳园"来展现不同群体间的关系，以及一个群体与一个更大的关系网络之间的关系。

1. 场内的年轻人间的交流

当场主开场后，其他寨子的年轻小伙子和姑娘也加入场内的跳园时，场内的年轻人间的交流就开始了。首先，各个寨子里的姑娘会决定走在哪一寨子的小伙子后面，在进入跳园场时，会随着自己看中的那伙小伙子的芦笙调子变换步伐。吴泽霖认为："这是苗族青年男女以歌舞为媒介进行交往的节庆，是各地苗族交流的场合……"③

"跳园"时，年轻小伙子先在场内边吹芦笙边舞，而年轻的姑娘则三五成群围在场外观看场内的小伙子，见到自己中意的小伙子后，才会以横队形式进场来到小伙子面前，然后随着小伙子所吹的曲调，边走边舞，各成行列。如果我们要从语言学的角度来说的话，小伙和姑娘的这些行为，可以看作"语言表现外在层面的词句变化"④，而在这芦笙曲调与姑娘舞步的呼应中，实现了小伙与姑娘间的交流，这才是"潜在于语

---

① [英] 菲奥纳·鲍伊著. 宗教人类学导论 [M]. 金泽,何其敏,译. 北京：中国人民大学出版社,2004：17.
② [美] 杰里·D. 穆尔著. 人类学家的文化见解 [M]. 欧阳敏,邹乔,王晶晶,译. 北京：商务印书馆,2009：170.
③ 吴泽霖,陈国钧等. 贵州苗夷社会研究 [M]. 北京：民族出版社,2004：171-174.
④ 彭兆荣. 人类学仪式的理论与实践 [M]. 北京：民族出版社,2007：134.

言内部构造的语法层面"①。如果从仪式的角度来看，姑娘和小伙之前的行为都是仪式的行为实践表现形式，而最后通过芦笙曲调与姑娘舞步的呼应，而实现了他们之间的交流，这才是仪式的结果，即仪式的隐喻性表达，也才是仪式中这只"看不见的手"②。如果姑娘和小伙相互看上了对方，两个人就可以谈恋爱了，双方父母是不会干涉的。如果姑娘到小伙子家去过夜，是可以直接住到男方家里的，但是小伙子则不可以直接住到女方家来，而是住到为他们搭建的"马郎房"里面，这是寨子上的人共同为这些姑娘小伙搭建的。③ 但是最后两个人能否最终走到一起、步入婚姻的殿堂，还是要看父母。因此，也才有了下面的"场外的长辈与场内年轻人间的沟通"。

2. 场外的长辈与场内年轻人间的沟通

在跳园时，姑娘小伙都会穿上漂亮的衣服来参加跳园，而这时姑娘和小伙的母亲都会在场外看着他们跳。如果小伙子觉着哪个姑娘好看，自己很中意，就会跟自己的母亲说，让母亲到女方家去"说一下"。而这时姑娘的母亲也在场外看着正在跳园的小伙子，也在心中盘算着自己未来的女婿。

姑娘母亲心中的盘算是根据小伙子身上"腰带"的数量和新旧来判断。小伙子所系腰带的数量、新旧，则反映了家里兄弟姊妹的多少。如果姊妹多，腰带数量就多，而且每年都会添置新的。如果儿子多，腰带数量就少，且旧的多，新的少。通过这个腰带的多少和新旧，就可以判断这个小伙子家兄弟多还是少，如果一个家庭里兄弟多的话，每个儿子在分置田土的时候，就会很少。在那样一个不像现在可能通过打工获得收入的时代，田土就是一家人主要的经济来源，所以女方的母亲是不会愿意把自己的姑娘嫁到一个儿子多的家庭。如果一个家庭里的儿子少姑娘多，小伙子身上的腰带系的就多，因为除了妈妈给他绣的，每个姐妹都会给他绣；儿子少分得的田土就多，姑娘长大后嫁出去了，还会互相接济，所以女方的母亲则愿意把自己的姑娘嫁到儿子少的家庭。所以在跳园时，小伙子身上系的腰带的功能就

---

① 彭兆荣. 人类学仪式的理论与实践 [M]. 北京：民族出版社，2007：135.
② 彭兆荣. 人类学仪式的理论与实践 [M]. 北京：民族出版社，2007：134.
③ 2014 年 9 月 15 日，下排等鲊寨，李光忠口述。

第四章 "跳园"与排内排外的社会整合

是——让女方母亲在给自己女儿找婆家时有一个参考。同样，年轻姑娘的德行和名望也会通过自己所穿的服饰和所绣的花帕表现出来。这就说明了为什么我们在跳园时会看到那么多的母亲站在场外看姑娘小伙在里面跳。

特纳认为，"仪式的交流与交通遵循着一种模式，这种模式对仪式现场的人们都有着严格的规定和规范。在仪式现场中的人们通过语言所产生的信息交流是有限的，所以仪式最重要的并不是表面上的语言等信息交流，而在于创造一种情境"①。场外的父母通过"跳园"仪式创造的这种情境，不需要过多的语言交流，就已经有了对未来儿媳或女婿的全面了解，从小伙子所吹的芦笙曲调，可以判断出其聪明与乖巧，从小伙子穿着的服饰上所系的腰带来判断包括经济情况在内的家庭情况如何；而对于姑娘，从其衣服上所绣的花和身上所佩戴的饰品，也能得出姑娘是否勤劳聪明以及家庭情况。我们也可以说，无论是在跳园场中参加跳园的姑娘和小伙子，还是在跳园场四周观看的长辈，他们作为仪式的参加者，是处在一个已经安排好为交流行为提供隐喻关系的领域之中，在这一领域中，语言表达的、音乐的、舞蹈的、视觉审美的各个"方面"都可能成为这一整体的构成部分，编制出了一个有序的隐喻事件系列，然后经由许多不同的感觉渠道进行交流。因此，通过观看跳园，男女双方父母在心中就有了对未来儿媳妇和女婿的人选了，这样看来，如果姑娘中意的小伙子，或小伙子中意的姑娘就是长辈选中的人，那以后找媒人（毛大郎）去说亲就都是形式了，因为女方母亲已经把男方的家底看得透透彻彻。

3. 排与排间的人的交流

在龙里蒙白人聚居区②，主要有上排、中排、下排三个排，每个排举行跳园，其他两个排的人都会来认亲戚，三个排以外的人也会来参加"跳园"，也会来认亲戚。中排李林森说，他们蒙白人在上、中、下排举行这个活动就是为了认亲戚。如果上排举办"跳园"，中排和下排的人，以及三排以外的

---

① 彭兆荣. 人类学仪式的理论与实践 [M]. 北京：民族出版社，2007：135.
② 本书中所指的上、中、下三排为蒙白人的聚居区，则是指这三排的蒙白人的人口都在1000人以上，每排的蒙白人寨子也都相对比较集中，而在这三排以外的其他小寨子则是三两户到数十户不等的与汉族或其他民族以杂居方式存在，寨子与寨子间也相对比较远。

人在上排没有亲戚的话,那跳园的小伙子在第一天下午跳园快结束时,就必须换上红袍和黄袍(里面是一件白的,外面是一件红的或黄的)在场内跳,这样就会有场主寨上的人来"抢"你身上的袍子,谓之"拖客认亲戚",有时候黄袍因被多人拽抢,常常被撕成好几块,这对于黄袍的主人以及抢黄袍的人来说,都是高兴的事情。因在前面对这一行为已有叙述,故在此不再重复。在"跳园"这一节庆仪式里,作为"跳园"的场主寨子上的人,都会慷慨地把食物拿出来给客寨的人们吃,而不是各啬地留作己用。所以,在这几天里,举办跳园这个排的各寨子上的各家客人都是亲友不断,络绎不绝,"跳园场"周围的苗家寨子,到处充满着一派节日的欢乐景象。而在各排的人们聚集在一起共同享用主家供应的食物和酒水的时候,其实是在重新构造他们这一共同体,复苏并增进他们之间的亲密感。在人类社会中,群体与群体、人与人之间的关系就如同一种"社会契约"①。在蒙白人的社会中,这一社会契约会在每年的"跳园"节庆仪式中得到保护,并更新。

第三节 "跳园"与区域社会整合

在上一节中探讨的斗牛有两种:正场上的斗牛和草坝场上的斗牛,其中草坝上的斗牛除七月、八月间的"场天"为斗牛日外,还有正月间伴随跳园时的斗牛。正场上的斗牛在蒙白人的社会中,更多体现的是对排内社会的整合和梳理,是一种从空间上进行表征的排内与排外的区隔,但草坝场上的斗牛又将这一区隔打破,试图在表征一种对区域社会的整合和梳理,但因斗牛场这一场域是由"惯习"形塑而成,所以在对区域社会关系进行整合时,必然会存在一定的阻碍,这在上一章已有叙述,在此便不再赘述。而跳园作为蒙白人在一年一度中最大的节日,可以看作一个巨大的、区域间的关系网,在一个广泛的地区上把许多人以确定的社会形式联系起来。在这个关系网里,人们受到确定的关系和互惠责任的约束,因而

---

① 社会契约,最初是指一种政治哲学理论,又称社会契约论,是用契约关系来解释社会和国家的起源。在此,是指在乡村社会中,村民之间存在的熟人社会间的伦理纽带"束缚"。

第四章 "跳园"与排内排外的社会整合

要共同遵守非常细微的规则和礼俗，因此也可以说，它是一种社会机制。

在前面的章节中，我们已经提到蒙白人聚居于龙里县龙山镇草原社区的水苔村、中排村、团结村，按照蒙白人自己对区域的理解，将它们分别称为上排、中排和下排，在他们的苗语中也有相应的称呼。上、中、下三排，在文献中的出现，仅是在《黔南识略》中有"……破莲花堡，烧上中下三牌贼砦百余，龙里之路始通是也"的记载。因此，仅靠有限的文献记载，我们很难判断，对于上、中、下三排之名是属于他者对蒙白人的区分，还是蒙白人自己对自己的划分，当地人说不清楚，也没有文献记载。但在此，我们只需从空间上对蒙白人有一个大致方位的了解。当然除这三个比较集中的蒙白人分布区外，在一些与汉族和其他民族、苗族其他支系共居的寨子也有分布。蒙白人的分布区域和人口情况，在绪论部分已有说明，在此不再赘述。

跳园场选在上、中、下三排这三个聚居区，对于那些居住在三排以外的其他地方、与汉族或其他民族合居的、居住分散的蒙白人来说，这体现的是一种中心与边缘①的关系；而对于上、中、下三个排的蒙白人来说，跳园场选址体现的是一种权利的平等；而分批次进行跳园，则体现出跳园与蒙白人的社会关系成为一个整体，是将跳园嵌入了蒙白人的社会结构之中。

一、"跳园"与社会结构的形塑

1. 传说与"中心性"

在蒙白人的建寨传说中，一直有他们的老祖先最先来到这个地方的是几兄弟，几兄弟经过人口繁衍，成为几个寨子，如在中排就有这样的传说。

> 我们这种苗是从贵阳城迁来的，先是迁到了龙里城，在那里因遭到排挤，我们这种苗族就开始逃跑，我们是"哪里高就往哪里跑"。在我们这种苗族来到现在的草原乡时，上排和下排已经有人居住了，因此我们的先祖就在中排的王寨、长田寨、咋哨三个寨子落脚（王寨属于以前的前进村，长田寨和咋哨属于以前的高峰村，高峰村和前进

---

① 中心与边缘，在此处不是指空间上的一种表达，而是祖居地与迁徙地，聚居地与杂居地，人口多与人口少的一种指涉。

村都属于2014年合并后的中排村),当时在这三个寨子居住的是我们这种苗族的三兄弟,随着人口的繁衍,人越来越多,后来就分散到其他地方去了。当时我们这种苗最早的有龙、冯、蔡三家,他们是真正的蒙白人。①

在下排的等鲊寨子,也有这样的说法,不过王、李、陈三姓的老祖先最初来到这个寨子时,还不是三兄弟,只是因为人少,大家就合居一个寨子了,并相互认作"兄弟"②,由最初十几口人的寨子,现在已发展到几百口人了。在等鲊寨蒙白人的口述中,经常会听到在下排的坝卡寨、朵花村、贵阳南明区猫洞村石头寨等的蒙白人是从他们等鲊寨搬迁过去的说法。无论是"兄弟祖先"还是"相认的兄弟祖先"在此都不是我所讨论的重点,我只是想说明祖居地与搬迁之地,体现的是中心与边缘的关系③,是蒙白人中的一种象征性的社会结构。但在这些历史记忆中,蒙白人形成上、中、下排的分布历史不长,也没有完全形成一种以三排为中心的区域性的文化圈,并且产生明显的迁徙和发展的情形,故这样的中心和边缘边界都不是太明显,只是一种发育中的状态,但上、中、下三排在"花园""斗牛场"和"跳园"节庆仪式的空间实践和表征中,已经形成了蒙白人的社会关系结构以及群的文化边界。

上、中、下三排的"跳园场"和"斗牛场"是祖先从定居在此地时就兴起的。④ 在所有蒙白人的心中,它们是祖先曾经聚集过的地方,就如同是祖先的标志,他们已经将它们看作了圣地,在一年一度的跳园中,他们

---

① 2014年2月7日,正月初八,中排王寨的原支书李林森口述。王明珂.华夏边缘——历史记忆与族群认同.在谈道"族群边缘研究"的一些核心问题时,作者提出了"核心与边缘"之争。

② 在此的认兄弟,只是说明了在日常生活中要相互帮忙,一人有难,大家来帮的这样一种亲密关系,并非一般意义上认为的,认兄弟后,相互之间不可以结亲。

③ 在王明珂的《华夏边缘——历史记忆与族群认同》一书中,谈道"族群边缘研究"的一些核心问题时,作者提出了"核心与边缘"之争。

④ 这里的说法,虽看起来与本章第二节中关于"跳园场"选址的多次变动存在矛盾,但实则是不矛盾的,因为在此我是以上、中、下三排作为一个整体来看待,对应于这三排以外的区域,而不是以某一个自然寨为对象,所以这三排作为蒙白人的祖居地,无论将"跳园场"与"斗牛场"设在了这三排的任何一个寨子,"上、中、下三排的'跳园场'和'斗牛场'是祖先从定居在此地时就兴起的"都是成立的。

第四章 "跳园"与排内排外的社会整合

聚集在跳园场上,那是对祖先的缅怀,是与祖先在进行交流与沟通。虽然在历史上有很多的蒙白人从原先的祖居地搬走了,搬到一个新的地方后,也发展了几百口人,甚至比原先的祖居地人口还要多,而且他们还学会了给去世的老人"念咒"和"做仪式"的程序①,避免了因路途遥远,还要到祖居地去请人来做的麻烦,但是他们一直没有另外开辟跳园场和斗牛场,因为祖居地的跳园场和斗牛场有祖先赋予的"合法性"。在前面我们已经叙述过,在蒙白人记忆里,有关于跳园场和斗牛场的选址以及在时间上的先后顺序的神话传说。这些神话传说,其实体现出的就是一种"传统秩序的权威",而这种"权威"是与传说中这些跳园场和牛打场的开辟和开展活动相关的,因此我们可以说神话传说是"秩序的资源",正如马林诺夫斯基讲的"神话传说论述了寓于社会群体的制度与活动中的根本现实,它论证了现实制度的来龙去脉……"②虽然我们在现有的资料中,并未发现上、中、下三排的斗牛场属于传说中的这48个场,但其古老性是被大家认可的。王光林说:"这些都是老场,是我们三排约定的'公约'③,谁都不能改,如果谁要是改了,马道就不生草了"④。草长草生,本是一种自然现象,因何会受人主观行为的左右,这就是列维-斯特劳斯讲的"神话启动了人们的思维"⑤,同时也是马林诺夫斯基所讲的,"神话的作用既非解释,亦非象征,它是对非凡事件的陈述,它一劳永逸地建立起部落的社会秩序……"⑥正因为有这样的社会秩序,就决定了他们不会承认2013

---

① 蒙白人遵循一个家族一个大师傅的传统,是大师傅通过"念咒"来对一个家族的渊源进行记忆,但当家族里的一个房族从主体分离出去以后,他可以发展自己的大师傅,而此时大师傅"念咒"的内容既可以包括没从主体家族分离出去之前的所有祖先,也可以只是本房族的祖先。

② [英] B. 马林诺夫斯基著. 金泽,宋立道,徐大建等译. 巫术与宗教的作用. 史宗主编. 20世纪西方宗教人类学文选 [C]. 上海:上海三联书店,1995:96.

③ 这里的公约,并非是指将其以文字以及像石头、树木等自然物的形式而物质化和外在化的东西,在此,则是指一种约定俗成的、内化于文化体系内的一种"传统"和规范。

④ 2016年2月18日,正月十一,下排等鲜寨,讲述人:王光林(67岁,大师傅、蒙白人)

⑤ Levi-Strauss, C. (trans) John and Doreen Weightman. The Raw and The Cooked: Introduction to a Science of Mythology: I. New York: Octagon Books. 1979:12.

⑥ [英] B. 马林诺夫斯基著. 金泽,宋立道,徐大建等译. 巫术与宗教的作用. 史宗主编. 20世纪西方宗教人类学文选 [C]. 上海:上海三联书店,1995:96.

年中排咋哨寨新开的这个"龙场"①，而且他们对这个场在每一个月的龙场天都拉牛来打架，视为一种"乱搞"，这即是将其视为一种对传统、对秩序的破坏。"敲牛祭祖"的巴郎，代表着的是对祖先的信仰和对传统权威的敬畏，因此，违背传统、破坏秩序的咋哨"龙场"，也就只能作为现代斗牛"打彩"（赌博）的场地，而用来祭祖的巴郎是绝不会拉到咋哨这个场去转场的。用当地人的话说，即是因为它没有"什么根据"，也即它没有使它被大众所承认的"神话传说依据"。因此，我们可以说神话传说的内容"以象征性意义来传达社会价值，它反映社会结构的基本特征"②，奠定了上、中、下三排在所有蒙白人心目中的"中心性"和"神圣性"的地位。

既然有了这样的集体认同，那从搬迁地向祖居地迁坟也即"落叶归根"，则说明了由"边缘"向"中心"的靠拢，以下这则例子就是最好的说明，但这落叶归根却引来了一场闹剧。

2. "落叶归根"与"中心"的疏离

公墓，是现代社会对死者进行集中式管理的一种方式。这种方式，从城市向农村蔓延，蒙白人也接受了这样的管理方式。蒙白人在传统上是有自己的坟山，一个"家头"（家族）人有统一的一个坟山，而现在国家要用统一管理的方式，将已去世的蒙白人按照一个行政村一个公墓的形式进行统一管理。上排的公墓，在村干部和各寨组长的商议下选在了黑泥巴寨子的后山坡上。站在山坡顶往下看，映入眼帘的是龙里县的一个军分区，下面还有一条河，河上有一座桥；这里还有一条通往龙里县城的小路，过去没有交通工具，上排的蒙白人就从这一条小路去往龙里县城。从地理位置的选择上看，公墓的位置选在一个视野很开阔的地方，有山有水、有桥，而且还有军区部队把守。

上排的小谷朗全部人家姓王，现有近 50 户人家，400 多口人，贵阳南

---

① 斗牛场在上一章已有叙述，正场的场主，斗牛顺序皆为传统认定，草坝场上的场主为场址所属自然寨，斗牛顺序由大家商定，且斗牛的时间一般为农历七月到九月份，以及正月期间，此处的龙场为配合旅游开发而设，没有经过大家商定，且每个月的龙场都来斗牛，的确是破坏了传统的斗牛秩序。

② 彭兆荣. 人类学仪式的理论与实践 [M]. 北京：民族出版社，2007：33.

第四章 "跳园"与排内排外的社会整合

明区猫洞村石头寨的王家现在有20多户,200多口人。小谷朗的王家与石头寨的王家的老祖公是兄弟,石头寨的王家老祖先是从上排小谷朗搬到石头寨的,搬过去以后,将老人过世时的那一套"念咒"和"做仪式"的程序和套路也从小谷朗搬了过去,他们自己也有了大师傅、鼓师、芦笙师。两个王家的人平常关系很好,在各种婚丧嫁娶、过年过节中都相互来往,正月间,"跳园"时,他们也提前过来,吃、住都在亲戚家,可是他们的关系,则因为国家修路建房对坟地的占用补偿改变了。

城市设施的大量扩大建设,占去了农民的田土、房屋、祖坟,农民也因此获得了大量钱财上的补偿,农民们可以拿这些钱去城里买房子,去城里创造自己营生的方式。活人是安顿好了,同时也应该给死去的老祖宗找一个安息之地。石头寨的蒙白人也就有了2016年5月16日的这次迁坟事件。

听猫洞村石头寨王家人说,这次共迁坟569座,第一批先迁来了259座。这259座坟墓是259个用红布封口的罐子,听他们讲,因年代久远,老祖宗的尸骨都已化作了泥土,因此罐子里没有尸骨,只是象征性地装了些原来坟上的泥土,一个罐子就代表一个老祖宗、一座坟。当时不明就里的我,不曾想到迁坟迁的不是棺木,而是"罐子"。石头寨的王家老祖宗是从上排小谷朗搬去的,也即是说,石头寨的老祖宗也是上排小谷朗王家的老祖宗。既然是从上排搬去的,那将坟迁回到上排的公墓,也算是落叶归根。

2016年5月16日,石头寨的王家进行迁坟,因为劳动量很大,每一家都至少来了两个人。因为公墓是在山上,车子只能将代表祖先的罐子和要砌坟的空心砖拉到坡脚下,接下来就要靠人工搬到坡顶上去。大家正忙着迁坟、安坟时,从坡的另一边来了一伙人,有十多个,个个手里都拿着棍棒,那是小谷朗的王家男人们,他们是来兴师问罪的,听村干部王许强①讲,前几个月,他们就到石头寨去问过一次,问他们是不是将一个家头的兄弟忘记了?为什么迁坟这样的事情

---

① 村干部,在之前他们已知道会有纠纷,所以提前来公墓那里等候。

也不通知一下……不过最后也没有什么结果,以不了了之告终,这一次是第二次兴师问罪。当天幸好有村委会一行人在,避免了冲突的发生。不过他们迁坟也先是告一段落,剩下的310座坟,要等商量好以后才能迁过来,在我离开的时候,对于迁坟这件事,村委会、镇政府仍还处在商量之中。

为什么将老祖公"落叶归根"却招来了家头矛盾呢,因为猫洞村石头寨的老坟因国家占地修路所获赔偿一事,未向小谷朗王家提及,也未分钱给小谷朗的王家,于是出现了家族矛盾,出现了要分道扬镳的局势。

在下排等鲊家的王家也有坟在石头寨那边,在石头寨那边也有与等鲊寨王家是一个家头的人,他们则将迁坟和所获赔偿一事通知了等鲊寨王家人,并将国家所赔的钱分给了等鲊家王家人。等鲊寨王家人决定不将这些钱分到户头上,而是由王光兴组长先收着,以后用作公费开支。

我们设想,如果没有国家占地补偿这一事件,石头寨王家的迁坟可能是小谷朗寨王家特别欢迎的,因为这是"边缘"向"中心"的聚合,也即中心对边缘的吸附作用,是祖先团聚的好事情,但是占地补偿的分配不均,使迁坟成为家族分道扬镳的导火线,这样边缘只会离中心越来越远。"跳园场"和"斗牛场"作为祖先的标志这样的记忆与认同心理,也可能会被这些"边缘"渐渐淡漠,进而造成人群的认同变迁,导致蒙白人社会结构的改变。

左图:上排(水苔村)的公墓,贵阳南明区猫洞村石头寨的蒙白人正在迁祖坟;右图:公墓正对着的两山之间

二、跳园与社会秩序的维系

在蒙白人的记忆里,他们是从燕楼、党武那边被赶到这里来的,这在他们所唱的《巴郎歌》中有很好的体现。如"……拉到燕楼、党武,这是我们的家乡……"下排等鲊寨的王光兴说,以前他们的祖先在燕楼、党武那边是要"跳园"和牛打架的,他们刚被赶来的时候是东一家,西一家的住。于是,老祖先就说,本来我们都是一种苗,我们以前都是要跳园和望牛打场的,现在我们也要搞。但是这个跳园的场地如何选择呢?如果大家都到一个场地跳,在选址上就不可能兼顾到所有的人,这样路途远的人,就不方便回家,所以才分成三个场地,但如果三个场地同选在一个时间段,可能人少也不热闹,如果分别选在三个时间段,另外两个跳园场的人想去跳也更热闹一点。这样,所有的人就都能照顾到了,所以就分成了三个场,现今上、中、下排的划分也是与跳园相关的,也可以说是跳园形成的区域空间。

其他两个排的人到另一个排去跳园时,因路远,回不了自己家,就借宿在亲戚家。在上一节,我们所说的每天下午跳园结束后,有一个"托客认亲戚"的习俗,就是要请自己的亲戚到自己的家里休息、吃饭。中排李林森也认为,跳园的存在,其实就是为了亲戚间的相互走访,大家一年到头都忙,也只有这个闲暇的时候,亲戚之间相互走动一下。跳园在每个排都有一个场,体现的是三个排之间的平等,按照时间的先后顺序在三个排举行,即是在创造一种平等有序的社会关系,是一种社会秩序的体现。

跳园时,跳园场上先要由场主宣布跳园时的一些规则,如不允许打架斗殴、不允许互相骂架等,接着由场主寨上的后生们穿着盛装、吹起芦笙先跳三圈,算作开场,这时其他寨子的后生们才允许进来跳。这是一种习俗的传承,因在蒙白人的传说中有大家先跳天气都不好,自从黑人庆换了一个方向跳以后,天放晴了,自此以后,大家就按照黑人庆的方向来跳园。可以说,这是大家对规矩、秩序的一种认可,因为黑人庆是"从右到左顺时针"开始跳的,预示着好天气、好收成。对于靠天吃饭的蒙白人来说,这是他们最大的心愿,因此这样的秩序必定深入心中。这样的优先权在上、中、下排的蒙白人中以轮流的方式进行体现，这在一定程度上平衡了三个排之间的关系，抹平了蒙白人社会内部存在的差异性，而是向一个均质化的、平衡的、合作的社会发展。

蒙白人的婚姻规则是"人群内婚，家族外婚"，在跳园时，年轻的姑娘和小伙奉行"一个家族站一排"的形式。小伙们吹起芦笙按照一个家族一排的形式先在跳园场里面跳，姑娘则站在跳园场的边上注意着场内的小伙们：一是看哪一排的小伙吹的芦笙好、舞姿跳得好；二是在老人的指引下得知不能跟在那一排的小伙后面跳，不能跳的原因，则是指哪两个寨子，在祖上因各种各样的矛盾祖上定下的不结亲的规矩，或者哪个寨子在别的寨子眼里不干净，如有麻风病。姑娘看好以后也是按照一个家族一排的形式，跟在看好的那一排小伙的身后，跳了起来。在这里是千万不能跟错的，否则是要遭老人骂的。姑娘和小伙以不同家族间穿插的方式进行跳园，这在外人眼里是看不出来的，因为他们穿的衣服都一样，只在花色、艳丽程度上有区别，稍一不注意，还以为是同一个人。姑娘和小伙在跳园时，没有过多的语言，他们是用眼神在交流的。就连外面站着的老人，他们也是以他们的方式在与场内的姑娘和小伙进行交流，以此来决定未来的儿媳和女婿的人选。通过跳园，将蒙白人社会的婚姻规则在年轻的姑娘和小伙中进行了普及，对社会生活秩序进行了强化。跳园的目的其实就是在使这种不成文的婚姻规则制度化，并使这一制度化的规则内化于每个个体心中。不仅在场内的年轻姑娘和小伙要遵循一定的婚姻规则，场外站着看的人，也是有大家约定俗成的规矩。我们现在的观众席会人为地被贴上标签，哪一区域由哪一部分人来坐，哪一区域不能由哪一部分人来坐，这都是有明确的规定。在外面观看的蒙白人所站的地方，虽没有明确的任何规定，但人们已经形成了一种约定俗成的规矩，每一年都来看跳园，年年如此，相延成习。

三、"跳园"与集体性的表征

蒙白人生活中的"集体性"，在"跳园"时主要体现在以下方面：舞姿、舞步、芦笙曲调的简单、单一性，姑娘在选择跳舞的小伙上的统一

第四章 "跳园"与排内排外的社会整合

性,"跳园场"主寨子与外寨交流的集体性等。

这种男吹芦笙、女跳舞的娱乐方式,杨万选在《贵州苗族考》中谓之"与跳月同"。罗荣宗《苗族之娱乐》中有"……跳月不必在春,更不必以夜,跳月称谓,已成为跳花跳场之外,一切吹笙合舞之名辞……"① 跳园虽为蒙白人称谓之汉译,从其年轻男女吹笙合舞的娱乐方式来看,当归属跳月之类。在以往相关"跳月"的文献中,对其场面的描述,常是寥寥数语,如《百苗图》中的花苗条载:"……未婚男子吹笙,女子振响铃,歌舞戏谑以终日……"② 清代陈鼎《滇黔土司婚礼记》载:"……男吹芦笙于前,女振金铎于后,盘旋跳舞,各有行列,讴歌互答……"③ 清《黔南识略》:"每岁孟春,合男女于野,谓之跳月,择平地为月场,鲜衣艳妆,男吹芦笙,女振响铃,旋跃歌舞,谑浪终日,暮挈所私而归,比晓乃散……"④ 此外,在清《说蛮》《黔苗图说》等文献中也都是寥寥数语的记载。今亲眼观之,蒙白人的跳园让外人看来的确单一无趣,男女都没有变换的队形,没有多样的舞姿,从开场到结束一直保持着同一舞步。姑娘的舞步就是前进两步,停顿一下,再前进两步,如此反复。姑娘们两手拿着缀有铃铛、绣有图案的一块方形帕子于腹前,列队前行。小伙子的舞步倒还有一点复杂,但也无变化,也如姑娘舞步一样,从开场到结束一直保持一个状态。当然舞蹈的简单性正是为了顾及集体和大众,因为"跳园"的宗旨是为了男女求偶,不是为了比赛舞姿。所以蒙白人的舞蹈要表达的是一种集体性和大众的社会体验。

跳园刚开始,先是小伙们吹起芦笙在场内跳,姑娘们则在场外注视着场内的小伙们,大家经过商量辨识,排除与自己不能结亲的寨子,或因为同宗族,或因为寨子"不干净"(有蛊),看哪一排的小伙子长得俊秀等,最终确定了要跟在哪一排小伙子身后,才会动身走向场内。其实这样的商

---

① 罗荣宗. 苗族之娱乐 [A]. 民族研究参考资料第二十集·民国年间苗族论文集(内部资料)[C]. 贵州省民族研究所编,1983.(12):264.
② 杨庭硕,潘盛之编著. 百苗图抄本汇编 [M]. 贵阳:贵州人民出版社,2004:77.
③ 陈鼎. 滇黔土司婚礼记 [M]. 北京:中华书局,1985:3.
④ [清] 爱必答修. 黔南识略(卷二)[M]. 杜文铎,等点校. 贵阳:贵州人民出版社,1992:379.

量也是一种集体性表达。在对下排等鲊寨子从外面嫁进来的媳妇进行统计后，属于一个年龄段的姑娘来自下排谷朗寨子的就有近10例，而且王、李、陈三姓人家都有，当然这不是偶然，只是表达了一个阶段姑娘和小伙的婚姻倾向，当然区域间离得较近，也是所考虑的因素，否则就不会有偶尔地与上排的寨子结亲的例子了。我们也可以说，通过跳园，蒙白人是在整合自己内部的婚姻集团。

蒙白人所在的上、中、下三排各有一个跳园场，每个场都有一个场主，而场主在蒙白人社会中都不是指某一个人，而是指某一个寨子，但有一个具体的管事的人，下排跳园场的场主就是等鲊寨的李廷兴。① 因此，在任意一个排进行跳园时，场主寨子上的人家不仅要招待好自己的亲戚，只要是任何转到自己家的人，主人家都要毫不吝啬地拿出酒肉招待所来之人。主人家要将酒肉摆好，将大门打开，坐在家里等待客人的到来。所来之人经常是10个以上，多为一个寨子、一个家族之人。蒙白人常有集体行动的习俗，如"一家遇有婚丧椎牛祀祖之事，不只同寨亲族齐往参与，即邻寨亲友亦多全寨往吊贺……壮年老者大都以亲故聚首，互诉别情离愫，欢饮达旦，或唱歌以为乐，青年男女，则情唱歌答，吹笙跳舞以为乐……"②

客人在离大门还有10米左右时，就吹起芦笙、吹起沙拉（唢呐），主人家听到之后，就赶紧出门迎接，将客人迎到屋内，进到屋里后，客人还要在堂屋内边吹边绕转三圈，算是对主人家表达谢意，接下来才坐在桌子前，动一下筷子，端一下酒杯，因为接下来他们还要到其他家去，重复刚才的方式，如果吃得太饱，酒喝得太多，到下一家吃不下了、醉了，自己也没面子，又对不起主人家，所以客人们每到一家，他们都是象征性地动一下筷子。当然主人家也不可能来一拨人，就准备新的一桌酒菜，只是将

---

① 对于管事人的选定，也是有一定规矩的，首先不能是女人，如李廷兴是寨内为数不多的党员，识字，有文化，现为村民组小组长，对寨民热心、有责任感。任跳园场管事没有一定的年限规定，只要自己愿意做，如果不愿意做，则可自行找到大家一致认可的人，将管事一职交到他手里，没有任何交接仪式。

② 罗荣宗. 苗族之娱乐 [A]. 民族研究参考资料第二十集·民国年间苗族论文集（内部资料）[C]. 贵州省民族研究所编，1983（12）：263.

第四章 "跳园"与排内排外的社会整合

筷子换一下而已,喝酒的碗是不换的,大家轮着喝。王光林经常说,他们年轻的时候,从正月初五出门去参加上排的"跳园",要到正月过完十二、十三下排"跳园"结束才回家来,有时候还会跑到高坡去看红毡苗的"跳洞"。这些天,常常是和自己的伙伴吃在别人家,睡在别人家,场主寨子上也常是整宿整宿的灯火通明,吹芦笙的、吹唢呐的声声入耳。等他们回到家以后,头发都脏的黏在一起了,衣服也是脏兮兮的。这种集体的一致性、集体的"狂欢"起到的是对蒙白人社会的整合功能。在各排的人们聚集在一起共同享用主家提供的食物和酒水的时候,其实是在重新构造他们这一共同体,复苏并增进他们之间的亲密感。于此我们可以说,通过"跳园"这种群体性的集体表达,蒙白人社会的生命力和活力也在不断焕发,蒙白人所理想的社会秩序也在一年一度的"跳园"之中得到维护,蒙白人所共有的集体信仰和情感也在一年一度的集体聚会中得以强化和确认。

第五章　蒙白人的社会关系实践

蒙白人的"花园""斗牛场"和"跳园场"以及"坐花园""斗牛"和"跳园"实践,在"空间表征"上生产了一系列的仪式和习俗,最后通过婚姻的缔结形成一定的社会关系,组成一定的血缘家族群体、婚姻亲族群体以及地缘群体等,最后结构了蒙白人的基本社会,也即是实现了其"表征空间"的生产。但这一群体和社会关系的运行最后却依存于一个物的象征,这就是牛。

牛是人类农耕社会这种生计方式中的一个中心点,它的存在关涉了人类农耕文化中的许多方面,它既是一种耕地的畜力,肉食的主要来源,也是财富的一种表征;还可以进入信仰崇拜的观念中,成为一种"通灵之物"……①但是,牛的社会隐喻在蒙白人社会中还不仅如此。蒙白人的社会是建立在农耕生计方式之上的社会,也自然包含了牛的存在的所有方面,而且具有自己特定的存在意义。在祭祖和丧葬仪式中,以牛为祭品展开的人与人之间的社会关系和社会互动的象征性呈现是家族内部以及姻亲关系的体现,牛的存在沟通了现世的人与祖先灵魂之间的关系,为婚姻"结群"找到庇佑和神性法理。在信仰层面体现了"花园"和"坐花园""斗牛场"和"斗牛""跳园场"和"跳园"作为空间表征和表征空间所生产出来的社会关系,同时也把现世的血缘家族的群体结构做了一番梳理,并完成了姻亲集团间的索取和补偿机制,而且葬礼和祭祖仪式的象征

---

① 杨正文. 清水江流域的白银流动与苗族银饰文化的成因 [J]. 民族研究, 2015 (5): 52-60.

机制又将人们凝结成为一个社会整体。

第一节 蒙白人与牛

一、牛与蒙白人的生活

在蒙白人的生活中，牛是家家户户都养的，在当地普遍养水牛，养黄牛的少，据说是因为当地田里的泥巴重，黄牛力气小，犁不动田，必须要力气大的水牛才能犁得动。当地人特别喜欢养水牛（即公牛），水牛又分两种：能打架的和只犁田的。能打架的水牛很凶猛，被称为"巴郎"，当然也可以犁田，只不过脾气有点大，不太好驾驭。以下与牛相关的叙述，除非特别说明，牛都指"水牛"。

在蒙白人聚居的地区，以前大都是木头房子，一般为三间，左面一间为火堂、中间为正屋、右面的一间经常是拿来做牛棚养牛，牛与人是住在一栋房子里的。现在的砖瓦房里多数人会在自己所住的房前屋后，单独修一间牛棚，也还有一些人家将人居住的房子腾出一间来当牛棚，说明人与牛之间的亲密关系。

李发彬老人对笔者介绍他养的巴郎时的情况就可以说明，这在下文的材料中有叙述。此外，牛在苗族社会中还具有一定的神圣性，如"在黔东南剑河县久仰乡的苗族，他们在建房子的时候，要在堂屋内摆一个牛圈象征神龛，其目的有三：一是牛有镇邪驱妖的能力，可以保佑家人免遭灾病；二是视牛神如祖先，可以保佑家族人丁兴旺；三是认为水牛属水性可以克火，能够起到防止火灾的作用"[1]。这在蒙白人中也有这样的说法，而且巴郎不同于一般的黄牛温驯，它力大、凶猛，而且认人，所以喂牛、放牛的事情都要它的主人亲自来做，要养一头水牛，相当辛苦，要花费大量的精力。无论是在祖先崇拜上认为牛可以保佑人，还是从牛作为财

---

[1] 杨正文. 清水江流域的白银流动与苗族银饰文化的成因 [J]. 民族研究, 2015 (5): 52-60.

富的表征来说，牛与人之间的这种亲密关系，在蒙白人的生活观念中，慢慢也就成为他们生命中的一部分。

李发彬，今年83岁，在当地人的眼里，已经是老祖公的级别了。大儿子李廷香和二儿子李廷华分家后，跟二儿子李廷华住。

李廷华讲，养牛是父亲李发彬最大的爱好，一生共养了10多头巴郎（能打架的公水牯牛，当地人一般称为巴郎），但是从不拉去打，怕牛受伤，心疼。一般都是买一个小牛回来，喂稍微大一点，就卖掉了，因为越大也不好驾驭，又不能犁田，再喂三年，也还是卖那么多钱，所以就1.5万元左右卖掉，再花1万元买一头小巴郎给他喂，就这样李发彬共养了10多头牛。只养打架的巴郎，不喜欢养黄牛。大儿子李廷香以前养了一头黄牛，李发彬连看都没去看过一眼，后来生下了一头小黄牛，想送给李发彬养，李发彬就说，要养就要养能打架的巴郎，后来李廷香就把母黄牛和小黄牛都卖掉了。二儿子李廷华只好给父亲买了一头能打架的巴郎，李发彬就像养孩子一样养它，上山给它割牛草、喂苞谷、喂水，有时还摸摸它的脖颈和牛角。天气好了，还牵着它到野地里去转一转。在外面听见别人聊天讲到牛，如果他自己也喂有一头牛的话，他则会加入别人的聊天；去外面玩，也只是玩一会，就要回来再看一眼牛。有牛了，李发彬只要天气好，就要上山去割草，每天割草回来，吃饭也多，吃得也香。

后来因二儿子李廷华一家要到外面去打工赚钱，想把父亲李发彬喂的巴郎卖掉，因父亲年龄大了，让他一个人来养是不行的，因为打架的巴郎力气很大、很凶，怕父亲牵到外面去放养巴郎时，牵不住，会出事情，可李发彬不同意。李发彬知道自己年龄大了，这头巴郎他也喜欢，他希望在自己死了后，儿子就把这头巴郎敲给他，儿子们则安慰他说，等他去世以后，会买一头巴郎敲给他的。他则说怕儿子只是买一头普通的黄牛，而不给他买能打架的巴郎，所以一直不同意卖。

李发彬的儿子则说，人都死了，又看不见了，能不能打架有什

第五章　蒙白人的社会关系实践

么关系呢。可是老人不这么想,他希望到阴间了,还能够继续养能打架的巴郎,这是儿孙们无法想通的。

今天温度下降,李发彬怕草料太冷了,亲自给巴郎煮了一锅草料,煮好后,我随爷爷一起来喂巴郎,爷爷跟我讲,不要太靠近巴郎,说它认生,然后又摸着巴郎的头说了句"这是姑奶"(指笔者)。我看到巴郎的脖颈处有一圈没有毛,露出了白色的皮,我问,这是怎么了?他一边用手摸着巴郎的脖颈处,一边说,这是犁田时,把毛给磨掉了,这样的画面怎能不让人感动……①

人与牛的这种关系,也可以说是共生性的,人对牛的照顾,牛很快就会有反应,它只服从平常照顾自己的主人,同时,牛也给人带来了快乐,可以说人与牛彼此之间是一种互惠性的关系。牛是人活着时的伴侣,但当人死去的时候,它也要随人而去,继续做人在另一个世界的伴侣,在这种亲密的共生关系中,人和牛之间形成了一种最为紧密的统一的亲密伙伴关系。以至于一个人对于牛的感情至深时,一谈起牛时,他所惯常的那种愁眉不展的样子便一扫而光。

在蒙白人的生活中,鸡、猪和牛都可以作为与自然"通灵"的媒介,而且他们认为如果在仪式场合中,没有牺牲供奉,则是不完整的。这些动物在作为祭品供奉之后,成为人们的食物,且在他们的观念中作为祭品的鸡肉、猪肉和牛肉是来吃的人越多越好。有如马林诺夫斯基所说的,在具有公共性和集体性的仪式场合,是与人同乐的情况,是大家见面的机会,物品置备要丰富,同时人也要多,要凑成一团,不但要凭着食量来吃,而且要大吃特吃,最终要表达一种"将全部落合而为一"②的感情。但在蒙白人的文化观念中,鸡、猪与牛不能同日而语,牛无论对于活着的人,还是死去的人,都是最重要的,活着的时候,为人干活分担劳累,牛与牛打架给人带来快乐,人死了还能继续与人为伴,为人引路。只有牛才认识回归祖先之地的路,没有牛,人的魂魄就不能回归

---

① 2016年1月15日,下排等鲊寨李发彬老人家。
② [英]马林诺夫斯基著. 巫术、宗教、科学与神话 [M]. 李安宅, 译. 北京: 中国民间文艺出版社, 1986: 37.

祖先之地，灵魂也就没有得到最后的安置。因此，敲牛祭祖，是认为牛不仅能将人带到祖先之地，而且还将继续在另一世界为人分担生活中的劳累，给人带来快乐。

二、"乌牛祭祖"的传说

从以上的梳理即可看出，牛与蒙白人（主要是男人）在日常生活中是亲密的伙伴关系，但要把牛作为一种"媒介"，去沟通人的现实与祖先灵魂，在一个人群文化中则需要另外的文化建构性依据。蒙白人的"乌牛祭祖"传说就是这样的依据。它的存在，使得我们有了从蒙白人神话传说中来探讨蒙白人敲牛祭祖的原初意义的可能。

在蒙白人中，有"伏羲姊妹制人烟、乌牛祭祖"的传说。

在伏羲姊妹（姊妹是当地人对姊妹、兄妹的统称，在此指兄妹之意，以下引用陈述人原话记述）时期，伏羲姊妹在天上时，两个人都很有本领，天上的人拿铁柱子来支天，结果地就被铁柱子弄得到处是坑坑洼洼的。当时因为天灾人祸，地上所有的人都死光了。天上的人很嫉妒他们俩，就想整一下他们俩，于是就对他们说："你们两个人很有本领，你们到地上去吧。"伏羲姊妹看到地上坑坑洼洼的，不想去，天上的人就对他们说，你们尽管去，我们会负责把地弄平的。天上的人放了一团雾，看不清地面，伏羲姊妹还以为地被弄平了，于是他们俩到了地上，可是雾一散，地上还是坑坑洼洼的，但他们也返不回天上去了。因为地上的人都死光了，只剩下伏羲姊妹两个。雷公要放水淹他们，伏羲对雷公说："先让我把葫芦瓜种上吧。"雷公答应了。他们俩第一天栽种、第二天就发芽、第三天就长成了瓜。雷公放水淹他们俩，伏羲姊妹就坐上葫芦瓜一摇一摇地来到了天上。他们打了一个大粑粑，揪一坨粑粑粘在箭头上，因为粑粑有黏性，所以将箭射出去后，箭就粘在了那个铁打的支天柱子上。天上的人问这是什么，他们就说这是怪物，天上人说，我们必须把他们骗回到地上去，如果留他们在这里，我们是坐不安逸的。于是

第五章 蒙白人的社会关系实践

天上的人把伏羲姊妹两个人又遣送回了地上。

哥哥说:"现在世上没有了人烟,我们必须想法来制人烟。我们两兄妹去推磨子吧,如果磨的两个部分能合在一起,我们就制人烟。"结果磨子真的合在了一起。于是两兄妹就成亲了,但是七年来一直都没有孩子。他们养了一头牛,兄妹俩就去牵牛来祭祖。结果三年后,生下来的不是人,而是一坨肉。他们将肉放在板子上剁成小块,晚上将小块的肉撒向各个地方,白天一看,肉落在哪里,哪里就有了人烟。正好撒了99块肉,也就有了99姓人。因为我们是百家姓,这么一来就少了一姓,后来他们就去刮板上剩下的肉末,再将这些肉末撒向了人间,也就有了这第一百种姓氏,构成了百家姓,这最后一种姓就是汉族。于是我们就有了乌牛祭天、白马祭地的说法……①

从这则传说,我们可以看出"敲巴郎"②与人类繁衍的关系,至今在蒙白人中都有"敲巴郎"是为了子孙后代绵延不绝的说法。在与龙里县邻近的贵阳市花溪区高坡乡的红毡苗那里也有类似的说法,说是老祖公蔡大富和蔡大贵碰到一头"神牛",两个牛角上分别写着"乌牛祭祖、白马祭天",他们杀牛祭祖后,生了九男九女,人丁兴旺发达。后来其他人也效仿他们"敲巴郎",结果各家都子子孙孙发达得很。依此来看,乌牛祭祖的仪式实践,可以说是"花园"和"坐花园"等一系列空间表征和生产的神性注释,乌牛祭祖可以使人丁兴旺,而"花园"是人丁兴旺的空间实践和表征。但这样的敲牛祭祖的解释在各个不同的苗族地区则是不一样的,他们的文化依据和神性指向也都不完全一样,并且都有自己不一样的文化功能。

在马学良、今旦编著的《苗族史诗》和潘定智等编的《苗族古歌》

---

① 2014年2月15日,正月十六,下排等鲊寨,讲述人:王光兴(60岁,大师傅,白裙苗)、王光林(65岁,大师傅,白裙苗)、李廷湘(50岁,白裙苗)。

② "敲牛祭祖",在蒙白人中也叫"吃巴郎","巴郎"即指牛。敲牛是指杀牛祭祀祖先时,不能用刀,只能用棍棒敲,因而得名。见杨庭硕,潘盛之编著. 百苗图抄本汇编[Z]. 贵阳:贵州人民出版社,2004:123.

中,则说的是为了庄稼丰收长得好才要进行"敲牛祭祖"。故事是这样的:"姜央是苗族的祖先,和水牯牛、雷公、蜈蚣、水龙、象、蛇、虎等是兄弟,他们都是蝴蝶妈妈生下十二个蛋后孵蛋孵出来的。当时,雷公蹬央醒,雷公拉央起,姜央蹬龙醒,姜央拉龙醒,水龙蹬象醒,水龙拉象醒……姜央各兄弟,个个都出世了,但有一个蛋的皮太厚,孵了三年都还没有能够孵出来。于是只好求助暴风雨帮忙,暴风把这个蛋吹下了岩坎,蛋壳被碰破了,钻出了一头水牯牛。但水牯牛不认识蝴蝶,不知道自己的蝴蝶妈妈,这就把蝴蝶妈妈给气死了。后来,苗族的先祖姜央公和姜央婆兄妹俩连续三年庄稼都种不好,种谷不得谷,种麻不得麻。他们特别着急,就去看巫师。巫师对他们说,这是因为他们家水牯牛兄弟不认得蝴蝶妈妈,他们的妈妈死后不甘心,所以他们种谷不得吃,种麻不得穿。只有把水牯牛杀来祭他们的蝴蝶妈妈,才能保佑他们种谷得吃,种麻得穿。于是姜央公和姜央婆在过年时,把水牯牛杀来祭娘。第二年,种谷得谷,种麻得麻,有了好收成。从那时候起,苗家人便兴起了祭祖,且十三年即一个地支轮回过一次祭祖节,用水牯牛做牺牲,祭食牯脏。由于水牯牛具有天生争雄好斗的特点,后人模仿姜央公、姜央婆,在用水牯牛祭祖前,为了博得蝴蝶妈妈的高兴,戏弄水牯牛而开展斗牛活动。"[1] 这是苗族史诗中有关苗族先祖和牛之间关系的记述,是基于苗族最大聚居区域"黔东南"的苗族文化逻辑和实践而言的神性表述。蒙白人于此的神性表述与此有相当大的差异。

这样的神性解释在湘西苗族中又不一样。在湘西苗族中,"敲巴郎"称为"椎牛祭"。在张子伟、龙炳文的《苗族椎牛祭及其巫教特征》一文中,记述道,湘西苗族在举行"椎牛祭"之前,要由掌坛苗巫吟诵"椎牛"古根。"湘西花垣县苗巫龙玉奴,原系十八代红衣法师传人,他说:在母系氏族社会晚期,女首领奶夔,与父系氏族部落的头人玛烤生下了七个戴熊戴育,戴乍戴恺。儿女长大了要寻找生身父母。结果巴业怀志(水牯牛)告以实情,说他们的生父是玛烤,他不管自己的儿女。

---

[1] 马学良,今旦注译. 苗族史诗 [M]. 北京:中国民间文艺出版社,1983:209-217. 潘定智等. 苗族古歌 [M]. 贵阳:贵州人民出版社,1997:94-103.

戴熊戴育因此怀恨，杀父逃遁。母亲十分气愤地追寻他们，令其抵命。经别人劝说，决定让他们捉七条水牯牛来当众杀死，以谢父之罪。同时，请来戴熊戴育的舅父舅母出场作证，'椎牛祭'便由此产生。后代人凡有求于奶夔玛烤赐福禳灾的，便照此例举行'椎牛祭'，一方面请回祖神，酬还愿心，一方面让祭牛背去一家所有的灾难。"①

湘西苗族中关于"椎牛祭"的传说与《苗族史诗》中关于"敲牛祭祖"的传说，都包含有给老祖先杀牛，是为了获得祖先原谅的意思，请祖先不计前嫌，保佑后人五谷丰登、无病无灾。

以上的这些传说故事或是史诗，都表达了牛与祖先存在着紧密的关系，只有将杀牛祭祖作为媒介，才能实现与祖先的沟通，但蒙白人的"乌牛祭祖"则更为注重的是生殖：人口的生产。

对于蒙白人的"敲牛祭祖"，在清代和民国的文献中都有记述，像《黔记》《贵州通志》等。如《黔记》云："白苗在龙里、贵定、黔西等属……祀祖之先必择一肥壮牯牛头角正者饲之，乃聚阖寨之牛斗于野，胜则吉，即卜祭期屠之……"②虽然寥寥数语，但足以说明黔中苗族"敲牛祭祖"由来已久。

蒙白人所养的"巴郎"

---

① 张子伟，龙炳文. 苗族椎牛祭及其巫教特征 [J]. 民族论坛，1995（1）：89-93.
② [清] 李宗昉著. 黔记（卷三）[M]. 上海及各埠商务印书馆. 民国二十五年. 1998年再版：21.

第二节 以牛为祭品的祭祀

上排小谷朗寨所住寨民全部姓王，为一个家族（达贝）。在小谷朗寨一块开阔平坦的空地上，立有两个中间凿有孔的石碑，宽1尺，高2尺：一个为1999年9月所立，字迹清晰；另一个为1994年9月所立，因石碑上的石片脱落，有些字迹已模糊。两个立碑的人都为寨上王家"先"字辈的人，碑上的内容，除所刻的日期和人名外，就是一些祝福的话，在那个字迹清晰的碑上，有"万代荣昌"另加一个"福"字，另一个碑上所刻的祝福语只有"××月齐"两个字能看得清，其他则不清晰了。在离石碑10多米的地方竖有7根木杆，小谷朗寨的王许刚讲，石碑叫"牛桩碑"，木杆叫"牛杆"，其中的一个牛桩碑和牛杆就是其爷爷"吃牛"（敲巴郎）时立的。人们不用等到进入寨子，在离寨子还很远的地方，就能看到牛杆了。有多少个牛杆竖着，就证明这个寨子共有多少人"吃过牛"（"敲巴郎"）。这是个人的荣誉、家族的荣誉，也是寨子的荣誉。

左图：上排小谷朗寨"敲巴郎"后留下的"牛桩碑"；右图："牛杆"

用来作为"敲巴郎"的牛，在完成了斗牛（在上一章已有详述）之后，就被主家牵回家里精心喂养着，等到九月初的猴日（当地蒙白人用12生肖来计算日子），即是"敲巴郎"仪式的开始，猪日，就是它与祖先相会的日子。"敲牛祭祖"在苗族中普遍存在，在包括红毡苗、海葩苗等在内的黔中苗族中，将其称为"敲巴郎"，而在湘西一带的苗族中则称为"椎牛祭祖"，黔东南一带的苗族则称为"吃鼓藏"，虽所叫名称不同，程序也有差异，但都是为了祭祀祖先。

一、"敲巴郎"与身份的获得

蒙白人认为，敲过巴郎的人可以获得"东宏"的称号，以区别那些没有"敲巴郎"的人。获得"东宏"称号的人与没有此称号的人，在去世后的葬礼上是有区别的：没有"敲巴郎"的人，属于一般人，去世时，丧事只用一头猪，一只鸡即可，如家庭富裕，也可杀一头牛；而"敲巴郎"的人获得了"东宏"称号，则需一头牛、三头猪、数只鸡才能办符合礼数的丧事。丧事上祭品的不同，与死后是否能与祖先团聚和灵魂的级别有关，这在下文有详述。在高坡乡①的红毡苗普遍认为："敲巴郎"一方面是为了给祖先送去耕田用的牛，让祖先在阴边②的日子好过，使祖先高兴，从而保佑子孙后代；另一方面是认为敲过巴郎的人将来在阴边就会由"白种人"变为"黑种人"，取得较高的地位，敲过巴郎者在将来的阴边称呼也与一般人不一样，如一生为祖先敲过一头牛的称："动"（苗语音，下同）；敲过两头牛，称"果"；三头称"桑"；四头以后还有各自的叫法。这样表达不同社会地位的称号在泰国北部的瑶族和云南芒市那木寨的傣族中都有存在。"泰国北部的瑶族在个人的一生中会举行一系列'功德修成仪式'——挂灯、度戒、加职、加太，以获得不同等级的社会身份，用称号来表示则是——法、法、郎、太，瑶族人深信通过这些'功德修成仪式'有利于他们在神灵世界中的地位，用获得'阴兵'（防卫深受恶魔袭击的个人的守护神）的数目来表示则是——

---

① 高坡乡，指与龙里县邻近的贵阳市花溪区高坡乡。
② "阴边"一词即"阴间"的意思，那"阳边"也即"阳间"。

36个、60个、120个、120个"①。田汝康先生笔下的那木寨的傣族（摆夷）的"摆"，"做摆所得的称号有两种'汤姆'和'巴戛'：'汤姆'是做合摆或耗费较小的大摆所获得的称号；'巴戛'是做大摆获得的称号，'汤姆'较'巴戛'地位低。两种称号又分为六个等级，由低到高依次为：银、黄金、珠宝、山、山尖、雾。做过摆的人在冢房广场墙边上竖一根五六丈的高杆，杆上系着一幅长约三丈宽约一尺的布幡，因为做过摆，等死去后会在天堂上得到一个座位，怕一下找不着，所以就要用这个布幡作为引导找到在天堂里预备好的宝座"②。瑶族通过"功德修成仪式"，摆夷通过做摆所获得的称号都是现世的，不同的称号代表一个人生命史上的不同阶段，代表不同的社会身份，享受不同的权利和应尽不同的义务。虽然蒙白人通过"敲巴郎"所获得的代表身份的称号是灵魂世界里的，但"敲过巴郎者"在阳世众人中的形象和地位也会有提高，虽没有明确的规定，但"敲巴郎"者与众人相比就能参加一些一般人不能参加的活动，限制就相对一般人要少。这种情形在高坡乡岥林村的"敲巴郎"的一个仪式活动中就有所表现。这次祭祖活动有一个叫"挂吉奈东葛"③的戏谑性舞蹈，就只允许客人中那些曾敲过巴郎的男人，"揭裙嬉戏、叫喊"，其他人只能望而观之。另外，敲完巴郎的人家，一般都要把巴郎角高置家中祖牌坛上，实际是家景、经济实力和地位、声望等的显示。也就是说，在蒙白人中，"敲巴郎"不仅是为了"人丁兴旺"，还有一系列的社会关系和地位的象征性表达。但反过来说，这些也是"人丁兴旺"的基本意义和目的。

二、"敲巴郎"仪式

"敲巴郎"在蒙白人社会中是一种社会关系的运行，同时在很大程度上也反映了通过婚姻建立起来的圈层社会的状态。

---

① ［日］竹村卓二著. 瑶族的历史和文化——华南、东南亚山地民族的社会人类学研究 [M]. 金少萍，朱桂昌，译. 北京：民族出版社，2003：147-150.

② 田汝康. 芒市边民的摆 [M]. 昆明：云南人民出版社，2008：24-26.

③ "挂吉奈东葛"意为"借你家媳妇"，这种戏谑性舞蹈只依附在"敲巴郎"中出现，动作自然古朴。

第五章　蒙白人的社会关系实践

从以上的叙述，我们可以看出，"敲巴郎"后，所获荣誉、身份等仅是"敲巴郎"者个人所得，但"敲巴郎"的整个仪式过程却不是凭一己之力、一家之力能够办得下来的。首先要准备牛，为"敲巴郎"而准备的牛，在体型各方面有严格的要求，这样的牛不可能轻易获得，而且也不能有任何疏漏，所以如果决定了要"敲巴郎"，那么在"兔年"和"狗年"的前两三年就要着手做准备。首先第一步就是要选牛。

1. 选牛

蒙白人所选的牛，一般是到牛马市场上去找，或者托朋友打听，哪家养有大水牯牛，如遇到符合条件、称心如意的，就不惜高价购买。因为要选到一头他们认为的好巴郎，是非常难的，好的巴郎在牛毛、身旋①、牛角、牛眼、牛牙、牛蹄、牛耳、牛脖等方面都有严格的规定。

牛毛和身旋（牛身上的螺旋形牛毛）：牛毛以黑为佳，称"乌牛""青牛"，毛不长不短。翘毛的称"毛冲"，不能用；眼皮上的毛过长称"老虎毛"，也不能用。尾巴上的毛不能盖过后蹄，这样的毛称"扫地毛"，有把人丁扫地出门之恶兆，不能用。另外，其他毛色及杂毛色的牛也不能用。长在水牯牛的四条腿顶部厚肉处的身旋为佳，如果左右前后四个旋的大小，牛毛长短都一样，水平位置，对称性都很好，就称为"四角四旋"，如果此牛脑门的旋也生得好，那这头牛就可成为巴郎中的极品，称"五旋牛"，但这样的巴郎很少见，一般多为三旋牛，即一个脑门旋，牛的前腿或后腿有两个对称的身旋，亦称"鲤鱼旋"。一般来说，除了最讲究这五个地方的身旋外，其他能生身旋的地方生得身旋越多越好。

在高坡红毡苗中还有一个传说，说过去他们的先祖曾敲过一头身有九十九个身旋，又不犯忌的巴郎，自从敲了巴郎以后，此祖先的人丁发展到了九十九家。好的身旋如此，对不好的身旋大致有四种说法：即"软旋""翻丫旋""拖尸旋""滴泪旋"。软旋，即生在公牛气堂处的身旋，认为此处生旋的牛发软，不雄，无力；翻丫旋，即生

---

① 选公水牛时，要先看牛身上的旋，即牛身上的螺旋形牛毛。

在牛的前腿翻过牛脊中线的身旋，认为此处生旋的牛不护家，不能做好活路，送给祖先不吉利；拖尸旋，即生在公牛的肛门下的身旋，拖屎与拖尸同音，视为不吉，臆想用此牛会使人丁不旺；滴泪旋，即生在眼睛下面的身旋，联想到哭死人的眼泪，认为用此牛会有人死其后。此四旋可能各支系中说法不一，但均视为不吉利的忌用的身旋，如果一头公牛有了此四忌的任何一种身旋，不管此牛如何雄壮，都不会被选中。高坡地区的"敲巴郎"中对巴郎的身旋还有些忌旋，但各地均不是很确定的，如果某旋祖辈敲过没有出问题，他的后辈就能继续敲此种旋的巴郎，如果出过问题（如暴病、意外死人、遭灾等）那生此种旋的牛就不会再敲了。于是，此种身旋就可能成为此家族敲巴郎的禁忌，但其他人家不一定有此禁忌。

牛角：入选巴郎的角不管大小都要生得好，大的粗壮的角叫"板角"，小而巧好的角叫"藤子角"。这两种角都可以入选，但都要看角上的"箍"长得好不好，一般来说，角上的箍要生得整齐圆满，箍长不满的不行，长歪了也不行，长得粗细大小不一也不行，角两边的箍不但要长得好，而且要求以对称为美。角上的箍还要求三道箍以上，这样的公牛才标志着从小牛长成了大牛。往角的尖部看，角尖下的那个窝儿也有说头，这窝汉语叫"铁丘"，苗语叫"冷榜"，此窝要圆而深，不能有缺口，如有缺口会漏财等。角上的"冷榜"也还要求对称，大致相似。最后是角的整体的形态，角的弧度要规整，曲线好。角的两尖之间的距离称"角口"，用手掌量，称几巴掌角口，宽一些好，距离太近了叫"扣眼牛"，斗牛时易伤到对方的牛，对不起亲朋，一般不用。巴郎的角从角根到角尖的距离，用巴掌量，称几巴掌角，一般越长越好。

牛牙齿："六瓣六朗当，七瓣一锅汤，八瓣是牛种，九瓣是牛王"。做巴郎的牛一般得八瓣，如有九瓣就更好了，不管是八瓣或九瓣，都要生得整洁白净，不得缺损。

牛蹄：要整齐对称，不能高低不一。一只长一只短的称"剪刀蹄"，不能用。另外，牛的蹄色也得一致，一只白一只黑的也不好。

牛耳：要求耳尖不分叉，硬，竖得直，对称整齐，软和受过伤的也不行。

牛眼：要鼓、要大而有神，有一股英雄气。有鼓眼睛的牛保佑而生的后代雄得起，凹眼睛下的崽没有神气。另外，眼角上有白毛的，不能要，那叫"假眼睛"，有名无实。

牛脖：有的巴郎脖子靠头部的地方有一圈白毛，称"单项圈"，还有的肩部的地方也有一圈，称"双项圈"。双项圈的巴郎好，单项圈的可以用，但要看自己的祖先敲这样的牛出过事没有。如出过事，就不敢继续敲了，敲过没有出事的话，就敢继续敲。

牛身：对牛的体格选择上，一般要求高大雄壮，有力勇敢，喜欢打架，打架常胜者为最好，牛的体格上分头班牛（头等牛）、二班牛，一般选头班牛，二班牛不犯忌也可以用。

2. 请巴郎酒

从牛马市场或者从旁人那里买到理想的"巴郎"后，在回来的路上，凡经过亲戚所在的寨子，若寨内有至亲者，须前来将"巴郎"牵去，鸣炮相迎，赠送三五把谷禾并盛情招待，唱《巴郎歌》（见附录五），主要是唱拿上银子去什么地方买牛了，花了多少钱，经过了哪些地方，路上遇到了什么……每经过亲友的寨子都如此这般的热闹一番。到家时，女主人得着盛装（一样装饰也不能缺）迎接公牛，同时放铁炮①冲，以告知四邻："巴郎进家噢。"牛到家，锣鼓声不绝于耳，鞭炮齐鸣，犹如办喜事一样热闹。寨上各家妇女则先后为"巴郎"送来草料，一是犒劳牛，二是向主人祝贺。这时，所有的亲朋也都来表示祝贺，按亲疏关系分别送不同等级和量的礼物，主人则把这些送礼者的名字记下，并以酒肉招待。

从以上的选牛和请巴郎酒可以看出，祭牛不能用家里饲养的、用来耕田的牛，必须是从外面的牛马市场上买入专门的祭祀用牛。购买的祭牛从牛角、牛眼到牛耳……都有严格的要求，将牛买回来以后，路过亲戚朋友的寨子时，要唱《巴郎歌》，要举行隆重的欢迎仪式，回到本寨子时，又

---

① 苗家一种铁制的爆竹式的火炮，填上黑火药，点燃引线，冲天而响，铁炮可反复使用。

是一系列的欢迎仪式，因此买巴郎是一个神圣的仪式过程，由此，也体现出巴郎所负载的神圣意义。在《百苗图抄本汇编》"白苗"条中，"刘甲本"所绘："前往选购祭牛的妇女手提篮子、男子手执竹竿，其用意则是要将篮中的食物来犒劳牛，而男子手执的竹竿则是作为选定祭牛的灵魂替身，用其引导祭牛安全返回寨子"①。出于个体家庭要"敲巴郎"的目的，选牛、买牛为个体行为，但将巴郎买回来后，巴郎就不再代表着个体的荣誉了。在路过别的寨子时，寨子里的亲戚会将巴郎牵到自己的家里，就好像是他们自己买的巴郎一样，吃酒、唱歌高兴一番，同时也是向寨子里的人炫耀。每经过一个寨子，寨子里的亲戚都会如此做，这即是表现了人们的一种"结群"心理。等来到自己寨子上后，寨子上家族里的妇女给牛送来了草料，对牛进行犒劳，其他的亲戚朋友也都送来了礼物，一方面是来表达向主人庆祝，另一方面也表达了这是自己应该做的和分内的事情。

3. 转场和斗牛

到了七八月间或"跳园"期间斗牛的日子，就拉牛来斗牛场上转场和斗牛，这部分在前面章节中已有详述，在此不再赘述。

4. 敲巴郎

首先，要请姻亲。"敲巴郎"时，事前须按照女婿的大小次序来征求他们的意见，看他们哪个有能力，并愿意来"拔脖颈"②。同意"拔脖颈"的女婿，在敲牛之前，需杀一头牛来招待舅舅或外公（蒙白人习惯跟着孩子喊长辈），即"敲巴郎"的人家，吃一个进出，即头一天去吃一餐住一夜，次日吃完早饭即回。之后，主家要去通知寨子上的人，每到一家，主动向被请之客人要1只鸡，3把米，若客人不在家，可以随意提上1只鸡就走，客人知其事，不但不反感，反而觉得体面。

在杀牛之前，需做以下几件事：一是立牛杆。按古规，须上山砍一根长2丈左右且枝叶繁茂的杉树，再在树干上各画13道白黑相间的线，树干顶上再钉一个用木头做的木牛角，最后栽在全寨统一固定的地方，吃一头"巴郎"立一根牛杆。牛杆是祭祖的一个重要标志，便

---

① 杨庭硕，潘盛之编著. 百苗图抄本汇编[M]. 贵阳：贵州人民出版社，2004：97.
② "拔脖颈"，执行敲牛。因牛的脖颈肉归女婿所有，所以有如此称呼。

第五章 蒙白人的社会关系实践

于祖先们"来参加祭祖"。二是编牛索。这是家族中弟兄们的事,用竹篾编成3丈长的绳子,用来绑牛。三是立牛桩,也即牛碑。宽1.5尺,长5尺许,碑是用石头制作的,上刻有字,上下各打一个洞,用木棒一根横穿下面的洞,埋入地里,上面的洞用于固定牛鼻子,便于敲牛。牛桩刻的字大意是:某年某月某日,×××(儿子名)为×××敲牛×头……作为永久纪念。四是挂鼓,一个家族有两面鼓,长3.8尺至4.5尺,直径1.8尺左右。鼓是用香樟树制作的,别的树不能代替,所以苗语称香樟树为"鼓树",凡"敲巴郎"的本家族,鼓是挂在辈分高或年龄大的人家里。谁家用完就放谁家,鼓是祖先住的地方,与其说"敲巴郎"是祭祖,不如说是祭两面鼓。

九月猴日那天,先用1只鸡解邪气,晚上用一棵稻穗祭祖。鸡日,即第二天,客人来时,一般送1只鸡,1块肉,鸡是大礼,一般都送。狗日,即第三天,答应"拔脖颈"的女婿来时,带的礼物是1斤姜、1斤麻、1口锅、100个蒜、1只雄鸡,专门制的敲牛的榔头及凿。姜、蒜及鸡肉末互相掺和,家族每户分一点吃,并招待客人,一人一小点。麻是用来编索子拉牛到牛桩上。因他是敲牛的主角及执行者,因此,迎接他及其随行来的人,比迎接其他的一般客人要隆重一些。女婿来时还叫来了自己寨子上的一位姑娘(在高坡红毡苗那里,姑娘则是女方寨子上的),不进屋,直接住在牛圈边,不能随意动。牛动,则仿照牛的动作动,牛怎么动,他们两人就怎么动。专门有人不时以蒜、姜、鸡肉末喂他们。大师傅(丧让)在旁边念,等大师傅念完后,他们两人才可以动,一般要好几个小时。

猪日是敲牛的日子,这天,执事的女婿,身着红绸装来到敲牛的地方,先挖牛桩(碑)洞,女婿先挖三锄,其余由舅爷及有关人挖完。洞挖完,将牛拉出门,以一根麻索(女婿送的一斤麻搓成)和一根花腰带牵牛出门。此时,如牛拉屎撒尿,这是吉利之事,用撮箕接起来。家族中要敲之牛,按主人辈分及年龄大小从左到右依次排好,举行敲牛,俗称"敲排牛"。

"大巴郎"披红挂彩被牵到敲牛桩前,大师傅端着一个木盘或竹盘,盘中有一碗米,上置一个鸡蛋,还另有一碗米。大师傅抓起碗中

左图：敲牛的"凿子"　　　　　　右图："敲巴郎"仪式中杀牛时的场景

米粒撒在牛背上，边撒边念，念的内容大致是：这巴郎的来历和根由，来到人间后是用来耕田地的，但你（指牛）被选为"大姑娘"了后，就不用在人世间耕田种地了，而是要用作祭祀某位（指名）祖先，然后声明不是我们要吃你的肉，喝你的汤，而是这位祖先要拿你到阴边去耕地种田，是老人需要……——交代清楚后，米也撒完了。

这时，原定敲牛的那四个人出现了，他们身穿黄绸袍，手拿木棒，为首的女婿手里还有两片竹子，上夹一凿子。四人围住巴郎，女婿用牛角把米酒洒在敲牛桩顶（表示姻亲联盟，不让外族入侵此寨之意）。然后，姑爹用竹片夹的凿子从牛尾沿脊背移到牛的头顶处，停住不动，拿木棒的几个人挥舞着木棒，围着巴郎，顺着绕三圈，倒着绕三圈，听大师傅一声令下，那凿子就被猛击进牛脑（此时巴郎已被舅家的竹索和牛绳紧紧地压拴在牛木桩上），但现今只是象征性地比画一下，就由十几个精壮的男人把巴郎拉倒绊住，由姐夫、妹夫家得力之人用长刀直刺牛脖颈处，杀之。血喷涌如泉，数人用牛角接住，倒在一只早已准备好的木桶内。

把这头牛收拾完后，接着第二家的牛也牵了过来，程序如上进行。并将所有的牛于当天敲完，这一天也是大宴宾客的时候。

被敲的牛脖子及往尾部的13根带骨之肉归执事女婿，一个后腿连尾巴归母舅。送鸡的宾客，每人一两斤牛肉，一头牛就所剩无几。因此，往往另杀一头"枕头牛"（菜牛）招待亲友。这天，大家开怀畅饮、高歌，场面隆重，气氛热烈，热闹非凡。

第五章 蒙白人的社会关系实践

鼠日即第五天,"客走脖颈出",母舅得一只后腿(连尾)回去了,送鸡的客人们,每户得一两斤牛肉回去了,女婿抬着牛脖颈准备要走了。但女婿要走并不是那么一帆风顺,本寨的姑娘们团团围住他,拦着去路,女婿无法摆脱,只好放下牛脖颈来割些牛肉打发了事。女婿脱身启程了,每经过一个寨子,寨子里的姑娘们同样来拦路,女婿又以牛肉几斤送给姑娘们。因此,有些路远,经过的寨子多,往往肉被各个寨子的姑娘们割完,剩下一个牛骨头架子回家。

第六、第七天即牛、虎日,家族复席又同吃一餐,整个"敲巴郎"要搞七天七夜才算结束。

七天七夜的"敲巴郎",全由家族中的大师傅、芦笙师、鼓师主持祭祖仪式,在七个日日夜夜里,芦笙声不断,鼓声不绝。牛敲了、客人走了,但他们的事并没有结束,因为祭祖仪式每天都要举行,一直到第25天解牛绳(固定在牛桩上的牛绳)才了事。从虎日结束到第25天解牛绳,大师傅、芦笙师、鼓师仍在主人家进餐,每顿酒肉招待。

"父死留儿,牛死留角","敲巴郎"后牛角放在神龛的位置上,作为"敲巴郎"的凭证和永久的纪念。"敲巴郎"的牛角和牛桩(碑)的碑文,后世人一看,就知道这一家什么时候敲过巴郎,是一种身份和地位的体现,而这种身份和地位则通过"敲巴郎"仪式,而被物质化为牛角和牛桩(碑)。这类似于贵州雷山县的一些苗寨中所存在的一种传统的、自治的社会规范——榔规,榔规有助于维持社会的正常运行,但其运行的前提和其权威力量的施展则必须通过一个叫"咙当"的仪式,将榔规这一规范和权威物质化为一块可见的石头[①],因此保留牛桩也是一件值得重视的事。牛桩保护的办法,一般栽在敲牛的位置上,有的用土埋,有的则盖好,以避免风化。如本章开头所叙述的上排小谷朗寨的牛杆和牛桩(碑)一半埋在地下,一半在地面上。如此的"敲牛祭祖",是一种血缘姻亲圈层的群体祭祀行为,牛虽是贡献给祖先的祭品,但敲牛的主人获得了一定的称号,实现了身份和地位的提升。

---

① 赵旭东,周恩宇."榔规"运行的文化机制——以贵州雷山甘吾苗寨"咙当"仪式为例[J]. 民族研究,2014(1):71-78.

三、葬礼——亡者的护身符

上文提到蒙白人在世时如敲过巴郎，就会获得"东宏"的称号，而且在去世后的丧葬仪式上所用的祭品与没有敲过巴郎的人也会有所区别。那么不同的祭品又体现了什么样的社会意义呢？

一般人的丧事依死时年龄不同，又分为三种：

（1）一般人的葬礼

> 蒙白人的丧葬分"开大路"和"开小路"两种，前者要杀牛且仪式复杂，后者杀猪仪式简单。通常将亡者分为寿终、善终和夭殇。寿终：50岁以上，丧葬礼仪隆重繁复（即举行"开大路"仪式，杀鸡、杀牛、杀猪，请大师傅念咒、鼓师敲鼓、芦笙师吹芦笙）。善终：18岁至49岁，丧事可从简，办"开小路"仪式，如家庭富裕亦可隆重办理，举行"开大路"。夭殇：不满18岁、难产妇女、死在外面或死于传染病、自杀、被杀以及其他非正常死亡者，其办理方式有多种禁忌，如忌停正堂，出殡要从侧门、后门，棺材用一般平板，给这些死者举行"开小路"仪式。如在外面死亡者，抬到寨门口，要请"大师傅"用公鸡"扫邪"，以水洗净尸体后，更衣装棺，再抬到院坝停放，棺材不得进屋；而老年人在外病故（正常死亡），经"扫邪"、净身后，棺材可进屋。其中难产妇女和死于传染病者（俗称'不干净'）要火化，认为如不火化，祖先不愿接收，三年以后再给其举办"开小路"仪式。蒙白人对其族人是宽容的，无论是如何死亡，只要经过了"开路"（"小路"或"大路"）仪式，3岁以上的死者，无论男女老少都可入祖先行列，享受后人的供奉，不足3岁的人则是不可以的，因为他们认为不满3岁就是还没有成形。[①]

---

① 丧葬习俗的材料由几部分材料统合而成：本人访谈资料、参与观察资料、龙里县水利局局长杨必清所搜集的丧葬资料、20世纪80年代由龙里县民族事务委员会所编的《龙里县民族志》中的丧葬资料、杨昌文（已故）于20世纪80年代末所做的调查"龙里县中排乡和民主乡苗族考察记略"。

第五章 蒙白人的社会关系实践

(2) 大师傅、鼓师、芦笙师以及"敲巴郎"者的葬礼

经济宽裕的人家,有人去世,即使不是大师傅、鼓师、芦笙师以及"敲巴郎"者也可以敲牛祭亡人,但亡人生前如果是大师傅、鼓师、芦笙师或本身曾"敲巴郎"的,则必须要敲牛,富裕的人家,还会再多敲一头牛,作为"枕头牛"(菜牛),因为,他们的葬礼上来的客人会比一般人的葬礼多,葬礼也尤为隆重和特别。

他们的葬礼,会进行两次"开路"仪式,也即在抬上山(埋葬)了后,转回家来还要再开一次路;大师傅、鼓师、芦笙师还会穿起"红袍"来"开路",其他一般人,则不穿;会用两根竹子,以斜十字架的式样拦在大门外,并系花腰带,放两坛酒在侧门,这是与一般亡人丧事礼仪不同的地方。来祭奠的人,须在门外祭一番,丧家以酒敬之,祭奠者对亡人"说"一番奉承、夸耀的话,大意是:"多谢老人(亡人)的酒,我吃了一杯、二杯、三杯酒,大家亲友在后面等着……"话不能说错,更不能只说"一杯、二杯",一定要提到"吃三杯酒",说错或少说的,被罚酒,一直罚到说对、说全为止。往往这些人的丧事,凭吊者多,客人络绎不绝,丧家孝子认为这是最体面最光荣的事,因此,都全力以赴,尽力办好。①

蒙白人因去世时年龄不同、死法不同、生时身份不同、是否举行过"敲巴郎",葬礼呈现出了隆重与简单的差别。活的岁数越大,生时担任过大师傅、鼓师、芦笙师,举行过"敲巴郎"的人的葬礼就越隆重,而死时年龄小、没担任过大师傅、鼓师、芦笙师,也没举行过"敲巴郎"的,尤其"死的不好"的人葬礼就越简单,当然富裕家庭又另是一说,这里只是从合乎规矩的葬礼角度来说。对于葬礼的隆重与否、牺牲的多与寡、仪式的繁与简,蒙白人于此有一系列的观念和认知。蒙白人认为,这些关系着亡者的"旅途"安全和顺利与否,以及亡者在他们的世界生活的幸福与

---

① 丧葬习俗的材料由几部分材料统合而成:本人访谈资料、参与观察资料、龙里县水利局局长杨必清所收集的丧葬资料、20世纪80年代由龙里县民族事务委员会所编的《龙里县民族志》中的丧葬资料、杨昌文(已去世)于20世纪80年代末所做的调查"龙里县中排乡和民主乡苗族考察记略"。

否。因亡者在聚合到亡者社会之前有一段路途，路上还有重重关卡，需要钱和物品来疏通，所以在葬礼时，活人供奉的牺牲、为亡者准备的衣物、海贝（蒙白人亡者的额头上会系上贝壳饰品，在历史上他们曾用贝壳当货币使用①）、被子、食品就成为他们路途中保证安全和顺利的必需品；"开路"念咒的次数、仪式的繁多则成为对他们具有护身功能的符咒，因此，活人为亡者举办的葬礼越隆重、牺牲越多、亡者在聚合到亡者之前的路途中就越顺利和安全，也能更好地被亡者世界所接纳，过上更好的生活；反之，则路途艰难痛苦，难以得到接纳，生活也不会幸福。

（3）蒙白人亡者所走的线路②

第一条线路为：谷朗田坝的下坝，点到的地点是，招汪—哈虾—高嘎贝—毕祖洒—毕祖多—张鲊—张多—嘎兄冒。

第二条线路为：高嘎贝—张嘎热—高嘎渣—贝杭多—贝杭洒—港—帮陡—跟八。

第三条线路为（这是去青岩跳月的路）：招汪—哈虾—高嘎贝—张嘎热—高嘎渣—贝杭多—更席—跟日央—毕鲊（汉名是绿竹塘，是阴间苗族的一个跳月场）—嘎早啦央—刮日细、刮吴细（这里看到的是牛屎）—日壤、日朽（这里看到的是石牛，即石牛坡）—八甲细、八共细（这里听到的锣鼓声）—赳日、赳八（这里的半岩上有水，鸡可以直接用嘴去喝水，人要用竹片去接来喝）—比岔港、比岔句（这里是三岔路，不能听别人哄，记得要走中间那条路才对）—币嘎扎、币嘎闹（不能听别人哄，记得这里是毛毛虫山）—革慢董、革慢道（这里是绿水凼，要过河水，如果有男女朋友，朋友就帮牵手过河，如果没有，就只好借助蜘蛛网过河）—一棵树（这棵树一天开99种花，一夜结99样果子，不能听别人哄，记得要摘一朵白色的插在头上去参加跳月）—庞壤、庞修（不能听别人哄，记得这些是龙藤）—唱

---

① 海贝最初来自云南，唐朝时期云南的大理、南诏通行贝币，后传入贵州，再传入黔中苗族地区。蒙白人先祖将其作为装饰品，有其美观的一面，但更多还是财富的象征。见杨庭硕．以贝为饰习俗成因考［J］．贵州民族学院学报（社会科学版），1985（2）：53-56.

② 资料来源于下排谷朗寨杨必清．

壤、唱修（不能听别人哄的是龙血和雷公血，记得看到的这些是杀牛出的血）—币嘎热、币嘎崩（不能听别人哄的是冰雪，记得这些是祖宗留下来的饭团）—底不龙冬（换衣服关口，抬头就可以看到跳月场了）—比得抢，比得更（到达跳月场，和自己心爱的男女朋友们，新旧情人们欢乐地跳月）。跳月完后就原路返回，直接回到寨子旁边，可是不能进寨子了，走入了祖宗们的坟地，永远和祖宗们在一起了。

因此蒙白人的一生，无论男女可以说是为自己的死后奋斗的一生。人生无常、命运多舛，这是人自己无法控制的，但多积累点财富，能在活着的时候举行一次"敲巴郎"，或者没有能力搞"敲巴郎"，多积累点财富在死后能有一个隆重的葬礼也行；对于男人来说，在生前争取能担任鬼师、鼓师、芦笙师之职则是无上的荣耀，但是这三种身份在蒙白人的社会体系内，是一种制度性的传承，担任者除要有能力外（能记得住祖祖辈辈所有3岁以上"开过路"的亡人的"小名"，没有书本记载，全靠心记），还要符合"达贝"①（"家头"）内各"达贝"（"房族"）间约定的规则，所以不是任何人都可以承担的，但即便如此，正月间、亡者去世时的"经堂"里，坐在那里跟着大师傅学习的本家族年轻男人大有人在。

从葬礼来看，蒙白人是宽容大度的，只要是3岁以上去世的人，经过了"开路"仪式后，无论他们的灵魂走向亡者世界的路途有多艰难，但最终都会聚合到亡者的世界。在前面章节中提到，在蒙白人中有关于"太多果"（谈恋爱）与人的灵魂的关系，如果在年轻时没有"太多果"，亡者的灵魂在与祖先世界相聚合的过程中就不太顺利，则是对蒙白人葬礼不同等级的说明。蒙白人对亡者的宽容，也正是对活人的宽容，这份宽容就表现在对于那些"死的不好"的人——不满18岁、难产妇女、死在外面或死于传染病、自杀、被杀以及其他非正常死亡者——的葬礼上，对于蒙白人来说，这些"死的不好"的人的灵魂，如果处置不好，极可能成为生者的敌人，所以经过"开小路"，也即为他们准备少量的牺牲、物品，也要让他们聚合入祖先的世界，找到生时的位置，安分守己。所以即使是最让

---

① 在蒙白人中，从最小的社会单位家庭或者家户到"房族"再到"家头"（家族），苗语都为"达贝"，他们平常所说的一句话，"家头里还有家头"就说明了这样的意思。

活着的人以及让祖先难以接受的"难产妇女和死于传染病者"也要经过对尸体进行火化,举办"开小路"仪式后让他们聚合入祖先世界,因为他们认为"火化"可以净化他们的灵魂。这样,他们就不会变成活人的敌人,而来伤害活着的人。但也有例外,因为他们的葬礼办得简单,为其准备的牺牲少、物品少、他们在亡者世界过得不好时,就会来骚扰活着的人。如遇此种情况,活着的人为了安抚他们,就要给他们重新准备牺牲、物品,再重新将他们引回亡者世界中去。如蒙白人经常进行的"打梅拉"就是如此。

图一:亡人进行超度的"经堂",左边位置显示的三人依次为副的大师傅、正的大师傅、鼓师,其他的人则为作陪的"伯爷老叔"和想学念咒的本家族人
图二:亡者同母异父的兄弟的孙子准备牵着巴郎到斗牛场去"转场"
图三:将巴郎牵到了斗牛场上,家族里的媳妇们将"跳园"时男女都要系的腰带搭在了巴郎的身体上
图四:巴郎"转场",家族里的媳妇们跟在"巴郎"后面
图五:敲巴郎
图六:巴郎头
图七:大师傅、鼓师、芦笙师所得的"报酬"
图八:丧葬仪式上挂在侧屋门楣上的两面鼓和两个芦笙

"打梅拉"实际上是蒙白人的巫文化的现代遗存,在其精神观念方面有深刻影响,蒙白人的一系列岁时节令空间的意识中,都有巫的意识影

子，而"打梅拉"的存在就是其基础之一。

这就是蒙白人的世界，活人世界与灵魂世界，这就是他们之间的沟通交流、相互作用和影响。他们之间的互动是通过鸡、猪、牛这些牺牲作为媒介来达成的，牛是最好的祭品，也是最高级的祭品，为了能在自己死后也有牛来作祭品，在生前能够担任大师傅、鼓师、芦笙师之职是一个办法，但因"家头"内对这一职位的担任是有选择性和规定的，不是任何的男人都可以来担任，所以就只有第二个办法，生前积累财富，敲一次巴郎，就成为蒙白人最大的心愿。但因为花费较大，在以前，一般的人在一生中最多只能搞一两次"敲巴郎"的活动，有的甚至一次都不搞，但有财力雄厚的会搞多次，高坡乡大洪村石板寨的王光白的老祖公就搞了七次"敲巴郎"，不仅以自己的名义，也以自己老婆的名义。

第三节　社会关系的象征性实践

从本章第二节中所描写的"敲巴郎"仪式，我们可以看出，整个仪式耗时间、耗钱财、耗人力。从时间上来看，从第一天猴日起事算起，到最后一天解牛绳结束，前后算起来要二十五个日夜，将近一个月的仪式过程；从财物上来看，主家要买一头大水牯牛，一头"菜牛"，够大家吃的米、够大家喝的酒，女婿家还要搭配一头"菜牛"，客人来时，要带上鸡和肉作为礼品。从人力上来说，敲牛、做饭、炒菜、斟酒等都需要寨子上家族里的人来帮忙。虽然整个"敲巴郎"有这么多人参与其中，但最终的名誉，无论是阴间的还是阳间的都只是归于一个人。那众人在此仪式中分别承担着什么样的角色，他们于此次"敲巴郎"中的仪式展演又说明了什么呢？

作为祖先崇拜的祭祖仪式，在苗族社会普遍存在，像"椎牛祭祖""吃鼓藏"和"敲巴郎"都是各个地方苗族的祭祖仪式，且已有多项研究成果的出现。杨正文教授对黔东南苗族的"吃鼓藏"仪式从社会组织的角度进行研究，"认为其是一项统合地缘宗族或拟制性宗族为目的的祖先祭祀仪式，通过对始祖及祖先群体的共同祭祀，对家族、宗族的'血缘'意识，村落社会的伦理秩序，姻亲圈的汰选和持续起到了不断地强化作用"①。蒙白人、"红毡苗"和"海葩苗"等黔中苗族，多为一寨一家族，不同于黔东南苗族在历史过程中因互认兄弟或父子，以及经收养、抱养衍生出的各种若干拟制性宗族共居一寨的现象，所以他们举行的"敲巴郎"祭祖仪式在于强化共为一个祖宗的群体意识，调整并保证群体社会的团结与互助；对于姻亲②，一方面体现的是对姻亲集团界限的确认和汰选③，以及与姻亲的依存和共荣；另一方面则体现的是一种"补偿和索求"机制，补偿外家和舅家的人口输出，向人口输入的女婿家进行索求，以此来寻求一种经济上和社会上的平衡。

一、平等的乡土社会逻辑——家族互动

蒙白人多一寨一族聚居生活，以此形成的血缘社会，多为稳定的、缺乏变动的社会，也即费孝通先生所讲的"是安土重迁，生于斯、长于斯、死于斯"的社会。在这样的血缘社会里，人与人相互了解、相互会意，形成了共同的会意机构，有了共同的象征，形成了共同的社会关系空间，在这一空间里人们明确了个人的位置，形成了互相配合行动的分工体系。

大师傅、鼓师、芦笙师为蒙白人社会中祭祖仪式和丧葬中不可或缺的三个人，只有三个人相互合作才能把祖先请过来、把祖先招待好、并再送回去，可以说他们是仪式中与神灵、祖先进行交流与沟通的关键。他们作为仪式的主持者也只有在限定性的仪式时段和场合方显神圣，在日常生活中，未必享受什么特别的权力，与寨上的其他成员一样，日出而作，日落

---

① 杨正文. 鼓藏节仪式与苗族社会组织 [J]. 西南民族学院学报（哲学社会科学版），2000(5)：16-29.

② 此处的姻亲关系，不同于法律上所指的姻亲关系，是蒙白人社会习俗、观念中所指的姻亲关系：母系姻亲（母舅）、自身姻亲（妻舅）、子代姻亲（女婿），按亲疏关系排列则是：妻舅、女婿、母舅。杨正文教授认为，这是因为妻舅和女婿代表的是两个新结盟的姻亲家庭，同时妻舅和女婿为核心的姻亲圈中最近的关系。母舅则因为母亲为核心的家庭分化或解体，出现多个核心家庭（如与本户主对等的兄弟的家庭）而疏离。

③ 杨正文. 鼓藏节仪式与苗族社会组织 [J]. 西南民族学院学报（哲学社会科学版），2000(5)：16-29.

第五章　蒙白人的社会关系实践

而归，只有到了仪式场合，他们才被认为是具有与"祖先"进行沟通能力的人。在蒙白人中，每一个家族都要有这三个角色，三个角色的任职是由各房族中的人轮流来做的，首先要由各房族中的长子来做，长子实在做不了，才会轮到老二，依次类推。这三个职位在蒙白人社会中意味着一种"荣誉"，与"敲巴郎"所获得的荣誉差不多，所以人们都很积极。每当老人过世、或"敲巴郎"时，家族里的男人们都坐在大师傅身边学，听大师傅念，正月间，大师傅也会找时间来教他们。据说，在以前，学做大师傅则是有一本书的，只有认识字的人才能做大师傅，认不了字的人就没机会，而会认字的人特别傲慢、不好请，后来老祖公一气之下，将书烧毁，全凭心记，这才给不识字的人以机会。可以说，这三者的权力是一种特殊的制度性传承，是被蒙白人社会所认同的一个群体。

在"敲巴郎"中，这三个人是最辛苦的，他们要在主家做25天的仪式，但回报仅是主家的招待，以及每人得一块牛肉回去。当然在此不能用简单的回报来对应这三者的付出，因为这三者在蒙白人的社会价值系统内，被认为是掌握着标准化的仪式知识，是在仪式中代表大家与祖先进行交流的使者，这既是他们的权力也是他们的资格，是受人尊敬和爱戴的，作为仪式的主持者，仪式赋予了他们权力的化身和神奇的符号，每多做一次仪式，其获得更多的是人们的尊敬以及自我价值的认定。

在"敲巴郎"仪式中，不仅大师傅、鼓师、芦笙师有他们的分工，寨子上家族里的人都有自己应该做的事情，不需要明示，因为在这一社会空间里，已经形成了一个分工合作的结构，每人依据他所处的地位，按着指定要做的事去做，仪式的顺利进行与社会规定下的分工合作相关。也可以说，在蒙白人看来，一家的事情就是全家族的事情。因此在"办事"的一个星期之前，女主人就会邀请寨子上一个家族的媳妇们去给他们家砍柴、背柴。从功能的角度来说砍柴是以防天气冷，除了烧柴火供大家取暖，更重要的是"办事"用于食物烹饪的燃料。如果从柴火作为燃料的角度来考虑，则就不必是砍柴的那天无论刮风、下雨，自己家有事无事，都必须得去了，因为每家每户都有柴房，家家都储备有柴，可以从自己家背柴过去给"办事"的人家。所以可以说妇女间相约去砍柴体现的是一种集体活动，邀请同家族的女人一起到自家的坡上去砍柴和背柴，体现的是一种家族之间的凝聚和互助。

办酒那几天，寨子上帮忙人的工作是：媳妇们负责蒸饭、磨豆腐，①姑娘们则负责烧火、洗碗、洗菜、背碗、背菜。② 蒸饭，则是将米洗好后放在甑子里，然后放在一口大锅里来蒸，饭是不用主家来蒸的，寨子上的每家每户都有一口大锅，一个大甑子，一个大木桌子和十个凳子，上面都写有每家男主人的名字，这些都是为办酒而准备的。如王家办事，就由寨子上其他王家所有的媳妇来蒸，也就是说蒸饭是寨子上所有王家媳妇的事情，要办酒的前两天晚上，主家会将要蒸饭的米，要磨豆腐的豆子分配到各王姓家里，再告诉她们是在办酒的哪一天蒸饭。王家的媳妇们将饭蒸好后，再轮流将饭背到主人家。如果一圈人轮完后，饭还不够吃，就再开始一轮。

男人们则是按照分工，进行杀猪、切菜、炒菜、斟酒、倒茶、搬桌子。上了年纪的男女老人虽不帮主家做事情，但都会聚集到主家里来吃饭，并坐着聊天。俗话说"一家一户的事情是全寨子的事情，一家一户忙，全寨都要忙，一家一户休息，全寨人都休息"。因此，从办酒第一天的早饭开始，寨子上家族里的男女老少帮忙的不帮忙的都会来吃。

来帮忙的人不会要主家任何回报，因为还是他们那句话"一家一户的事情是全寨子的事情，一家一户忙，全寨都要忙，一家一户休息，全寨人都休息"。

客人主要分三种：同一家族的搬到别处去的人，姻亲里的母舅、妻舅、姑父、姨父、女婿、表兄弟，执事女婿和大妻舅，除执事女婿得到牛脖子肉以及往尾部的13根带骨之肉和大妻舅得到后腿连尾巴的肉外，其他的肉分给送鸡的客人，分完肉后，再另杀一头菜牛招待亲友们。

这种习俗或者是规约很有意思，一是它是潜在的，没有任何的明确的"书写"，入群的人在经过婚姻关系的缔结后，就自然而然了然于心，因为

---

① 原先每家每户都有一个石磨，就是用来磨豆腐的，但现在只剩李姓家族中有三家人有石磨，其他家则没有了，当然寨子上也有用机子将豆子打细来磨豆腐的，但人们认为机器打的没有手工磨的好吃。

② 现在姑娘们要做的这些活也由媳妇们来做了，在以前寨子上的年轻姑娘们穿着漂亮的裙子，辛勤干活的背影也给来吃酒做客的亲戚朋友留下很深的印象，各自在心里也盘算着，将其介绍给自己的哪个儿子或侄子。

第五章 蒙白人的社会关系实践

嫁过来的媳妇娘家所在的寨子也是这样的"结群"结构，是一种自然的习得。二是"忙"被强调为个体与群体是同一的，但"不忙"的休息也是要被强调的，这背后就是同乐的机制。这隐含了在年节中的群体性娱乐的意义，比如在"跳园"等活动中的共同参与性，它也涉及共同空间构建的观念性基础。

图1、图2、图3、图4：媳妇们在磨豆腐、洗碗、用甑子背饭、择菜

图5、图6：上了年纪的奶奶和爷爷们坐着烤火聊天

图7、图8、图9：男人们切菜和杀猪

二、祭祖仪式上的姻亲关系

蒙白人在"敲巴郎"时，必须约请的姻亲有母舅、妻舅和女婿，而且事先都会通知商量，征得他们同意，以决定由他们中的哪一位来当执刀敲牛者。[①] 在黔东南苗族的"吃鼓藏"中，"……如果只有妻舅出场，那么妻舅是当之无愧的最尊贵的客人，也是当然的执刀杀牲的人物。然后依次为女婿，无舅莅场时，女婿可以操刀杀牲……而且，有无舅辈（特别是妻舅）前来参加节祭，并执刀杀牲，成为每一个家庭十分重视的事情，甚至

---

① 关于敲牛祭祖仪式中，对于执刀敲牛者的规定，见王发杰. 贵定县巩固乡苗族捶牛祭祖 [A]. 贵州省志民族志编委会编，民族志资料汇编：第二集，苗族 [M]. 贵州省编辑组：苗族社会历史调查：（一）[M]. 贵阳：贵州民族出版社，1986.

被视为家庭是否兴旺、强势的标准"①。在布努瑶的仪式中，如丧礼、"架桥求子"等，舅家是必须到场的，所以用他们的话来说，即是仪式需要由"'父权'与'舅权'配合方能实现"②。这些都体现了姻亲关系对于一个家族的重要性，用王铭铭教授的话即是，婚姻不仅对于家族的绵延起到了传承的作用，在中国的传统乡村社会里，它还起到了"地方性的协调机制"③作用，通过相互之间的通婚，不仅能够获得大量的社会互助资源，壮大自己的家族，而且还能扩大自己在排内与其他家族的联系。在蒙白人的"敲巴郎"祭祖仪式中，我们亦看到了对姻亲的重视，以及与姻亲间的相互依存与共荣关系。

《百苗图抄本汇编》中展现的蒙白人买"巴郎"的场景

蒙白人用来做"敲巴郎"仪式的牛，不是家养的、用来干活的耕牛，而是从集市上买回来的、有多种要求的牛，如"犄角端正、毛旋合

---

① 杨正文. 鼓藏节仪式与苗族社会组织 [J]. 西南民族学院学报（哲学社会科学版），2000（5）：16-29.

② 叶建芳. 从姻亲与地缘关系视角看布努瑶祖先崇拜 [J]. 广西师范大学学报（哲学社会科学版），2015（10）：26-32.

③ 王铭铭. 社区的历程 [M]. 天津：天津人民出版社，1997：44-53.

第五章　蒙白人的社会关系实践

理……"的大水牯牛。在《百苗图抄本汇编》中，以图画的形式展示了买"巴郎"的这一过程：男人在对牛的角、头、眼睛、嘴巴进行挑选，而妇女则提着篮子、扛着雨伞，在一边等候。一经选中以后，妇女将会用篮子里装的食物来犒劳牛，往家走时，再给牛撑起雨伞。雨伞在这里象征着"分隔"，通过这一"分隔礼仪"①，表达与原来的普通的、世俗的牛进行了隔离，它现在已经被赋予了神圣性，负载着"福气"②，而这福气就来自祖先。一路上，路过亲戚的寨子，亲戚都会拉牛在自己寨子里庆贺一番，唱《巴郎歌》，喝酒吃肉，说祝贺词，其实，在亲戚向主家表示祝贺的同时，牛也将"福气"带给了亲戚。斗牛时，"敲巴郎"的主人会将牛"披红挂绿"进行装饰一番，再将牛牵到斗牛场上进行"踩场"。踩场时，亲戚们将准备好的红被子、红毛毯、腰带披在牛的身上，跟在牛的后面进行绕场，或者在场地外围等候。等踩场完毕，亲戚们将自己的被子、毛毯、腰带从牛身上取下，并收回自己家里去，因为这是传递了祖先"福气"的被子、毛毯和腰带（"敲巴郎"前的"踩场"在前面一章中已有详述）。没有生育的夫妇，睡觉时将这样的被子盖在身上会有子嗣；体弱多病的人盖这样的被子，身体会变得强壮。总之，"福气"会降临给他们。这样的文化表现也可见于马达加斯加的梅里纳人，他们会将一碗曾在祖坟得到过祖先赐福的水摆放过的席子认为是带有祖先祝福的，所以一些想增强生育能力的男男女女就会彼此争抢这张席子，以至于席子被撕成碎片，最终被贴在各家的墙上或放在床底下。③斗牛时，亲戚们都会在场地周围为主家的牛呐喊助威，如果主家的牛斗赢了，他们则举碗喝酒庆祝……祭祖仪式中，姻亲中的女婿之一，会被选为执刀敲牛者，获得的回报则是"牛脖子肉以及往尾部的 13 根带骨之肉"，这一回报之礼相对于其他的姻亲来说，是非常大的，因此所得的"福气"也是最大的，足可见女婿之于主家的重要性。女婿作为新

---

① [法] 阿诺尔德·范热内普著. 张举文译. 过渡礼仪 [M]. 北京：商务印书馆，2012：14.

② [法] 施帝恩. 边缘时代：对社会文化变革的反思 [R]. 2016 年 9 月 22 日. 成都：西南民族大学.

③ 王铭铭主编. 西方人类学名著提要 [M]. 南昌：江西人民出版社，2006：579.

结盟的姻亲家庭，可以说在姻亲圈中的关系是最亲近的，所以将最大的"福气"给女婿也是自然而然的事情。关系的亲疏是一方面，但尊卑长幼还是要讲的，因此妻舅作为长辈，所获得的"福气"仅次于女婿。

杨正文教授说："（吃鼓藏）仪式之中的组织结构，有时就是苗族社会组织的象征。"① 在蒙白人的"敲巴郎"仪式中也体现了其社会结构的特征。"一家一户的事情是全寨子的事情，一家一户忙，全寨都要忙"，这体现的是费孝通先生所讲的，中国的家是一个"事业组织"，中国的家是依父系的"差序格局"原则组成的"族"。所以一个家庭的事情常会得到一个家族的帮忙。而对于所请来的客人与主家的关系，除认伙计（兄弟）和交的朋友外，就是姻亲关系，所以从这样的"敲巴郎"仪式中，我们可以看出与主家进行通婚的婚姻集团有哪些，因此这体现的是对通婚圈的确认与强化。而姻亲关系是有阶序差异的，在蒙白人社会中，依尊卑长幼和亲疏关系远近，核心家庭所面对的至亲序列为："妻子的父母（岳父岳母）——妻子的兄弟（妻舅）——母亲的父母（外公外婆）——母亲的兄弟（母舅）——姑父——姨父——女婿——老表（姑舅表兄弟）"②，而女婿和妻舅，相比其他姻亲在"敲巴郎"仪式中地位突出，这体现的是一种对婚姻圈的"汰选"③原则。从时间的纵向性来看，因为随着家族的传承发展，此时的女婿在将来会变成这一核心家庭的姑父，此时的妻舅在将来会变成这一核心家庭的母舅，再往远处说，甚至可能就会从核心家庭的至亲亲属序列中排除出去，成为一般的亲属；从空间的横向性来看，此处的妻舅、姨父是彼处的女婿，等等。所以蒙白人社会中的姻亲关系，在仪式时空中不断地进行着演绎和轮换。所以，蒙白人通过"敲巴郎"仪式，是在对血缘亲属这一团体格局进行确认，不断地增强家族之间团结合作的凝聚力；通过"分肉待客"，不仅明确了婚姻圈中的至亲亲属地位，也可以说是对蒙白人这一文化特性的保持，

---

① 杨正文. 鼓藏节仪式与苗族社会组织 [J]. 西南民族学院学报（哲学社会科学版），2000（5）：16-29.

② 杨必清口述，蒙白人，40多岁，为龙山镇金星村谷朗寨人，现为龙里县水利站站长。

③ 杨正文. 鼓藏节仪式与苗族社会组织 [J]. 西南民族学院学报（哲学社会科学版），2000（5）：16-29.

也即是对其传统的维护与加强，更进一步则可以说是对其社会秩序和社会制度的维护与统合。

三、从"暴力"到祝福

恩丹布人社会因为奉行母系继嗣原则和随夫居制度，因此其社会尤其是村落在结构上存在着固有的不稳定性，维克多·特纳经过研究得出，尽管存在着各类的分裂和冲突，但其社会组织的基础结构还是完整的，仪式在其中起着重要的化解作用。[①] 在蒙白人的社会关系中存在着一种"不平衡"，这一"不平衡"主要体现在姻亲关系中的"补偿与求索"。尽管存在着这样的不平衡，但"敲巴郎"仪式通过"暴力"将这一"不平衡"进行了转换，转换成了祖先的祝福。使蒙白人的"敲巴郎"仪式不仅是为了"祭祖"、获得声望、荣誉，保佑人口繁衍、家族传承，而且通过"祭祖"增强了家族凝聚力、以及增进了超越血缘关系的姻亲关系的排内共同体的"统协"[②]。以下就让我们来看仪式中的"暴力"是什么，"暴力"如何转换成"祝福"。

有学者就曾经指出"仪式必定存在着暴力，甚至仪式的本质就是暴力……在许多仪式中，献祭的行为呈现出两个对立的方面：其中一个方面即是献祭表现为一种神圣的义务而不顾冒着死亡的危险……"[③] "敲巴郎"仪式之名称就已经将"暴力"、血腥体现无余，既然是"暴力"，肯定是存在风险的，这在蒙白人的社会生活中也出现过多次。

> 20 世纪 90 年代时，下排的中白番寨子上一个叫陈正兴的人敲过一次牛，敲牛的第二天他就去世了。所以，敲牛是不能随便敲的，有一些人运气不好，没有敲就死了，有一些人运气好，就坐得住。我爷

---

① [英] 维克多·特纳著. 仪式过程——结构与反结构 [M]. 黄剑波，柳博赟，译. 北京：中国人民大学出版社，2006.

② [英] 马林诺夫斯基著. 巫术、宗教、科学与神话 [M]. 李安宅，译. 北京：中国民间文艺出版社，1986：137.

③ 彭兆荣. 仪式中的暴力与牺牲 [J]. 中南民族大学学报（人文社会科学版），2006(2)：5-10.

爷在1930年代敲过一次牛,先是拉牛来转场,转完场后,还没等到敲牛的那一天,人就去世了。爷爷死后,奶奶已怀着我爸爸了,奶奶嫁到坝卡寨,等爸爸长大成人又转回等鲊寨来了。所以,吃牛吃好了,就多活,吃不好,不到时间就走了,所以不能乱敲。(王光忠,45岁,等鲊寨)

20年前,我到上排小谷咬那边去买牛,有一个人当时从莲花乡买了头牛回来敲,本来他活得好好的,结果敲完牛的第二天,他就去世了。(李廷文,62岁,等鲊寨)

上白番对面寨子的母龙坝(现为中排村的一个寨子)的红毡族(红毡苗),1980年代敲牛时,第二天要敲,头一天那家的女儿就去世了。我们这里要敲牛是不能随便敲的,时间要合得上,大师傅技术要好,你自己还要能坐得住。(王光林,67岁,等鲊寨)

但如果让女婿来担当执行者,这种危险应当会被女婿分担过去。在詹姆斯·乔治·弗雷泽的《金枝》中,他叙述了一个僧伽罗人(斯里兰卡的居民)病情危急,医生束手无策时,就请一个跳鬼的人来,他向鬼献上祭品,戴上类似鬼的假面具跳舞,借此把病人身上的那些病魔一个个地招到自己身上来。这样成功地把病因取到之后,巧妙的跳鬼人就躺在尸架上装死,被人抬到村外的空地上放着。等到周围无人只剩他自己的时候,他立即复活了,跑回村里去要报酬。① 这里的蒙白人的女婿就如同"跳鬼人"在扮演替罪羊的角色,把威胁别人的灾祸转移到自己身上。所以在"敲巴郎"仪式中就有了选"接牛脖颈"女婿的环节。

在"敲巴郎"仪式所请的姻亲客人中,经相互商讨决定了"接牛脖颈"的女婿。在敲牛之前,"接牛脖颈"的女婿不仅要杀一头牛招待岳父,在"狗日"那天,还要带不同于其他姻亲的礼物来岳父家。从所带礼物上,可以看出岳父家"敲巴郎",女婿在经济上的付出是相当大的。

"接牛脖颈"的女婿作为仪式的主要参与者,在狗日那天来了外公家以后,要和与自己一起来的一位姑娘,住在牛圈边,不能随意动,如

---

① [英]詹姆斯·乔治·弗雷泽著. 金枝 [M]. 徐育新,汪培基著,张泽石,译. 北京:大众文艺出版社,1998:817.

第五章 蒙白人的社会关系实践

果牛动,则仿照牛的动作动,他们两人要一直守在牛圈边,直到大师傅念完咒,才可以获得自由。一方面可以说是将"现实的真实"转化成为仪式中的"象征性表演",因为在蒙白人的观念中,无论是在未婚前的谈朋友期间,还是在结婚以后,女婿是不允许歇在外家的,他们认为如果女婿歇在了外家(如必须歇在外家必须有女方的哥哥或弟弟陪同),就会把外家的房子给"玷污"了,以致家里面会出现各种各样的不顺,所以在当地的社会价值系统内对女婿的"排外"意识,就在祭祀祖先的"敲巴郎"仪式上以戏剧化的形式展现了出来,对于女婿的"排外",最大的体现则是"敲巴郎"仪式中敲牛环节的执行者。另一方面则是说明了女婿此时的特殊身份,女婿此时住在牛圈边,模仿牛的动作做出各种姿态,其实就是在与承载着祖先灵魂的牛进行交流,女婿此时的角色可以说是维克多·特纳所说的"阈限人",阈限有三个特征:"它是一种模糊不定的时空;在阈限期,受礼者进入了一种神秘的仪式时空,处于一种中间状态,此时世俗社会的分类不复存在;在世俗社会结构中的等级、身份、地位消失。"[①] 因此,女婿此时是处在神圣时空中的,身份模糊的"阈限人",他的这一状态一直要持续到大师傅念完咒,也将巴郎交代给祖先后,他的使命才算完成,他也才会走出神圣时空,回归到原先的世俗时空里。既然祭祖仪式中的杀牛有这么多的未知因素,那么人们为什么还如此迷恋,还将"祭祖"这一行为直接用"敲巴郎""吃鼓藏"(吃牯脏)和"椎牛祭祖"来代称?为什么要由女婿来承担仪式中的执刀者,为什么女婿要以"阈限人"的角色出现?

"敲巴郎"与前面所述牛与祖先崇拜不无关系,牛作为牺牲所具有的"交通媒介"性质,又使它成为祭祀祖先的最好祭品。因为"在图腾制度中的献祭,说明了图腾或神明是与它的皈依者密切相关的,他们有着同样的血和肉;仪式的目的是要维持和保障赋予它们生命的共同生活和将它们维系在一起的社会……"[②] 埃文斯—普里查德认为,"努尔人通过他的牛来

[①] 王铭铭. 想象的异邦 [M]. 上海:上海人民出版社,1998. 237-238.
[②] 曹端波,王唯惟. 生命、季节与舞蹈:苗族传统社会的仪式与艺术 [J]. 贵州民族研究,2015 (10):116-119.

207

与鬼魂或神灵建立联系……努尔人与死者和神灵进行交流的另外一种途径便是献祭，如果没有公牛或公羊来献祭，努尔人的典礼仪式便不完整了"①。"在人类的许多仪式中，都是包含或围绕着暴力的主题（献牲）展开的，仿佛失去了暴力主题，也就失去了对仪式真实性的把握"②。所以这是一种社会价值系统内的传统认定，而且这一共识已被注入集体行为中，形成了一套完整的知识体系和文化符号表述形式。每一个共同体成员都会在同一种意义和解释下分享着同一种确定的、情境化的价值。

而女婿来承担敲牛的执行者，这即是蒙白人社会存在的"求索与补偿"的不平衡导致的，从上面论述的蒙白人观念中对女婿的"排外"意识，也可看出这一"不平衡"。由女婿来当岳父家的"替罪羊"，则可以降低主家的风险，而此时女婿的"阈限人"状态也是在将这种危险进行转嫁。"暴力在仪式中的转移及转换形式和途径多种多样，有些时候，这种转化要通过游戏来完成……"③女婿模仿牛的动作，牛动他也动，牛不动他也不动，也可看作蒙白人想象出来的一种"游戏"吧，不过游戏所要表达的意思和意义确实需要一个社会价值体系的内部认可。在这一象征性结构中，我们可以将女婿看作岳父家给其自身家族寻找的一个替代者，保护岳父家免受自己的暴力的伤害。而由女婿来担当敲牛的执行者，从逻辑上可以说，会使岳父家族这一共同体更加和睦，也强化了其共同体内部的凝聚力。这可以说是女婿作为一个家族以外的人，对舅家家族所做的贡献。那么对于岳父家和女婿家双方来说，岳父家将女儿嫁到了女婿家，女婿家作为人口输入的一方，是获利者，因此，在"敲巴郎"祭祖仪式上，女婿无论是在经济上，还是仪式的象征性结构中所做出的牺牲则可算作是一种对于礼物的"延迟的回报"，这一回报在前面章节的"婚俗"中有详细说明，当时婚仪过程中，女婿有一句话"公公，帮我吃一点，留在兔年和狗年我来吃。"这即是对"回报"的暗示。对于"敲巴郎"主人的岳父家来

---

① ［英］埃文思—普里查德著. 努尔人：对尼罗河畔一个人群的生活方式和政治制度的描述［M］. 褚建芳，阎书昌，赵旭东，译. 北京：华夏出版社，2001：24.

② 彭兆荣. 人类学仪式的理论与实践［M］. 北京：民族出版社，2007：257.

③ 彭兆荣. 仪式中的暴力与牺牲［J］. 中南民族大学学报（人文社会科学版），2006（2）：5-10.

第五章 蒙白人的社会关系实践

说，他将女儿嫁到了主人家，他作为人口输出的一方，是亏损者，因此，在"敲巴郎"仪式上获得最贵重的礼物——带牛尾巴的后腿，则也在情理之中。①

这种蒙白人社会中的不平衡的"索求与偿付"机制，在"敲巴郎"仪式中通过暴力的象征性转换得到了平衡，也最终达到了献祭仪式的目的："共同体内部的和睦得到恢复，共同体内部的约束力得到强化，这才是一切文化行为的基础。"② 用费孝通先生的话，也可以说这体现的是乡土社会中的"礼治秩序"。虽然整个"敲巴郎"仪式从将牛作为牺牲，由女婿充当杀牛的执行者、到分肉，展现出的是一种血腥和野蛮的场面，但这即是蒙白人的文化和传统，也是他们祖祖辈辈传下来的礼仪，是他们公认的行为规范，是属于他们的会意机构，是他们的文化价值观和价值体系。

总之，通过"敲巴郎"（有时在蒙白人社会中，将亡人葬礼上的"杀牛"也称为"敲巴郎"），祖先得到了牛，吃牛的主人得到了称号和荣誉，亡者有了在通往祖先之路以及在亡者世界生活的保障，而对于牛，它得到的回报，就是每年大年三十被人用鸡蛋作为媒介将牛的魂魄喊回去，与人共度佳节，以及在每年正月十五的早上，享受家家户户门前摆放的稻草。

此外，在"敲巴郎"仪式中，所有的姻亲客人分享到了牛带给他们的"福气"，女婿的债务得到了偿还，舅家的身份再一次得到了突显。可以说，在"敲巴郎"仪式这一象征性结构中，血缘家族这一共同体的群体内聚力有所增强，姻亲集团的界限再一次得到了确认，也增进了超越血缘关系的姻亲关系和地缘关系的排内共同体的"统协"，从而使社会关系得以整合，社会秩序得到了控制、社会冲突得到了平衡。这就是蒙白人社会，无论是活人社会还是亡者社会，所表现出的平等、朴实的乡土社会逻辑，

---

① "结婚的过程，以及随之而来的未来姻亲间的交换，通常不是完全平等的。……缺乏精确的对等，就是婚姻交换的本质。"见 [美] 马歇尔·萨林斯. 石器时代的经济学 [M]. 北京：生活·读书·新知三联书店，2009：259.

② 彭兆荣. 仪式中的暴力与牺牲 [J]. 中南民族大学学报（人文社会科学版），2006（2）：5-10.

可以说是地方性价值规范和文化传统在仪式空间里的展演。

大年三十的"叫魂"仪式,所用的献祭物品是米和鸡蛋,蛋上写有家人成员的名字,以及马、牛、猪、鸡等牲畜的字样

结　　论

在本书的研究中，"花园""斗牛场""跳园场"的空间首先具有物理空间（空间实践）的性质，但它们作为文化意义上的事物，又是一种"空间表征"，因为蒙白人通过一系列的仪式、规约和习俗，把蒙白人的社会结构和社会关系在空间中表现了出来。而每一个在空间表征中出现的仪式、规约和习俗，既把原先存在的社会结构和社会关系表征了出来，而且又对新的文化意义进行了创造和表达，实现了"坐花园""斗牛""跳园"作为"表征空间"的象征性和体验式空间的生产，使蒙白人的文化不断地走向其自身的未来。在这样的过程中，我们探讨了蒙白人的通婚结亲的理想空间、社会交往空间、生产和生活的空间，由此认知蒙白人的三个不同空间背后所表征的一系列隐喻，以及作为"表征空间"所生产出的蒙白人的不同层次的社会关系。

蒙白人"聚族而居""聚寨而居"，家族、自然寨则是他们最基本的生活空间单元，家族里的每个成员都浸染在家族精神当中，即使以"个人名"来体现的个体文化也以"从子名"和"从孙名"等来代替，让位于一个社区的自我复制和再生产的延续。此外，蒙白人通过"分日子"、分批次先后过节，体现出了时间与社会结构的逻辑关系，而通过以家族、排、区域为单位开展的活动和仪式，又体现出了空间与社会结构、社会网络的关系，而这些则具体的体现在"花园""斗牛场""跳园场"这三个物理空间所进行的"空间表征"和"坐花园、斗牛和跳园"进行的"表征空间"之中。蒙白人的社会结构本质就是一种农耕生计方式和自然节律下的一种自然社会，其所有的表征都会在岁时节令的时间中被表现，在自然地理的环境空间中被呈现，所以，一年一度的"空间表征"，也就是其社会的一种节律性质的更新和重塑。

在研究中，作为空间实践的物理空间的"花园"，一个家族有一个，而蒙白人社会又多是一寨（自然寨）一族，所以基本上是一个寨子一个，花园表征的即是家族，只有同一个家族里的姑娘才允许在里面，外寨外族的姑娘则被排除在外；因为青年男女间的恋爱具有"制度式"和"集体性"的约束，所以在固定的时间和空间里的"坐花园"则就成为一种特定时空下的"制度性"和"集体性"的谈恋爱，"花园"表征的是男女情爱的空间，随之将本寨、本家族小伙子拒之花园外。从"花园"只允许本家族里的姑娘进入，而不允许外家族的姑娘进入，可以看出"花园"是家族间的区隔，是家族与家族间的一条分界线；同时从"花园"允许可婚家族的小伙子进入，可看作花园是社会拓展的基础——家族向外连接社会的开端。"坐花园"是以达成通婚为目的的，但通婚的终极目标是"人的再生产"，而且"人的再生产"实现的也是社会关系的再生产，因此，生育与否是检验婚姻关系稳定也是婚姻建立起来的社会关系稳定的根本，所以，蒙白人的"不落夫家"习俗是一种"过渡婚姻"的阶段，目的就是要保障婚姻的生育，也实现了"坐花园""表征空间"的生产。

在斗牛场这一物理空间中，其作为"空间表征"生产了"排"。这个"排"不是一个村寨，而是一个自然寨群，包含了许多个自然寨。在与国家行政村的对比中，与其大致重合，但也有一个排内的寨子分属多个行政村的情况。这样的"排"是蒙白人特定的群体社会结构，表达了其自身的社会结构和社会关系。"早年的苗族空间观念是以家族村落为基本空间单元，姻亲集团观念为次级空间观念，以整个苗族聚居区为更次一级的完整空间观念，而把本民族以外的布依族、彝族、汉族聚居区都平等地视为外围空间"[1]，而在蒙白人的空间观念也是如此，家族村寨为基本空间单元，"排"则可看作一个包罗了若干可婚家族或自然村落的社会空间，是人们认同感强，关系较为紧密的理想婚姻圈。因此，

---

[1] 罗康隆. 文化调适的个案分析——明代黔中苗族因军事冲突诱发的社会生活重构[J]. 贵州民族研究，1999（4）：75-85.

结 论

"结构化了的排内婚"的观念成为"排"这样的地方群体性社会的心理情境。

排内寨（自然寨）与寨间、排内家族与家族间的婚姻关系，关联着两个群体的关系组成。两个个体的结合，不仅缔结了两个家庭的关系，还进而影响到两个群体间的更多的婚姻关系的缔结。由此家与家、家族与家族间的关系将更紧密。在婚礼中通过仪式中的"物"和仪式中的"行为"对这种亲密关系进行了很好的诠释。男方在仪式的各个阶段通过不同的礼物来获得女方家族长辈的许可、赞成、祝福，说明了女方家族与男方的关系以及女方家族在这场婚姻缔结中的重要性；仪式中的"逗"姑娘戏谑行为和包"扎包"的行为，不仅说明了这种亲密关系，而且将这种"制度性"和"集体性"的谈恋爱，进行了象征性的呈现。

有如马克斯·韦伯所提示理想型与实践型存在的差异，蒙白人仅靠理想型的"排"内婚姻的制度性安排是不够的，在婚姻实践中跨排通婚不可避免，因此，为了实现扩展婚姻圈，促成更广泛的人群互动和新的社会结构的出现，要求有另外的"制度性"安排。"斗牛"和"跳园"正是蒙白人社会自身所存在的制度性社会关系拓展与调节机制。

作为空间实践的物理空间的斗牛场，上、中、下三排都各有两个，一个是"正场"，一个是"草坝场"。"正场"在一般情况下只允许本排内的牛来"转场"和角斗，"草坝场"则是别的排的牛在经过允许和遵守一定的规则和秩序后可以入场参斗。通过对斗牛场的区分，借助一定的空间实践和一定的"空间形塑力"，进行了"空间表征"，建构出了构想性的"权力的空间"和"秩序的空间"，这些构想性的空间对蒙白人的群体起到了界定、限制与调节的作用。通过每年"正场"上的踩场和斗牛活动，把排内群体的印记表露在他们拥有的空间之上，表征了排内群体的认同，而又通过"草坝场"上的斗牛活动，将这种排内群体认同进行了扩大，实现了排与排间的认同。所以斗牛作为"表征空间"进行了象征性和体验性的社会关系的生产，对蒙白人社会在一定区域中的空间进行形塑和分布，以区隔他们社会内部的层次和差异，同时又使得他们在一个更大的空间范围内被结构起来，展现为一种更大的区域社会存在关系。也即是说，在蒙白人群体与其他苗人群体发生关系时，通过一系列的空间表征确立了自己作为蒙白人明确的文化和社会边界。

作为空间实践的物理空间的"跳园场",是蒙白人社会中一年一度举行的节日仪式庆典的场所,上、中、下三排各有一个,举行的时间按先后次序轮流进行,上排从每年的正月初五开始到初七结束,中排从正月初八开始初九结束,下排则是从正月初十到十二共三天。在节日期间,无论哪个排举行"跳园",其他两个排的人都积极参加,聚集在"跳园场"上,亲朋相会、尽情欢乐。"跳园场"上不仅有活着人的相聚,已故的亲属也要回来参加。所以"跳园"作为一个乡土社会仪式,由两部分组成:"踩场"和"跳场"。"跳园场"是祖先的象征,是蒙白人心中的"圣地"。在"圣地"上的"踩场",则是以象征性的方式体现人与祖先进行沟通和交流;"跳场"则体现的是人与人间的交流和沟通,而这样的交流和沟通体现为三种样式:场内的年轻人间的交流;场外的长辈与场内年轻人间的交流;排与排间,乃至与族外的人的交流。人与人之间交流的"跳园场"就如同施坚雅笔下的基层市场:人们在这里知道了"东家长、西家短"的故事,建立了一个熟人圈子,娶儿媳、接生婆、找雇工也都会在此体系内完成……①在"跳园"时,人们也在这里交流,互相了解。青年男女穿起盛装在圈内跳园时,会伺机寻找自己的意中人;而圈外的家长们也会相互攀谈,评论哪家的姑娘长得漂亮,哪个人衣服的"针脚"绣得细致,哪家的后生(年轻小伙子)长的干净,身上系的"腰带"多且绣的好等等。寻找儿媳和女婿也就在"跳园场"上有眉目了,或者结识新朋友,扩展自己的熟人关系圈子,等等。所以可以说,"跳园"表征的是一个巨大的、区域间的关系网,在这个广泛的地区上把许多人以确定的社会形式联系了起来。同时,这样的典礼与区域性社会的定期整合以及边界的强调有关,因为蒙白人所理想的区域社会秩序在一年一度的"跳园"之中得到维护,通过"跳园"这一空间表征确立了他们自己作为蒙白人明确的文化和社会边界,因此它又成为文化"表征空间"的再生产。

此外,在蒙白人社会中,血缘家族内部的社会关系、社会地位的确

---

① [美]施坚雅著. 中国农村的市场和社会结构 [M]. 史建云,徐秀丽,译. 北京:中国社会科学出版社,1998:40-46.

认，姻亲关系的疏离与凝聚等，在葬礼和祭祖仪式上得到了很好的呈现。牯牛不仅是蒙白人现实生活的重要财富，也是"通灵"的媒介，一个人可以通过"敲巴郎"祭祖，实现个人的社会意义。葬礼上牛作为最高级的牺牲和供品，既体现了死者生前在蒙白人社会中的地位，也成为蒙白人在另一个灵魂世界里的身份的凭证和生活的保障。"敲牛祭祖"仪式以及葬礼上的"敲巴郎"强化了共为一个祖宗的血缘群体意识，调整并保证群体社会的团结与互助；对于姻亲则体现的是一种"补偿和索求"机制，女婿通过承担"敲巴郎"仪式中"杀牛"的执事者，对外公家（也即岳父，蒙白人的称呼一般都跟随自己的孩子）作为女儿输出的一方进行了"延迟性偿付"；而作为"吃牛"的主家的舅家（妻舅，主家妻子的哥哥）获得了带尾巴的牛后腿肉，证明了其是最尊贵客人的身份外，同时作为女儿输出的一方，在"敲巴郎"祭祖时也得到了姑爷家（"吃牛"的主家）对其的"延迟性补偿"。这是从经济上、社会上实现的一种平衡。这种围绕"物"（牛）而展开的人与人之间的社会关系和社会互动的象征性的呈现是家族内部以及姻亲关系的体现，是"花园"作为"空间表征"和"坐花园"作为"表征空间"所生产的社会关系的强化，而且葬礼和祭祖仪式的象征机制又将人们凝结成了一个社会整体。

概而言之，蒙白人的"跳园"不仅发挥了保持自己的人群文化认同和种群繁衍，以达到民族凝聚的功能，而且以"跳园"构建出了一个区域社会。蒙白人就以这样的聚会形式——"坐花园、斗牛和跳园"，进行了"表征空间"的生产，协调了系统内的各个部分——家族、排、区域——间的关系，保持了一种和谐连续的发展状态，维护了社会的人口和文化的再生产与社会的延续性。同时，随着社会的演进和时代的变迁，蒙白人的"坐花园、斗牛和跳园"这些民俗文化，逐渐从偏隅之地走向大众视野，成为中华民族文化宝库中的重要组成部分。其中，"跳园"已被认定为省级非物质文化遗产，不仅是对其历史价值的认可，更是对其文化意义的传承。与此同时，"坐花园和斗牛"也巧妙地融入在当地的旅游开发之中，使之成为推动当地旅游业发展的独特资源。所以，对"坐花园、斗牛和跳园"这些民俗文化的普及与传承，不仅是对民族文化的弘扬，更是促进不同民族之间交往交流交融的重要渠道。通过民俗活动的展示与体验，人们能够更深入地了解不同民族的文化内涵，进而增进相互之间的理解与尊重。这一过程，对于铸牢中华民族共同体意识，推动民族团体进步事业具有深远的意义。此外，从民族学角度来看，传统民俗的普及与传承，不仅是对各民族文化的保护与传承，更是对中华民族多元一体文化格局的丰富与发展。我们应当珍视这些宝贵的文化遗产，加强对其的研究与保护，推动其在现代社会中的创新与发展，为构建中华民族共有精神家园贡献力量。

参考文献

一、期刊论文

[1] 陈桂波. 非遗视野下的文化空间理论研究刍议 [J]. 文化遗产, 2016（4）：81-86.

[2] 崔应令. 回顾、反思与重构：近百年来中国社区研究 [J]. 华中科技大学学报（哲学社会科学版），2011（1）：98-105.

[3] 曹端波，王唯惟. 生命、季节与舞蹈：苗族传统社会的仪式与艺术 [J]. 贵州民族研究，2015（10）：116-119.

[4] 曹端波. 苗族古歌中的时间、历法与社会网络 [J]. 毕节学院学报，2014（9）：72-81.

[5] 曹端波. 开寨始祖、家庭与婚姻——都柳江流域侗族的村寨结构与婚姻制度 [J]. 安顺学院学报，2003（12）：95-99.

[6] 杜靖. 超越村庄：汉人区域社会研究述评 [J]. 民族研究，2012（1）：92-102.

[7] 杜靖. 作为概念的村庄与村庄的概念——汉人村庄研究述评 [J]. 民族研究，2011（2）：91-102.

[8] 高峰. 空间的社会意义：一种社会学的理论探索 [J]. 江海论坛，2007（2）：44-48.

[9] 胡鸿保，姜振华."社区"的语词历程看一个社会学概念内涵的演化 [J]. 学术论坛，2002（5）：123-146.

[10] 黄应贵. 空间、力与社会 [J]. 广西民族学院学报（哲学社会科学版），2002（2）：9-21.

[11] 黄卫. 体与魂的双重居所——孟定"傣德"家屋研究 [J]. 云南民族大学学报（哲学社会科学版），2012（4）：39-43.

[12] 黄龙光. 试论少数民族传统歌场的文化空间性 [J]. 民族音乐，2010（6）：17-21.

[13] 贺喜. 祭祀空间与地域社会——雷州雷祖祠及其周边乡村的灵物、神庙与祠堂 [J]. 历史人类学学刊，2014（1）：73-110.

[14] 贺喜. 从家屋到宗族？——广东西南地区上岸水上人的社会 [J]. 民俗研究，2010（2）：224-246.

[15] 靳志华，王辉. 民间仪式权力运作与乡村社会秩序构建——以黔东南苗族D村鼓藏节为例 [J]. 贵州民族大学学报（哲学社会科学版），2012（12）：35-39.

[16] 蒋立松. 苗族"鼓社祭"中的族群认同整合——以黔东南J村为例 [J]. 原生态民族文化学刊，2015（6）：102-106.

[17] 刘锋，靳志华. "鼓藏节"仪式之权力表达 [J]. 贵州民族学院学报（哲学社会科学版），2010（6）：4-9.

[18] 李昕. 丧葬仪式中的多重文化表征与社会整合——以一位苗族基督徒的葬礼为例 [J]. 西南边疆民族研究，2013（6）：109-114.

[19] 刘朝晖. 中俄非物质文化遗产保护比较研究：基于文化空间的分析视野 [J]. 中南民族大学学报，2010（1）：24-40.

[20] 罗康隆. 文化调适的个案分析——明代黔中苗族因军事冲突诱发的社会生活重构 [J]. 贵州民族研究，1999（4）：75-85.

[21] 李汉林. 文化变迁的个例分析——清代"改土归流"对黔中苗族文化的影响 [J]. 民族研究，2001（3）：74-79.

[22] 刘铁梁. "标志性文化"统领式民俗志的理论与实践 [J]. 北京师范大学学报（社会科学版），2005（6）：50-57.

[23] 罗红英. 六盘水苗族跳花节文化形态研究 [J]. 六盘水师范学院学报，2013（12）：49-53.

[24] 刘怀玉. 《空间的生产》若干问题研究 [J]. 哲学动态，2014

(11)：18-28.

[25] 李锦. 人神分界和僧俗分类：家屋空间的上下秩序——对雅安市宝兴县硗碛藏族乡的田野调查 [J]. 西南民族大学学报（人文社会科学版），2012（8）：11-16.

[26] 李锦，王含章. 阿怒人的家屋社会和空间观念 [J]. 西南民族大学学报（人文社会科学版），2016（3）：30-35.

[27] 刘松. 江华瑶族传统家屋的空间与社会 [J]. 怀化学院学报，2014（12）：10-12.

[28] 苗伟. 文化时间与文化空间：文化环境的本体论维度 [J]. 思想战线，2010（1）：101-106.

[29] 潘定智. 从苗族民间传承文化看蚩尤与苗族文化精神 [J]. 贵州民族学院学报（社会科学版），1996（4）：1-7.

[30] 彭兆荣. 仪式中的暴力与牺牲 [J]. 中南民族大学学报（人文社会科学版），2006（2）：5-10.

[31] 彭兆荣. 神话叙事中的"历史真实"——人类学神话理论述评 [J]. 民族研究，2003（9）：83-92.

[32] 石开忠. 试论黔中苗族牛祭习俗的成因 [J]. 贵州民族学院学报（社会科学版），1986（12）：71-75.

[33] 汤芸. 多族交互共生的仪式景观分析——贵州黔中跳花场仪式的人类学考察 [J]. 西南民族大学学报（人文社会科学版），2013（4）：16-23.

[34] 汤梅. 鸡在民间文化中的象征意义 [J]. 河北理工大学学报（哲学社会科学版），2006（3）：70-72.

[35] 王霄冰. 节日：一种特殊的公共文化空间 [J]. 河南社会科学，2007（6）：17-21.

[36] 吴俸学. 德峨苗族跳坡节 [J]. 当代广西，2008：55.

[37] 许瑞娟. 摩梭家屋空间建构的隐喻象征意义解析 [J]. 云南民族大学学报（哲学社会科学版），2015（3）：49-54.

[38] 向柏松. 神话与民间信仰 [J]. 中南民族大学学报（人文社会科学版），2010（1）：151-156.

[39] 杨有庆,范建刚. 列斐伏尔的空间生产理论及其影响 [J]. 甘肃高师学报,2011 (6): 124-128.

[40] 王方编译. 福柯与建筑——一种权力空间的陈述 [J]. 时代建筑,2002 (5): 92-95.

[41] 苑利,顾军. 文化空间类遗产的普查申报以及开发活用 [J]. 原生态民族文化学刊,2009 (4): 63-71.

[42] 杨庭硕. 试论贵州苗族的支系及其在文献上名称的演变 [J]. 西南民族历史研究集刊,1983 (4): 5-10.

[43] 杨庭硕. 以贝为饰习俗成因考 [J]. 贵州民族学院学报 (社会科学版),1985 (2): 53-56.

[44] 杨庭硕. 史载黔中苗族人名研究 [J]. 民族研究,1986 (5): 53-59.

[45] 杨正文. 鼓藏节仪式与苗族社会组织 [J]. 西南民族学院学报 (哲学社会科学版),2000 (5): 16-29.

[46] 杨正文. 清水江流域的白银流动与苗族银饰文化的成因 [J]. 民族研究,2015 (5): 52-60.

[47] 叶建芳. 从姻亲与地缘关系视角看布努瑶祖先崇拜 [J]. 广西师范大学学报 (哲学社会科学版),2015 (10): 26-32.

[48] 杨沛燕. 敲巴郎: 黔中苗族宗族文化探微——以贵州高坡苗族为例 [J]. 贵州民族研究,2010 (6): 53-57.

[49] 翟石磊. "我"还是"我们"——中美文化模式下的集体主义与个体主义跨文化批判研究 [J]. 哈尔滨学院学报,2007 (7): 102-106.

[50] 张伟. 图像转向与公共文化空间的现代重构 [J]. 河南师范大学学报,2016 (6): 176-182.

[51] 张涛. 黔中苗族民歌研究 [J]. 戏剧之家,2015 (3): 108-109.

[52] 张俊峰,殷俊玲. 首届区域社会史比较研究中青年学者学术讨论会综述 [J]. 历史研究,2005 (1): 179-182.

[53] 郑震. 空间: 一个社会学的概念 [J]. 社会学研究,2010 (5): 167-191.

[54] 周畅. 高坡苗家的跳洞舞 [J]. 民风,2008 (2): 46.

[55] 张子伟, 龙炳文. 苗族椎牛祭及其巫教特征 [J]. 民族论坛, 1995（1）: 89-93.

[56] 赵旭东, 周恩宇. "榔规"运行的文化机制——以贵州雷山甘吾苗寨"咙当"仪式为例 [J]. 民族研究, 2014（1）: 71-78.

[57] 张原, 汤芸. 传统的苗族社会组织结构与居民互惠交往实践——贵州雷山县苗族居民的礼仪交往调查 [J]. 西南民族大学学报（哲学社会科学版）, 2005（2）: 30-34.

[58] 张惠泉. 批弓狗场万历摩崖石刻跋 [J]. 贵阳市志资料辑, 1987: 40-44.

二、中文论著

[1] 包亚明. 现代性与空间的生产 [M]. 上海: 上海教育出版社, 2003.

[2] 陈鼎. 滇黔土司婚礼记 [M]. 北京: 中华书局, 1985.

[3] 富晓星. 空间、文化、表演: 东北A市男同性恋群体的人类学观察 [M]. 北京: 光明日报出版社, 2012.

[4] 费孝通. 乡土中国与生育制度 [M]. 北京: 生活·读书·新知三联书店, 1984.

[5] 高宣扬. 布迪厄的社会理论 [M]. 上海: 同济大学出版社, 2004.

[6] 宫留记. 资本: 社会实践工具——布尔迪厄的资本理论 [M]. 开封: 河南大学出版社, 2010.

[7] 黄应贵. 反景入深林——人类学的观照、理论与实践 [M]. 北京: 商务印书馆, 2010.

[8] [中国台湾] 简美玲. 贵州东部高地苗族的情感与婚姻 [M]. 贵阳: 贵州大学出版社, 2009.

[9] 靳之林. 抓髻娃娃与人类群体的原始观念 [M]. 南宁: 广西师范大学出版社, 2001.

[10] 贾仲益. 中国少数民族婚俗 [M]. 北京: 五洲传播出版

社，2006.

[11] 李汉林. 百苗图校译 [M]. 贵阳：贵州民族出版社，2001.

[12] 刘芳. 枧槽高山苗——川滇黔交界处民族散杂区社会文化变迁个案研究 [M]. 北京：中央民大出版社，2006.

[13] 刘亚虎. 荒野上的祭坛：中国少数民族祭祀文化 [M]. 北京：北京出版社，2003.

[14] [美] 刘康. 对话的喧声——巴赫金的文化转型理论 [M]. 北京：北京大学出版社，2011.

[15] 马学良，今旦注译. 苗族史诗 [M]. 北京：中国民间文艺出版社，1983.

[16] 潘年英. 百年高坡——黔中苗族的真实生活 [M]. 贵阳：贵州人民出版社，1997.

[17] 彭兆荣. 人类学仪式的理论与实践 [M]. 北京：民族出版社，2007.

[18] 潘定智等. 苗族古歌 [M]. 贵阳：贵州人民出版社，1997.

[19] 田汝康. 芒市边民的摆 [M]. 昆明：云南人民出版社，2008.

[20] 吴永章，田敏. 苗族瑶族与长江文化 [M]. 武汉：湖北教育出版社，2007.

[21] 吴正彪等主编. 黔南苗族 [M]. 北京：中国文化出版社，2009.

[22] 王铭铭. 想象的异邦 [M]. 上海：上海人民出版社，1998.

[23] 王铭铭. 社区的历程——溪村汉人家族的个案研究 [M]. 天津：天津人民出版社，1997.

[24] 王铭铭主编. 西方人类学名著提要 [M]. 南昌：江西人民出版社，2006.

[25] 王明珂. 华夏边缘——历史记忆与族群认同. 杭州：浙江人民出版社，2013.

[26] 王亚新. 原始记录：高坡苗族生活 [M]. 河北：河北教育出版社，2003.

[27] 吴秋林. 众神之域——贵州当代民族民间信仰文化调查与研究

[M]．北京：民族出版社，2007.

[28] 吴秋林．美神的眼睛——高坡苗族背牌文化诠释[M]．贵阳：贵州人民出版社，2001.

[29] 吴泽霖，陈国钧等．贵州苗夷社会研究[M]．北京：民族出版社，2004.

[30] 薛艺兵．神圣的娱乐——中国民间祭祀仪式及其音乐的人类学研究[M]．北京：宗教文化出版社，2003.

[31] 尤小菊．民族文化村落的空间研究——以贵州省黎平县地扪村为例[M]．北京：知识产权出版社，2013.

[32] 叶涯剑．空间重构的社会学解释：黔灵山的历程与言说[M]．北京：中国社会科学出版社，2013.

[33] 杨万选，杨汉先，凌纯声等．贵州苗族考[M]．贵阳：贵州大学出版社，2009.

[34] 杨庭硕，潘盛之编著．百苗图抄本汇编[M]．贵阳：贵州人民出版社，2004.

[35] 张应强．木材的流动——清代清水江下游地区的市场、权力与社会[M]．北京：生活·读书·新知三联书店，2006.

[36] 张晓．西江苗族妇女口述史研究[M]．贵阳：贵州人民出版社，1997.

[37] 赵旭东．文化的表达——人类学的视野[M]．北京：中国人民大学出版社，2009.

[38] 赵世瑜．狂欢与日常——明清以来的庙会与民间社会[M]．北京：三联书店，2002. 205.

[39] 庄孔韶主编．人类学概论[M]．北京：中国人民大学出版社，2006.

三、翻译期刊、论著

[1] [英] 安东尼·吉登斯著．社会的构成[M]．李康，李猛，译．北京：生活·读书·新知三联书店，1998.

[2] [法] 爱弥尔·涂尔干著. 宗教生活的初级形式 [M]. 渠东, 汲喆, 译. 上海：上海人民出版社, 1999.

[3] [美] 爱德华·索亚著. 第三空间——去往洛杉矶和其他真实和想象地方的旅程 [M]. 陆扬, 等译. 上海：上海教育出版社, 2005.

[4] [英] 埃文思—普里查德著. 努尔人：对尼罗河畔一个人群的生活方式和政治制度的描述 [M]. 褚建芳, 阎书昌, 赵旭东, 译. 北京：华夏出版社, 2001.

[5] [法] 阿诺尔德·范热内普著. 过渡礼仪 [M]. 张举文, 译. 北京：商务印书馆, 2012.

[6] [英] 埃德蒙·R. 利奇著. 缅甸高地的政治制度 [M]. 杨春宇, 周歆红, 译. 北京：商务印书馆, 2010.

[7] [英] 埃德蒙·利奇著. 文化与交流 [M]. 郭凡, 邹和, 译. 上海：上海人民出版社, 2000.

[8] [美] 埃里克·沃尔夫著. 乡民社会 [M]. 张恭启, 译. 台北：台北巨流图书公司, 1982.

[9] [英] 大卫·哈维著. 列菲弗尔与《空间的生产》[J]. 黄晓武, 译. 国外理论动态, 2006. (1).

[10] [德] 恩斯特·卡西尔著. 人论 [M]. 甘阳, 译. 北京：西苑出版社, 2003.

[11] [英] 菲奥纳·鲍伊著. 宗教人类学导论 [M]. 金泽, 何其敏, 译. 北京：中国人民大学出版社, 2004.

[12] [法] 葛兰言著. 古代中国的节庆与歌谣 [M]. 赵丙祥, 张宏明, 译. 桂林：广西师范大学出版社, 2005.

[13] [法] 亨利·列菲伏尔著. 空间：物质生产与使用价值 [A]. 见包亚明主编. 现代性与空间的生产 [C]. 上海：上海教育出版社, 2003. 48.

[14] [法] 亨利·勒菲弗尔著. 空间与政治 [M]. 李春, 译. 上海：上海人民出版社, 2008.

[15] [美] 杰里·D. 穆尔著. 人类学家的文化见解 [M]. 欧阳敏, 邹乔, 王晶晶, 译. 北京：商务印书馆, 2009.

[16][美]克利福德·格尔兹著. 文化的解释[M]. 纳日碧力戈, 等译. 上海: 上海人民出版社, 1999.

[17][法]克洛德·列维-斯特劳斯著. 结构人类学[M]. 张祖建, 译. 北京: 中国人民大学出版社, 2006.

[18][美]罗伯特·F. 墨菲著. 文化与社会人类学引论[M]. 王卓君, 译. 北京: 商务印书馆, 2009.

[19][英]布罗尼斯拉夫·马林诺夫斯基著. 西太平洋的航海者[M]. 梁永佳, 李绍明, 译. 北京: 华夏出版社, 2002.

[20][英]B. 马林诺夫斯基著. 巫术、宗教、科学与神话[M]. 李安宅, 译. 北京: 中国民间文艺出版社, 1986.

[21][英]B. 马林诺夫斯基著. 巫术与宗教的作用. 史宗主编. 20世纪西方宗教人类学文选[C]. 金泽, 宋立道, 徐大建, 等译. 上海: 上海生活·读书·新知三联书店, 1995.

[22][德]盖奥尔格·西美尔著. 社会学——关于社会化形式的研究[M]. 林荣远, 译. 北京: 华夏出版社, 2002.

[23][英]A. R. 拉德克利夫-布朗著. 原始社会的结构与功能[M]. 潘蛟, 等译. 北京: 中央民族大学出版社, 1999.

[24][英]拉德克利夫—布朗, 社会人类学方法[M]. 济南: 山东人民出版社, 1988.

[25][英]F. K. 莱曼著. 建寨始祖崇拜与东南亚北部及中国相邻地区各族的政治制度[A]. 郭净, 译. 王筑生主编. 人类学与西南民族[C]. 昆明: 云南大学出版社, 1998.

[26][英]莫里斯·弗里德曼著. 中国东南宗族组织研究[M]. 刘晓春, 译. 上海: 上海人民出版社, 2000.

[27][罗马尼亚]米尔恰·伊利亚德著. 神圣与世俗[M]. 王建光, 译. 北京: 华夏出版社, 2002.

[28][法]米歇尔·福柯著. 规训与惩罚[M]. 刘北成, 杨远婴, 译. 北京: 生活·读书·新知三联书店出版社, 1999.

[29][美]马歇尔·萨林斯著. 赵丙祥译. 文化与实践理性[M]. 上海: 上海人民出版社, 2002.

[30] [美] 马歇尔·萨林斯著. 石器时代的经济学 [M]. 张经纬, 等译. 北京：生活·读书·新知三联书店出版社, 2009.

[31] [美] 欧·奥尔特曼, 马·切默斯著. 文化与环境 [M]. 骆林生, 王静, 译. 北京：东方出版社, 1991.

[32] [美] 施坚雅著. 中国农村的市场和社会结构 [M]. 史建云, 徐秀丽, 译. 北京：中国社会科学出版社, 1998.

[33] [挪威] 托马斯·许兰德·埃里克森著. 小地方, 大论题——社会文化人类学导论 [M]. 董薇, 译. 北京：商务印书馆, 2008.

[34] [英] 维克多·特纳著. 仪式过程——结构与反结构 [M]. 黄剑波, 柳博赟, 译. 北京：中国人民大学出版社, 2006.

[35] [美] 西敏司著. 甜与权力 [M]. 王超, 朱健刚, 译. 北京：商务印书馆, 2010.

[36] [美] 阎云祥. 李放春著. 礼物的流动——一个中国村庄中的互惠原则与社会网络 [M]. 刘瑜, 译. 上海：上海人民出版社, 2000.

[37] [日] 竹村卓二著. 瑶族的历史和文化——华南、东南亚山地民族的社会人类学研究 [M]. 金少萍, 朱桂昌, 译. 民族出版社, 2003.

[38] [英] 詹姆斯·乔治·弗雷泽著. 金枝 [M]. 徐育新, 汪培基著, 张泽石, 译. 北京：大众文艺出版社, 1998.

四、学位论文

[1] 会玲. 神话中的蛇意象研究 [D]. 西安：陕西师范大学, 2011.

[2] 王晓磊. 社会空间论 [D]. 武汉：华中科技大学, 2010.

[3] 杨沛燕. 黔中苗族宗族研究——以高坡苗族为例 [D]. 兰州：兰州大学, 2011.

[4] 张旭. 高坡苗族的传统社会组织 [D]. 贵阳：贵州大学, 2009.

五、论文集

[1] 陈蕴茜. 日常生活中殖民主义与民族主义的冲突——以中国近代

公园为中心的考察［A］．载王笛主编，时间、空间、书写［C］．杭州：浙江人民出版社，2006．

［2］陈国钧．苗夷族中的"摇马郎"［A］．载民族研究参考资料第二十集·民国年间苗族论文集（内部资料）［C］．贵州省民族研究所编，1983（12）．

［3］岑秀文．关于高坡苗族丧葬的调查报告［A］．贵州民族调查之九［C］．贵州省民族研究所、贵州省民族研究学会编，1992．

［4］罗荣宗．苗族之娱乐［A］．民族研究参考资料第二十集·民国年间苗族论文集（内部资料）［C］．贵州省民族研究所编，1983（12）．

［5］梁瓯第．摇马郎［A］．载民族研究参考资料第二十集·民国年间苗族论文集（内部资料）［C］．贵州省民族研究所编，1983（12）．

［6］李植人．青苗的婚姻习俗［A］．载民族研究参考资料第二十集·民国年间苗族论文集（内部资料）［C］．贵州省民族研究所编，1983（12）．

［7］潘艳勤．金龙布傣的村落、信仰与仪式空间——以广西龙州县金龙镇横村的"求务"为例［A］．载劳格文，科大卫编．中国乡村与墟镇神圣空间的建构［C］．北京：社会科学文献出版社，2014．

［8］吴泽霖．贵阳苗族跳花场［A］．载民族研究参考资料第二十集·民国年间苗族论文集（内部资料）［C］．贵州省民族研究所编，1983（12）．

［9］吴泽霖．贵阳青苗中的求婚［A］．载民族研究参考资料第二十集·民国年间苗族论文集（内部资料）［C］．贵州省民族研究所编，1983（12）．

［10］王发杰．贵定县巩固乡苗族捶牛祭祖［A］．贵州省志民族志编委会编．民族志资料汇编（第二集）苗族．贵州省编辑组．苗族社会历史调查（一）［C］．贵阳：贵州民族出版社，1986．

［11］杨通儒调查整理．贵阳桐木岭苗族跳场情况［A］．苗族社会历史调查（三）［C］．国家民委《民族问题五种丛书》之五，中国少数民族社会历史调查资料丛刊（修订本），北京：民族出版社，2009．

［12］杨昌文．龙里县中排乡和民主乡苗族考察记略［A］．贵州六山六水民族调查资料选编（贵州卷）［C］．贵州省民族研究所、贵州省民

事务委员会编. 贵阳：贵州民族出版社, 2008.

[13] 杨庭硕. 苗族与水族传统历法之比较研究 [A]. 社会、民族与文化展演国际研讨会论文集 [C]. 台北：汉学研究中心. 民国九十年三月.

五、古籍史志资料

[1] [清] 爱必答修. 杜文铎等点校. 黔南识略（卷二）[M]. 贵阳：贵州人民出版社, 1992.

[2] [清] 李宗昉著. 黔记（卷三）[M]. 上海及各埠商务印书馆, 民国二十五年.

[3] [明] 宋濂等修. 元史·本纪（卷十七）[M]. 江苏书局刊发. 同治甲戌七月.

[4] [明] 沈庠修, 赵瓒纂. 贵州图经新志·风俗志（弘治刻本）[M]. 贵州省图书馆影印本.

[5] [清] 田雯编. 黔书 [M]. 北京：中华书局, 1985.

[6] [清] 王起衔修. 永绥厅志 [M]. 见凌纯声, 芮逸夫. 湘西苗族调查报告 [M]. 北京：民族出版社, 2003.

[7] [宋] 朱辅. 溪蛮丛笑 [M]. 北京：中华书局, 1991.

七、其他资料

[1] 黔南布依族苗族自治州概况 [Z]. 北京：民族出版社, 2007.

[2] 龙里县民族事务委员会编. 龙里县民族志（内部资料）[Z]. 1989.

[3] 贵州省文史研究馆校勘. 贵州通志·前世志（第三册）[Z]. 贵阳：贵州人民出版社, 1988.

[4] 苗族简史编写组. 苗族简史 [Z]. 贵阳：贵州民族出版社, 1985.

[5] 黔南州苗学会学术委员会编. 黔南苗学研究通讯（内部刊发）[Z]. 2011.

[6] 中国民间文化遗产抢救工程普查手册[Z]，北京：高等教育出版社，2003.

[7] 中国档案资讯网（www. zgdazxw. com. cn）（EB/OL）. 2017. http：//www. zgdazxw. com. cn/culture/2014 - 04/10/content_39981. htm，3 月 16 日

[8] 龙里县概况（EB/OL）. http：//gb. cri. cn/25364/2008/07/30/3865s 2170189. htm.

[9] [法]施帝恩. 边缘时代：对社会文化变革的反思[R]. 成都：西南民族大学，2016.

八、外文资料

[1] Henri Lefebvre, The Production of Space [M]. Blackwell, Ltd. 1991.

[2] Levi‑Strauss, C. (trans) John and Doreen Weightman. The Raw and The Cooked：Introduction to a Science of Mythology：I. New York：Octagon Books. 1979.

[3] Letha M. Low and Denise Lawrence—Zuniga, eds. The Anthropology of Space and Place：Locating Culture [M]. Blackwell Publishing. 2003. John Lagerwey, China：A Religious State [M]. Hong Kong：Hong Kong University Press. 2012.

附　　录

附录一：大师傅、鼓师、芦笙师的担任——以等鲊为例

一、王家——大师傅、鼓师、芦笙师的担任

王家在等鲊寨有4房族人，在朵花有1房族人，在坝卡寨也有1房族王姓人。虽然坝卡寨与等鲊寨的王姓是一个老祖公，他们之间不能结亲，但坝卡寨的这房族王姓人与等鲊寨的4房族和朵花的1房族不共用大师傅、鼓师、芦笙师，虽然如此，但人们习惯上还是说，他们是一个家头（家族，苗语为"达贝"）的。在五里桥、姨妈屯、蔡家院、老马洞、猫洞、牛郎关、大新田都有王家人，他们都分别属于等鲊寨和朵花这5房族人里的1房族，共用大师傅、鼓师、芦笙师。

王家的这5房族人分别是：

第一房族（3户）：王光等、王光林、王光益。

第二房族（24户）：王大先、王大连、王大强、王大忠、王大林等六兄弟；王大文（亡人）、王大钱；王大德（梅拉）；王大贵、王光兴等。

第三房族（2户）：王明荣；五里桥有3户。

第四房族（9户）：王明香；王明安、王明富、王明贵、王明华、王明建、王明宏六兄弟。

第五房族（朵花）：王大书、王光银。

王家的大师傅、鼓师、芦笙师是由这5房族人轮流来做的，如果轮到

了哪一房族的长房，他又不太会做，其他会的人就要辅助，所以就有正的大师傅和副的大师傅的说法。

　　大师傅、鼓师、芦笙师的接任，则是要在上一届大师傅去世以后，这个大师傅房族的人要穿起"披袍"、打起伞，到下一届轮到做大师傅的这一房族中去请要担任大师傅的人，而这位下一届的大师傅则会在家里面穿起"披袍"等起，同时等起的还有其他房族的人，在大家的见证下，摆卦，以得到阴边老祖先的同意，接下来上一届大师傅的丧事的"开路"就由下一届的这位大师傅来做。每一次做仪式的时候，大家都要在场，推选出的这个大师傅为正，正的大师傅如果记不清楚，则可以请一个或两个能记住的祖先名字的人做辅助，遇到正的大师傅记不清楚的地方，他们要进行提醒。此外也还会有一些中年男人和年轻男人在场，他们可以利用大师傅做仪式的机会进行学习。其实下一届轮到哪一房族哪一个人做大家都是心里有数的，因为如果大师傅、鼓师、芦笙师自己家有人过世，他们自己是不能来做的，就要由下一届的人先来顶起。此外，如果大师傅、鼓师、芦笙师自己有病或身体不好，不能去为别人做"开路"仪式时，自己的弟弟或长子就要代兄长或父亲去念咒、吹芦笙或敲鼓，直到他们去世时，才能将这一职责交代到下一房族去。所以就会出现很多虽然不是大师傅，但对"开路"仪式非常熟悉的男人，他们的任务则就是在正的大师傅"开路"时，在旁边做"副的大师傅"帮助正的大师傅完成仪式，芦笙师、鼓师的情况也是一样。

　　学习"念咒"的时间除了给亡者"开路"的时候，还有就是正月间。以前从大年三十以及整个正月间的晚上，大师傅都会摆上酒和肉来教"家族"里的男人学习念咒，虽然一般做大哥的是首选，除非大哥没有能力，记不住，才会轮到老二、老三，但以前大家都是很积极的，因为这是一项荣誉。王光林伯伯讲，"以前，我们'念咒'是有书本的，只是后来被老祖宗烧掉后，就没再上过书本了，老祖宗，还发誓，哪个要是上书本，他的眼睛就会瞎。听老人讲，以前只有那些有钱人家的孩子可以去读书，穷人家的孩子没钱，读不到书就识不到字，只有识字的人会念，也就只有识到字的人才会做大师傅。穷人家去请大师傅来做事，他们看不起穷人家就不愿意来，这就把老祖宗气坏了，一气之下将书烧掉，就口传了一些人，无论识不识字，只要能记住，都可以来做大师傅"。所以，念咒全凭记忆，没有书本，就是为了反对读书识字人的专权，大家只要能记住，谁都可以来做大师傅，为了有一个先后顺序，发明了各房族的人轮流来做，首先选每房族里的长子，长子做不到，或不愿来做，才会轮到老二，依次类推。如果没有老二、老三，其他房族的人为了照顾你，会在你做大师傅的时候，在一边辅助你，这既体现王家人的公平，也体现王家这个家族的团结。

为什么说这是一项荣誉呢？大师傅、鼓师、芦笙师与普通人在日常的生活中都是日出而作，日落而息，没有任何特权，他们的区别则是体现在自己以后的葬礼上。一般的亡人的葬礼是 7 天，"开路"时大师傅、鼓师、芦笙师，也不穿"披袍"，敲不敲牛看家里的经济情况，家里经济情况好，儿孙们愿意给老人敲，则敲；家里情况不好，没有能力，敲猪也可以。但如果在世时，做过大师傅、鼓师、芦笙师的人，去世以后，"开路"时大师傅、鼓师、芦笙师要穿"披袍"，家人会敲一头牛，还会在上山安葬以后，又转回家来再杀一头猪，为亡人做第二道"手续"，也就是再"开路"一次，所以大师傅、鼓师、芦笙师是 8 天；如果在世的时候进行过敲牛祭祖的人，去世后要搞 13 天的仪式；如果在世时既敲过牛又是当大师傅的人，在做了 13 天的仪式后，则会再敲牛、杀猪，再做六天的"手续"，也就是说，总共要做 19 天，而且在做仪式的时候，要在亡人的头和脚一边各放一个巴郎角，门口插有 7 面旗，红、绿、黑三种颜色，堂屋门口还要用两根木柱子交叉拦起，亲戚来吊唁，要用牛角给他们敬酒，然后才能进去。王光兴伯伯讲，他父亲在世时是大师傅，还敲过牛，在抬上山后，转回家来又重新做了第二道手续，开了第二道路，又杀了一头牛和一头猪，又做了 7 天，前后共 19 天，总共吃了大米 3000 斤，酒千斤。做这样多的手续，据说亡者的灵魂在阴边会比一般的人要高一等。

现在等鲊寨的王家，除了王光兴和王光林能记全（他们虽然能记全，但也不是正的大师傅，因为大师傅是 5 个房族的人轮流来做的，不是谁能记全，就由谁来当正的大师傅，能记全做辅助是可以的），王大书（土改时期由等鲊寨搬到了朵花村）、王大连、王光进等一些 60 岁以上的人能记大部分，其他的小辈则是没有人能记住了。小辈们都忙着在外打工挣钱，正月间回来过年，有的没等过完正月十五就走了，过完正月十五也基本上走完了，小辈们都没有时间和精力来学习做大师傅了，就连丧葬上要敲的鼓和吹的芦笙，也只有一些老辈子的人还会，中年的和年轻的很多都不会了。随着老辈人的过世，如果中年人和年轻人不学习的话，给亡人做仪式、敲鼓和吹芦笙都做不了了。年轻的人则没有任何焦虑地讲，做不了的话，就请汉族先生来做了，而老一辈的人则是担心，汉族先生记不到他们老祖先的名字，那样的话魂魄是不能交代到祖先那里的，但年轻一代对老一辈的话则没有放在心上。

王家的大师傅、鼓师和芦笙师，现在在任的情况分别是：

大师傅：王大书（朵花）（上两届分别是：王大字和王明香的哥哥，下一届是王明荣）。

鼓师：王大连（等鲊寨）、（上两届分别是：王明富的祖爷爷、王明荣的爸爸）。

芦笙师：王光华（等鲊寨）[前一届是：王大学（王光兴父亲）]

副的大师傅：王光兴和王光林。

二、李家——大师傅、鼓师、芦笙师的接任

李家属于一个"家头"的有5房族人（原先有7房族，其他2房族现都已没人了）。

第一房族：李正奎；李发平；李发学。

第二房族：李发宝。

第三房族：李廷忠；李廷兴；李廷香；李廷杰（已去世）；李念（共11家），长舍寨还有几家。

第四房族：李发清（是从鸡场坪抱养过来的汉族）。

第五房族：李光学（小平）。

李家的接班，在以前也是如王家一样，但发展到现在则没有王家传承的好，出现了推脱，不想做的情况（我在时，就听说，当时的大师傅李廷忠不想做了，但在大家的劝说下，他才没有再推脱）。

李家的大师傅、鼓师和芦笙师，现在在任的情况分别是：

大师傅：李廷忠（前两届是：李廷杰的父亲和李光学的父亲）。

鼓师：李发宝（现在生病，腿脚不方便，哪家做大师傅，都由他儿子代替）。

芦笙师：李廷兴（本身是轮不到他来做芦笙师的，应该由别的房族来做，但其他房族的人不愿意学，也不会，就只好由他来做了）现在大师傅和芦笙师都在一个房族内。

现在李家如果有老人去世，进行"开路"仪式时，大师傅、鼓师、芦笙师和一般人的丧事做法是一样的，不会穿"披袍"，也不会比一般的人多做一道手续。出现这样的情况则是因为，在国家"粮食难关"的20世纪50年代，当时的大师傅、鼓师、芦笙师，他们去世后，在被抬上山埋葬后，回到家里没做第二道手续，也即是进行第二次"开路"仪式，用他们的话，也就是说，没有进行当地人所谓的"权力交接"。从那时开始，所有的人做丧事活动，就一样了，没有什么区别可言。

李廷兴讲"虽然现在李家有5房族，人口也有200多人，但是在20世纪50年代时，人口很少，每房族也才个把人，也就是李廷兴爸爸这房族人要多点，有五兄弟，比其他房族的人要多一点，所以当时大师傅、鼓师、芦笙师就全部在一个房族里。三个人去世时，又遇上粮食难关，实在是太困难了，做不起第二道手续。以前老人又去世得早，年轻人都还小也没有学完全，我们就是每个人都知道一点，跟不上老人那伙了，所以，一直以来都是哪个人晓得哪个人就来做。在这个大家都忙着外出打工赚钱的时代，大师傅、鼓师、芦笙师给别人做事又是不收钱的，所以学做大师傅、鼓师、芦笙师反而成为大家的负担，哪个都不愿意来做，所以也就有了大家相互推脱的现象，也有了现在大师傅和芦笙师全都落在了一个房族里的情况。"

李廷荣说，"大师傅、鼓师、芦笙师不严格地在各房族里轮流进行，是因为李光忠那一家人没有把'权力交接'出来，但如果想继续以前的传承，除非再给李廷兴的爸爸进行第二次'开路'，进行一下权力交接"。李廷荣的这番话不无道理，但李家是否会按他所说的来做，那只能看他们商量的结果了……

三、陈家——大师傅、鼓师、芦笙师的接任

等鲊寨子的陈家，现在只有一房族人，总共也就五六户，辈分最大的是三个"廷"字辈的老人：

陈廷忠——陈国兴、陈英。

陈廷先——陈国华、陈国全。

陈廷富——陈国香、陈国金、陈国祥。

（陈廷富与陈廷先是亲兄弟，他们与陈廷忠是亲堂兄弟）。

陈家的大师傅、鼓师和芦笙师，现在在任的情况分别是：

大师傅：堂弟陈廷先。

鼓师：堂兄陈廷忠。

芦笙师：请寨子上李家会吹芦笙的人来担任。

三房族陈姓人除了老祖先的名字是各姓知道各姓，但鼓和芦笙的敲法和吹法则是一样的。

附录二：礼单内容分析

一、王光学女儿——王小珍出嫁办酒礼单

王光学女儿出嫁办酒，所嫁寨子为中白番，总共来"吃酒"的亲戚朋友共有184位，我们先从地理距离上来看这些亲戚的分布情况（括号里的数字是人数）：

下排：等鲊（49：王15，陈6家，李28）、长舍（37）、跳园冲（17）、谷朗（8）、下塘堡（8）、上塘堡（8）、白岩（8）、新寨（5）、上白番（5）、中白番（5）、火烧寨（3）、坝卡（2）。

中排：王寨（13）、雀笼寨（2）。

上排：大谷咬（1）、小谷咬（1）、小关山（2）、朵花（8）。

客家（汉族）聚居区：上麻若（1）、下麻若（1）。

在来的184个亲戚朋友中，拿物品的亲戚共有68个，拿被子或毛毯的有64家，其余5家拿的东西还更多些。总共收到的礼金有19230元

从亲属关系的分类上来看（每一类关系都以自己、老婆、儿媳作为第一人称"我"来列举）。

第一类：最近的宗亲、最近的姻亲（老婆的两个姐姐都嫁在了等鲊寨，所以这类亲戚都来自等鲊寨）。

被子或毛毯+枕头的有3家，分别是老婆的大姐、老婆的二姐的女儿，自己大哥的儿子；被子或毛毯+枕头+被套+床单是老婆二姐的大儿子；弹花被+超柔毛毯+枕头一对是自己二哥的儿子。

第二类：较近的亲属（拿礼品的）

2000元以上：1家，亲家（儿媳的爸爸）。

1000元以上：3家，亲家弟弟（儿媳的亲叔叔）、老婆的大弟、老婆的小弟。

500—1000元：1家，老婆的大姐。

200—500元：7家，500元4家。

100—200元：7家，200元3家。

50—100元（含100元）：21家。

30—50元（含50元）：9家。

0元：19家。

第一代表亲——父母的兄弟姐妹的孩子。

第二代表亲——（外）祖父母的兄弟姐妹的孙辈后人。

第三代表亲——曾（外）祖父母的兄弟姐妹的曾孙辈后人。

前面两类亲戚关系列举：

自己的关系（父系亲属关系）：大哥女婿、二哥女婿、妹夫、姐夫的女婿（上塘堡），亲幺叔、堂叔、亲大哥儿子、亲二哥儿子、堂兄弟儿子、堂哥弟（等鲊），堂妹夫（上白番），亲二哥女婿、王家女婿、姐夫儿子（谷朗），王家的亲家（跳园冲），王家女婿（白岩），亲姑舅表兄弟（长舍），大哥女婿（长舍），堂姐夫（火烧寨），妹夫（小谷咬），王家的女婿、妹夫（新寨），亲家母的妹妹、亲姐夫（下塘堡）。

老婆的关系（姻亲关系）：大姐夫、二姐女婿、二姐大儿子（等鲊），

表妹夫（跳园冲），亲姐女婿、亲弟女婿（白岩），亲伯叔、亲兄、亲弟、亲兄弟的儿子、堂兄、堂弟、堂兄弟的儿子（长舍），二姐女婿（王寨）。

儿媳的关系（姻亲关系）：姨父（跳园冲）；姑父（大谷咬），爸爸、亲叔伯、姑父、堂叔伯，亲兄弟、堂兄弟、表妹夫（等鲊寨）。

第三类：远一点的亲属（只拿礼金）

200—300元（含300元）：2家，250元，儿媳亲姨妈；300元，自己二哥女婿的兄弟。

100—200元（含200元）：5家。

50—100元（含100元）：9家。

30—50元（含50元）：25家。

5—30元（含30元）：75家。

自己的关系（父系亲属关系）：熟人（新寨），王家女婿、王家女婿儿子（下塘堡），表姐夫、表妹夫（上塘堡），亲姐夫的女婿（上塘堡），同寨、陈家与王家认家门（等鲊），对门寨子（跳园冲），上门到白岩（白岩），对门寨子（长舍），表妹夫的女婿、王家的亲家、老祖是王家抱过去的（上白番），二哥女婿的兄弟、堂兄弟的女婿（谷朗），王家亲家、与王家认家门（火烧寨），姑舅老表、亲姨妈的孙子、姐夫、亲表弟、老表、老表儿子、舅舅（王寨），与王家认家门、家门、亲一点的家门（朵花），妹夫（上麻若），堂妹夫（小关山），王家的孙女婿（下麻若），妹夫（坝卡），亲姨表妹夫、老祖是从王家抱去的、堂兄弟女婿（中白番）。

老婆的关系（姻亲关系）：表妹夫（新寨），表姐妹夫（下塘堡），表姐妹夫（上塘堡），哥认的干儿子父亲（跳园冲）、表妹夫、姐夫（白岩），堂叔伯、堂兄弟、堂兄弟儿子（长舍），表妹夫（雀拢寨），堂哥弟的女婿（中白番）。

儿媳的关系（姻亲关系）：堂叔伯（等鲊），姑表舅（谷朗），亲姑夫（小谷咬），表姨夫（坝卡）。

二、王大文老人去世，办酒礼单

因家庭关系比较复杂，所以来的亲戚主要有老人自己的血缘亲属、姻亲亲属；王大林的血缘亲属、姻亲亲属；儿媳的亲属等。

王大文老人去世，前来吃酒的亲戚，总共来的亲戚朋友有 234 个，收到的礼金数有 21135 元。从地理距离上来看这些亲戚的分布情况（括号里的数字是人数）。

下排：等鲊［33：李（28）陈（5）］、长舍（35）、跳园冲（20）、谷朗（7）、下塘堡（14）、上塘堡（7）、白岩（16）、新寨（8）、上白番（6）、中白番（9）、火烧寨（5）、坝卡（12）。

中排：王寨（34）、雀笼寨（2）。

上排：大谷咬（1）、小谷咬（3）。

三排以外的寨子：小关山（3）、朵花（8）、大关山（1）、蔡家院（1）、五里桥（3）、毛草冲（1）、克马石（2）、老马洞（1）。

汉族聚居地：上麻若（1）、下麻若（1）。

既拿礼金，又拿礼品（被子）的亲戚共有 53 人：

第一类：最近的宗亲、最近的姻亲（既拿礼金，又拿礼品的）。

第二类：较近的亲属（既拿礼金、又拿礼品的）。

礼金数额分类：

1000 元以上：1 家，亡人儿媳的弟弟（同时也是王家的女婿）。

500—1000 元：3 家，600 元（亡人儿媳的堂弟），1000 元（2 家，亡人三孙女、大林三女儿）。

200—500 元：10 家，500 元（5 家，大林的女儿、亡人的外婆家、亡人的孙女、亡人堂弟的女婿、亡人儿媳哥哥的儿子）。

100—200 元：11 家。

50—100 元（含 100 元）：17 家。

20—50 元（含 50 元）：10 家。

以上两类亲属关系分类列举：

亡人的亲戚：堂弟女婿、堂弟孙女婿、王家的外孙、王家的亲家、陈家与王家认家支（等鲊），王家的女婿（火烧寨），亡人的外婆家（长舍），堂弟的女婿（新寨），大舅哥儿子、大舅哥儿子的堂兄弟（白岩），家头弟兄（坝卡），王家家头女婿（谷朗），王家女婿（下塘堡），王家亲家、王家亲家的堂兄弟（中白番），王家女婿（上塘堡）。

附　录

儿媳的亲戚：亲家（等鲊），姨表妹夫（小谷咬），小女婿、小女婿的堂兄弟（新寨），亲弟弟（王家女婿）、哥哥、哥哥的儿子、堂兄弟（跳园冲），姐姐的儿子（雀拢寨），姐姐的儿子、表弟、亲家（王寨）。

王大林的亲戚：原女婿的哥、女婿大哥、女婿（等鲊），亲家哥的儿子（新寨），女婿（谷朗），女婿、表哥、表弟（王寨）。

第三类：远一点的亲属（只拿礼金的关系远一点的亲戚有183个）。

200—300元（含300元）：1家，王大林二哥女儿。

100—200元（含200元）：6家，200元（5家）。

50—100元（含100元）：27家，100元（21家）。

30—50元（含50元）：44家。

10—30元（含30元）：97家。

亡人的亲戚：寨邻、陈家与王家认家支（等鲊），王家女婿的堂兄弟（火烧寨）、王家女婿的堂兄弟（毛草冲）、王家的女婿（上麻若），亡人外婆寨子上（长舍），王家外甥（新寨），大舅哥、大舅哥儿子、跟着大舅哥儿子来的、大舅哥孙子、王家亲家亲戚、王家外孙女婿（白岩）、王家女婿（雀拢寨）、家头弟兄、家头弟兄的儿子、堂门弟、堂兄弟、王家孙女婿（坝卡）、王家女婿、外孙、重外孙女婿（谷朗）、王家女婿、王家外孙、王家外家、老婆的侄子（下塘堡），王家女婿、王家表兄弟（王寨），王家女婿、跟着王家女婿来的（小关山），老马洞王家家门的女婿（大关山）、王家女婿、王家亲家、老亲戚、老亲戚的儿子（中白番），王家的女婿、大姐的女婿、王家抱养子的大哥、王家抱亲子过去（上白番），过门堂（亲家支）（老马洞），家头（朵花），王家女婿（下麻若），家头（五里桥）。

儿媳的亲戚：姨表妹夫、娘家的亲戚（小谷咬），小女婿的家头弟兄（新寨），姨表兄（白岩）、跟着亲弟来的、跟着堂哥来的（跳园冲）、跟着跳园冲亲弟来的妹夫、跟着跳园冲亲弟来的女婿、姑表兄弟（坝卡），姨表哥、三女婿的公公、跟着三女婿公公来的、表兄弟（王寨）、跟着王寨三女婿的公公来的（克马石），表哥儿子女婿、跟着表哥儿子女婿来的（上塘堡），表弟（蔡家院）。

王大林的亲戚：姨表妹夫（新寨）。

三、李廷华办房子酒礼单

（李廷华，40 岁，妻子，陈小艳，42 岁，是谷朗的姑娘，现在有两个儿子，都还未结婚。）首先我们先从地理距离上来看前来吃酒的亲戚，总共来的亲戚朋友有 156 个。

客人主要来自以下一些地方：

下排：等鲊［55：王（27）、李（22）、陈（6）］、长舍（14）、跳园冲（6）、谷朗（17）、下塘堡（11）、上塘堡（7）、白岩（4）、新寨（2）、中白番（2）、火烧寨（6）。

中排：王寨（7）。

与汉族杂居的寨子：朵花（7）、蔡家院（2）、毛草冲（1）、朵山（1）观音山（1）。

汉族聚居区：下麻若（1）、贝音新云（1）、安顺（1）、羊篷（1）、水落洞（4）、丛坝山（3）、摆林（2）。

一共来的亲戚有 156 个，总共礼金有 15255 元。

既拿礼金，又拿礼品（被子）的亲戚共有 18 个，其中有三个亲戚送的是：组合一套、大组合、沙发一套，分别是老婆的两个亲妹和亲弟。

第一类：最近的姻亲（既拿礼金，又拿礼品的）。

姓　名	礼　金	礼　品	所在村寨	亲属关系
李在豪	500 元	组合一套	下塘堡	女亲妹
王光才	500 元	大组合	朵花	女亲妹
陈仕平	1200 元	沙发一套	谷朗	女亲弟

第二类：较近的亲属（既拿礼金，又拿礼品的）。

礼金数额分类：

1000 元以上：1 家，老婆的亲弟弟。

200—500 元：3 家，500 元（2 家，老婆的两个亲妹妹）。

100—200 元：9 家。

50—100元（含100元）：6家。

30—50元（含50元）：2家。

这些亲戚的分类列举：

自己的亲戚：亲舅表、舅表、舅表的儿子、李家的女婿（等鲊）、李家的女婿（下塘堡）。

老婆的亲戚：亲叔叔、叔叔的女婿、亲弟、堂哥、堂弟（谷朗）、堂姐夫、亲妹（朵花），舅表妹夫（等鲊），亲妹夫（下塘堡），堂姐夫（长舍），亲姑父（王寨）。

第三类：远一点的亲属（只拿礼金）。

300—600元：2家，500元（1家），600元（1家）。

200—300元（含300元）：4家，300元（4家）。

100—200元（含200元）：12家，200元（3家）。

50—100元（含100元）：45家，100元（32家）。

30—50元（含50元）：36家。

10—30元（含30元）：36家

自己的亲戚：

认兄弟（水落洞），认的兄弟的大舅子（水落洞），叔伯姑妈的儿子（水落洞），男姑表、家支（堂兄弟）（朵花）、男姑表、同寨、李家的女婿（陈家、王家）、舅老表、老表的儿子、姑老表、家门、家头、亲家支、哥的儿子（等鲊），哥亲家（白岩），李家的女婿、堂姐夫（白岩），堂妹夫、李家女婿、堂姑表兄弟、表姐夫（下塘堡），认的兄弟、认的兄弟的哥（丛坝山），男姑表、家支（王寨），粮食短缺时认的家门、亲家支（长舍，家门和家支都不可结亲），嫂子姐姐的儿子、认兄弟的儿子（新寨），亲姑表（贝音新云），亲姑表的姐夫（安顺），亲姑表的弟弟（观音山），王家外家的儿子（毛草冲），王家外家的儿子（火烧寨），大嫂的大哥、二哥、弟弟、李家女婿（火烧寨），老表、堂姐夫（上塘堡），认兄弟（朵山），亲家支（莱家院），哥认的兄弟、哥哥认的兄弟的弟弟（摆林）、表姐夫、姑表、姑表侄子（跳园冲），男舅表兄弟的女婿（下麻若），李家女婿（中白番）。

老婆的亲戚：

认姐妹（羊篷）、叔伯姑妈的孙子（谷朗）、娘家长辈、家门、叔叔的女婿（谷朗）、表妹夫（等鲊）、妹夫的弟、堂妹夫（下塘堡）、表弟、堂妹（上塘堡）。

四、陈国金办房子酒

办房子酒礼单（陈国金，38岁，妻子，杨＊＊，34岁，是谷朗的姑娘）。首先我们先从地理距离上来看前来吃酒的亲戚，总共来的亲戚朋友有143个，送礼品（被子）的有30个。

客人主要来自以下一些地方：

下排：等鲊［32：王（13）、李（18）、陈（1）］、长舍（25）、跳园冲（16）、谷朗（17）、下塘堡（7）、上塘堡（2）、白岩（7）、新寨（5）、中白番（16）、火烧寨（2）、坝卡（4）。

中排：王寨（5）。

上排：幺罗冲（1）。

与汉族杂居的寨子：小关巾（1）。

汉族聚居寨子：下麻若（1）、龙里（1）、余下堡（2）。

总共来的亲戚有143人，总共收的礼金数有16410元。

既拿礼金，又拿礼品（被子或菜）的亲戚共有30个，其中有1个亲戚（老婆的亲大哥）送的是：电视柜一个。

第一类：最近的姻亲（既拿礼金，又拿礼品的）。

姓　名	礼　金	礼　品	所在村寨	亲属关系
杨必忠	2000	电视柜一个	谷朗	（女）亲大哥

第二类：较近的亲属（既拿礼金，又拿礼品的）。

礼金数额分类：

1500元：1家，跳园冲老婆的亲姐姐。

600元：1家。

200—500：（含500元）8家。

100—200：（含 200 元）1 家。

50—100 元（含 100 元）：9 家。

30—50 元（含 50 元）：10 家，3 家只拿了礼品，没拿礼金；1 家送 30 元，其余都是 50 元。

自己的亲戚：弟媳的姐妹（长舍、谷朗、等鲊、中白番），侄女（长舍、新寨），弟媳的堂哥（白岩），亲姨表哥（等鲊），堂姐（等鲊），表哥（跳园冲），表妹（下塘堡），堂姐（下塘堡），叔伯堂姐，姑妈（王寨），亲舅（坝卡）。

老婆的亲戚：大哥（谷朗），堂哥（谷朗），堂姐（坝卡），表哥（跳园冲），亲姐姐（跳园冲），姨表姐妹（等鲊），姑妈（等鲊）。

第三类：远一点的亲属（只拿礼金）有 112 家。

1100 元：1 家，自己的堂哥。

600 元：2 家。

200—300 元（含 300 元）：5 家，300 元（4 家）。

100—200 元（含 200 元）：6 家。

50—100 元（含 100 元）：12 家，100（10 家）。

30—50 元（含 50 元）：20 家。

10—30 元（含 30 元）：66 家。

自己的亲戚：寨邻（长舍），朋友（谷朗、跳园冲、下塘堡、王寨、新寨、上塘堡、中白番、下麻若、幺罗冲、小关巾、火烧寨），堂哥（等鲊），同寨，表姐（王寨）、表哥（新寨），弟媳的亲戚（新寨），弟媳的朋友、表哥、父亲（白岩），表妹、表哥（坝卡），在家里做活的师傅（龙里），在家里做活的师傅（余下堡）。

老婆的亲戚：堂哥（谷朗）、姨表姐夫（谷朗）。

五、王明香、王林办酒礼单

（王明香为父，老婆是长舍的姑娘，王林为大儿子，老婆是本寨子上李家的姑娘）。

来的亲戚有：207 户，共收礼金数为：25680 元。

下排：等鲊 [31：王（3）、李（22）、陈（6）]、长舍（40）、跳园冲（12）、谷朗（6）、下塘堡（11）、上塘堡（18）、白岩（6）、新寨（6）、朵花（11）、中白番（4）、火烧寨（6）、坝卡（5）、上白番（3）、关口寨（1，与上塘堡是一个寨子）。

中排：王寨（12）。

与汉族杂居寨子：摆长（1）、大新田（1）、翁招（1）、五里桥（3）、菜家院（7）、拐龚（1）、竹山寨（1）、朵山（2）、万家庄（1）、姨妈寨（5）、大土（1）、小关山（1）、姨妈屯（1）、马寨（3）、雀拢寨（2）、金下（1）。

汉族聚居寨子：上麻若（1）、岳家寨（1）。

既拿礼金，又拿礼品（被子或菜）的亲戚共有 40 个，用来"挂红"的红绸布，一般都是由老婆的外家来送，因爸爸太穷、妈妈去世，没有兄弟、就由自己的二叔来送。

第一类：最近的姻亲（既拿礼金，又拿礼品的）。

姓　名	礼金	礼品	所在村寨	亲属关系
李贞天	1000元	匾一块、红绸布一段	长舍	自己亲舅
李光金	1100元	一段红绸布	等鲊	老婆的叔叔
李光兴	0元	花布一段	等鲊	老婆的父亲
胥 杰	1400元	沙发一套	白岩	自己的姐夫
李在佩	1000元	沙发一套	下塘堡	老婆的姐姐

第二类：较近的亲属（既拿礼金，又拿礼品的）。

礼金数额分类：

1500元：1家，母亲的亲妹妹。

姓　名	礼金	礼品	所在村寨	亲属关系
李在益	1500元	棉被一床	姨妈寨	母亲的亲妹妹

200—500元（含500元）：6家。

100—200元（含200元）：16家。

50—100元（含100元）：6家。

0—50元（含50元）：7家。

姓　名	礼　金	礼品	所在村寨	亲属关系	备　注
李光虎	0元	超柔毛毯	王寨	媳的表舅	
李廷林	0元	大米一升	等鲊	寨子	困难户
李如林	0元	梦之旅家纺	长舍	母亲大伯	
李如清	0元	名贵寝室时尚	长舍	母亲大伯	

父亲（王明香）的亲戚：二哥的女儿（朵花），大哥的亲家（等鲊），堂兄弟的女婿（摆长），舅表兄弟（跳园冲）。

母亲的亲戚：大伯、堂哥、堂弟（长舍），表姐妹（上塘堡），姑妈（下塘堡），姑表兄妹（雀拢寨）。

自己的亲戚：舅（长舍），舅表姐妹（小关山），亲姐夫（白岩），亲姨夫（姨妈寨），表姨夫（等鲊）。

老婆的亲戚：表姐妹（谷朗），大伯、叔叔、姨妈（长舍），表妹、表姐、姐姐（下塘堡），妹妹（新寨），表舅、父亲的家门（王寨），父亲、叔叔、姨妈、姨表兄弟、表妹（等鲊）。

第三类：远一点的亲属（只拿礼金）有166家，每一类别的亲戚都以主人公为第一人称。

礼金数额分类列举：

姓　名	礼　金	所在村寨	亲属关系
廖仕香	800	竹山寨	父亲认兄弟

800元：1家。

300—500元（含500元）：5家。

200—300元（含300元）：6家。

100—200元（含200元）：17家。

50—100元（含100元）：35家。

30—50元（含50元）：29家。

10—30元（含30元）：73家。

父亲的亲戚：

王家女婿（谷朗、新寨、上白番），王家女婿的弟弟（等鲊），王家的亲家（中白番），王家的亲家、王家女婿（上麻若），王家外孙（下塘堡），堂兄弟的女婿（白岩、坝卡、雀拢寨），老表（父亲堂姑父的儿子）（等鲊），老表（姨表亲）（上塘堡、坝卡），老表（姨妈寨），舅表兄弟、老表（跳园冲），表兄弟（新寨），亲舅老表、堂舅老表（王寨），老表（中白番），家门（朵花、五里桥、大新田），家门的妹妹（大新田），家门（王寨），同寨（等鲊），表妹夫（火烧寨），堂姑妈（关口寨），堂姑老表（跳园冲），战友（蔡家院、拐龚、朵山、万家庄），认兄弟（竹山寨），老根（金下）。

母亲的亲戚：

表姐妹（谷朗），表姐妹、表哥（下塘堡），姨表兄妹、姑表兄弟（白岩），姑表兄妹（雀拢寨），姨表兄弟（坝卡），堂妹（新寨、岳家寨），堂兄弟（坝卡），堂兄弟的女儿（白岩），姐夫的弟弟（谷朗），姐夫的弟弟（白岩），外祖父、大伯、娘家寨子上的（长舍）。

自己的亲戚：

亲弟弟（等鲊），表妹（大土），舅表兄妹（小关山），姑表兄妹（马寨），堂妹（下塘堡），堂哥的舅舅（火烧寨），堂姑奶的儿子（新寨），奶奶寨子上的（上塘堡）。

老婆的亲戚：

大伯（朵花、菜家院），叔叔（姨妈寨），表姊妹（火烧寨），表姐的公公（等鲊），堂哥（下塘堡），堂姐妹（谷朗、中白番），堂妹（上白番），堂哥（王寨），李家家门（王寨）。

弟媳的亲戚：

舅舅（坝卡）、父亲、叔伯（姨妈寨），亲哥（姨妈屯）。

六、李发财办酒礼单

李发财，40岁左右，老婆，陈＊＊，是谷朗的姑娘。

按照所来亲戚的地理距离来分：

下排：等鲊［57：王（29）、李（23）、陈（5）］、长舍（15）、跳园冲（10）、谷朗（24）、下塘堡（11）、上塘堡（5）、白岩（4）、新寨（4）、中白番（7）、火烧寨（5）、坝卡（2）、上白番（3）。

中排：王寨（4）、咋哨（3）、雀笼寨（4）。

上排：腰罗冲（2）、小谷咬（1）、上坎泥（1）、黑泥巴（2）、大谷咬（2）。

与汉族杂居寨子：姨妈屯（2）、蔡家院（3）、弯弓寨（1）、大水塘（2）、朵花（3）、金城下（1）。

汉族聚居寨子：上麻若（3）、新场（3）、六盘水（3）、安徽（1）、威宁（1）。

来的亲戚有：189户，共收礼金19935元。其中带礼品来的有：25户。25户中有3户，送红布，一般是老婆的外家送，按照亲人所在的顺序：父亲、叔伯、哥、弟，因老婆的大伯还在，就由大伯送，老婆的大哥，只是送了礼品和礼金。

第一类：最近的姻亲（既拿礼金，又拿礼品的）。

姓　名	礼金	礼品	所在村寨	亲属关系	备　注
李在红	200元	挂红布一段、弹花被	下塘堡	老婆父亲的大伯	女的父亲是从下塘堡抱到谷朗的
王光学	500元	电炉一台	等鲊	自己亲哥哥的亲家	
李发祥	1000元		等鲊	自己亲大哥	虽然没有拿礼品，但是自己最近的宗亲
王发财	1200元	超纯柔毛毯、洗衣机	等鲊	自己亲二姐夫	
陈传勇	2000元	超柔毛毯	谷朗	老婆的亲弟弟	

第二类：较近的亲属（既拿礼金，又拿礼品的）。

礼金数额分类：

1000元：1家，母亲的亲妹妹

姓　名	礼　金	礼　品	所在村寨	亲属关系
王光燕	1000元	超柔毛毯	等鲊	自己亲哥哥的亲家

200—500元（含500元）：3家。

100—200元（含200元）：9家。

0、50—100元（含100元）：7家。

姓　名	礼金	礼　品	所在村寨	亲属关系	备　注
王　发	0元	超柔毛毯	等鲊	女的堂姐夫 李文的姑妈	李文是老婆父亲的亲戚

母亲的亲戚：娘家（谷朗陈），姐夫（谷朗杨）。

自己的亲戚：姨夫（新寨），姑表兄弟（中白番），堂哥女婿（白岩、下塘堡），姑表（谷朗），堂姐夫（跳园冲、等鲊寨、火烧寨），认的兄弟（腰罗冲），表哥的亲家（等鲊），亲哥的亲家（等鲊），亲二姐夫（等鲊），亲大哥（等鲊）。

老婆的亲戚：亲弟（谷朗），亲大伯（下塘堡），姐夫（谷朗杨），堂兄弟（谷朗）。

第三类，较远的亲戚，165家。

这165家亲戚所送的礼金从20—500元不等。

自己的亲戚：

李家女婿的儿子（新寨），李家女婿的儿子（谷朗），李家女婿的儿子（王寨），李家女婿的儿子（火烧寨），李家女婿（中白番），李家女婿（安徽，因女儿有残疾），李家女婿（雀笼寨）。

亲哥的小舅子（中白番），大嫂的姐夫（白岩），大嫂的妹夫（跳园冲），哥的儿子认的干爹（姨妈屯）。

王家女婿（谷朗），寨邻（白岩、朵花、等鲊），家头（朵花、蔡家院、等鲊、王寨），对门寨子（跳园冲、长舍），属于一个家支（长舍），亲姐夫（小谷咬），姐的儿子（大水塘），姐儿子的堂兄弟（大水塘），表姐（谷朗），表姐女婿（跳园冲），表姐夫（坝卡），姨表妹夫（长舍），姨夫（谷朗），亲姨夫（咋哨），堂姑的儿子（谷朗），表哥女婿（谷朗），表哥的亲家（等鲊），表兄弟（下塘堡），姨妈（谷朗），男认的兄弟（腰罗冲），结伴兄弟的亲小舅子（上坎泥），结伴兄弟的亲姐夫（黑泥巴），结伴兄弟的姐夫（大谷咬），干儿子（威宁），认的红毡苗兄弟（金城下）。

堂姐夫（下塘堡），堂妹夫（上塘堡），堂姐夫（火烧寨），堂姐夫的弟弟（火烧寨），堂姐夫（上麻若），堂哥（等鲆寨），堂哥的女婿（谷朗），外婆娘家（雀笼寨）。

老婆的亲戚：

娘家的女婿（谷朗），母亲的姐夫的弟弟（谷朗），表姐夫（谷朗），表姐夫（上塘堡），表妹夫（上塘堡），姨表姐（跳园冲），父亲的亲戚（下塘堡），母亲娘家（王寨），堂哥（下塘堡），干哥哥（新场），堂弟（谷朗），堂姐夫（上麻若），堂姐夫（上塘堡），姑妈（咋哨），姨夫（火烧寨）。

七、王明才、王华办酒礼单（亲戚间很少走动的一家）

王华，40岁左右，老婆，杨＊＊，是谷朗的姑娘，生有两个儿子，都还未婚。

按照所来亲戚的地理距离来分：

下排：等鲆［32：王（1）、李（26）、陈（5）］、长舍（25）、跳园冲（17）、谷朗（11）、下塘堡（14）、上塘堡（20）、白岩（3）、新寨（4）、上白番（3）、中白番（5）、火烧寨（7）、坝卡（6）、上白番（3）。

中排：王寨（6）、咋哨（1）、雀笼寨（1）。

与汉族杂居寨子：姨妈屯（1）、朵花（9）金下（3）、小水（1）、石头寨1。

汉族聚居寨子：下麻若（1）。

总共来的亲戚有：174户，总共收礼金11950元。其中，带礼品（被子或毛毯、大礼品）的有：26户。25户中有2户，算是送的与众不同的礼，"挂红"的红布，一般都是由外家（老丈人、舅子）送，但王华家则是由自己的姑舅表姐妹送。

第一类：送非被子或毛毯的亲戚。

姓　名	礼　金	礼　品	所在村寨	亲属关系
陈　金	300元	大组合一套	朵花	亲妹夫
李　文	500元	花红布一段	下塘堡	姑舅表姐妹

第二类：送被子或毛毯的亲戚。

客人所送礼金分类如下：

200—500元（含500元）：4家。

100—200元（含200元）：10家。

50—100元（含100元）：11家。

0元：1家。

所有的亲戚按照自己的亲戚和老婆的亲戚进行了列举：

自己的亲戚：堂妹夫（长舍）、母亲好姐妹的儿子、堂妹夫（谷朗）、娘舅（母亲的哥）、姑舅表妹夫（下塘堡）、亲妹夫（朵花）、堂妹夫（白岩）、堂妹夫（下麻若）、娘舅（母亲的堂兄弟）、堂姨的孙子、男的堂姑公的儿子（等鲊）、王家女婿、（跳园冲）、堂妹夫（王寨）。

老婆的亲戚：堂弟、亲妹夫（谷朗），堂妹夫（下塘堡），协表（远一点的姑表兄妹），堂妹夫、姐夫的父亲（等鲊），堂妹夫（金下）。

第三类：只送礼金的亲戚。

礼金分类如下：

200—500元（含500元）：5家。

100—200元（含200元）：5家。

50—100元（含100元）：13家。

30—50元（含50元）：19家。

0、10—30元（含30元）：106家，40元（不知什么原因，礼单上没有礼金的登记）。

自己的亲戚：对门寨子（长舍），母亲的好姐妹、母亲好姐妹的儿子（谷朗），母亲娘家寨子上的、娘舅、姑舅表兄弟、母亲的娘舅（下塘堡），家头（朵花），堂妹夫（白岩），父亲的外婆家（爷爷的外家）、父亲的娘舅（上塘堡），外婆的娘家（外婆的母亲家）（火烧寨），同寨、干姐夫、王家女婿（等鲊李家），跟着堂妹夫来的（金下），王家的女婿、姨表兄弟、堂姑爷、堂舅（新寨），王家女婿儿子（雀笼寨），姑舅表妹夫（石头寨），奶奶的娘家人、父亲的娘舅、对门寨子（跳园冲），堂爷爷、堂兄弟、堂妹夫、从等鲊王家抱去的养子（王寨），家头、母亲的姑表兄弟、姨父、老表、堂姑夫、堂妹夫（坝卡），表姑、母亲的亲戚、姑舅表兄（中白番），与王家认家支（认兄弟），堂姑父、王家女婿（上白番）。

老婆的亲戚：妹夫、妹夫的父亲（谷朗），姑表妹夫（咋哨），姑表兄弟（白岩），姑表姐妹、姨表兄妹（上塘堡），母亲的娘家（等鲊李家）、姑妈女婿（等鲊王明香），亲妹夫（小水）。

对于等鲊来说，下排从地理距离上来说，是最理想的亲属关系范围，俗话说"远亲不如近邻"，但如果既是亲戚又离得近，那岂不是最理想的关系网。从上面对礼单内容的分析，我们也可以看出亲属网的密集度基本上是与地离距离成反比的，地离距离越长，结亲的可能性越小。

附录三：团结村（下排）等鲊寨婚姻调查表

表一：（50岁以上）

序号	丈夫	年龄（岁）	妻子	年龄（岁）	结婚年（岁）	当家	男出生地	女出生地	结识形式
1	王光林	68	李廷篮 李志珍		22		等鲊	王寨 下塘堡	坐花园
2	王光益	62	杨**	65	24、27		等鲊	羊篷村 雀笼寨	老人介绍
3	王光兴	63	唐玉飞	64	19、20		等鲊	跳园冲	老人介绍 姑表婚
4	王大俊	52	李印针 李志菲（二）		20		等鲊	长舍 新寨	
5	王明华	51	李廷线（二）	53	22		等鲊	等鲊	
6	王大德	75	杨志美	75	20、20	24、24	等鲊	谷朗	坐花园
7	王光陆	52	唐秀英	46	26、20（1990年）	27、21	等鲊	火烧寨	
8	王明才	65	李嘉秀	64	20、19	23、22	等鲊	下塘堡	老人介绍

续表

序号	丈夫	年龄(岁)	妻子	年龄(岁)	结婚年(岁)	当家	男出生地	女出生地	结识形式
9	王大林	53	唐先秀	52	20、19（二婚）		等鲊	跳园冲	
10	王明荣	50	李廷秀	52	19、21	20、22	等鲊	中排高峰村	
11	王大强	63	胥＊＊（离婚）李在秀（二）	66	15 25、28	26、29	等鲊	下塘堡	
12	王明富	53	陈树花	53	20、20		等鲊	谷朗	亲戚介绍
13	王光等	58	王金兰	58	15、15	17、17	等鲊	坝卡	
14	王光进	58	李在芬	59	22、23	22、23	等鲊	下塘堡	坐花园
15	王大先	57	李应莲	59	18、20		等鲊	长舍	亲戚介绍
16	王明香	58	李＊＊	52	25、19	28、22	等鲊	长舍	
17	王大全	78	陈树芜	79	18、19	18、19	等鲊	谷朗	老人介绍（姑妈家女儿）
18	李廷忠	63	胥廷秀	67	19、25		等鲊	白岩	
19	李正奎	71	陈树美	70	22、21	22、21	等鲊	谷朗	老人介绍
20	李发清	58	胥廷月	58	20、20		等鲊	白岩	
21	李发彬	82	王光英 2003年过世		25	28	等鲊	等鲊	
22	李廷香	53	唐玉花	55	21、23		等鲊	火烧寨	小学同学
23	李发忠	82	王金美（二婚）	72	31、23	31、23	等鲊	坝卡	老人介绍
24	李廷兴	60	胥廷芬	62	11、13	19		白岩	
25	李廷文	59	李在珍	60	18、19	19、20	等鲊	新寨	
26	李＊（去世）		唐诗秀	54				上塘堡	
27	陈廷富	61	唐玉县	62		20、19	等鲊	跳园冲	
28	陈廷忠	74	李发英	76	17、19	25、27	等鲊	等鲊	高小同学
29	陈廷先	70	唐玉元	70	21、21	21、21	等鲊	上唐堡	老人介绍
30	王大贵	73	杨玉美	74	25、26	34、35	等鲊	谷朗	老人介绍
31	李发宝	54	李＊＊	54	19、19	20、20	等鲊	新寨	老人介绍

附　录

续表

序号	丈夫	年龄（岁）	妻子	年龄（岁）	结婚年龄（岁）	当家	男出生地	女出生地	结识形式
32	李正*	过世	李廷友	80	24	24		中排王寨	被抱到王寨，叫花子讨饭到等鲊
33	李发*	过世	王光秀（二婚，死了丈夫）	78	30	32	等鲊	等鲊	
34	李发洲	80	唐**	去世	16（1952年）	25	等鲊	上塘堡	
35	王光忠	52	李如*	51	22、21	23、22	等鲊	长舍	

表二　30—50岁

序号	丈夫	年龄（岁）	妻子	年龄（岁）	结婚年龄	当家	男出生地	女出生地	结识形式
1	王明科	39	唐仙花	38	19、18	20、19	等鲊	火烧寨	老人介绍
2	王新华	32	李志黔		18		等鲊	中排幸福村	
3	王光平	42	陈小上	39	22、19		等鲊	中白番	坐花园
4	王华	44	杨**	42	24、23	25、23	等鲊	谷朗	
5	王明渊	41	唐**		21		等鲊	跳园冲	
6	王明彪	36	李光珍	37	17、18	18、19	等鲊	等鲊	隔代姨表婚
7	王正元	40	王秀连	39	21、20	23、22	等鲊	坝卡	朋友介绍
8	王明宏	40	杨义妹	35	24、19	29、24	等鲊	谷朗	亲戚介绍
9	王光学	49	李如芬	49	22、22	25、25	等鲊	长舍	老人介绍
10	王林	30	李春花	28	21、19	21、19	等鲊	等鲊	
11	李光华	43	李小丽	44	21、22	21、22	等鲊	下塘堡	
12	李诚	40	陈**	39	20、19	20、19	等鲊	中白番	
13	李光平	33	陈**		19、19	19、19	等鲊	金谷谷朗	
14	李光忠	40	孙涛	37	28、25	28、25	等鲊	遵义市余庆县	
15	李发祥	44	陈志艳	42	20、18	20、18	等鲊	中白番	
16	李发财	40	陈才花	41	22、23	23、24	等鲊	金谷谷朗	坐花园
17	李廷建	37	李玉情	35	23、21	23、21	等鲊	金谷谷朗	

253

续表

序号	丈夫	年龄（岁）	妻子	年龄（岁）	结婚年龄	当家	男出生地	女出生地	结识形式
18	李廷薛	31	王光丽				等鲊	等鲊	
19	李廷华	40	陈小艳	42	17、19	21、23	等鲊	谷朗	朋友介绍
20	李光辉	32	胥有利	31	21、20	22、21	等鲊	白岩	亲戚介绍
21	李发学	49	李世芬	50	18、19	19、20	等鲊	王寨	坐花园
22	李廷全	48	李 珍	47	20、19	23、22	等鲊	王寨	坐花园
23	李廷明	35	王金义	34	21、20	21、20	等鲊	坝卡	
24	李发全	43	唐玉秀	45	19、21	20、22	等鲊	杨篷村雀笼寨	隔代舅表亲
25	李光昌	32	胥有运	32	17、17	17、17	等鲊	白岩	
26	陈国香	41	王金元	42	19、20	20、21	等鲊	坝卡	
27	陈国金	38	杨毕礼	34	21、17	22、18	等鲊	谷朗	
28	陈国祥	33	胥有莲	31	19、17	19、17	等鲊	白岩	上门
29	陈国兴	49	胥廷芝（二）	48	17、16	20、19	等鲊	白岩	
30	陈 英	35	李**				等鲊	长舍	
31	陈国全	44	李廷菩	44	19、19		等鲊	等鲊	
32	陈国华	40	王**				等鲊	坝卡	
33	李廷荣	34	唐**	30	20、16	20、16	等鲊	上塘堡	
34	李廷杰	去世	唐灵丽	39	21	22	等鲊	上塘堡	
35	李廷林	45		离婚	25	39	等鲊	上塘堡	因精神有问题，所说婚龄可能有误

表三　30 岁以下

序号	丈夫	年龄（岁）	妻子	年龄（岁）	结婚年龄	当家	男出生地	女出生地	结识形式
1	王嘉宇	27	李**	25	19、17	19、17	等鲊	长舍	
2	王明黔	28	胥秀兰	30	16、18	17、19	等鲊	白岩	
3	王明鑫	28	李 芬	26	19、17	20、18	等鲊	长舍	
4	王显平	28	李 芝	25	19、16	21、18	等鲊	下塘堡	小学同学

续表

序号	丈夫	年龄(岁)	妻子	年龄(岁)	结婚年龄	当家	男出生地	女出生地	结识形式
5	王显州	26	陈子英	25	23、22	24、23	等鲜	谷朗	
6	王明先	26	陈学秀	20	19、13	21、15	等鲜	中白番	
7	王显	28	李**	26	20、18	22、20	等鲜	新寨	打工
8	王显明	29	胥志芬	28	27、26		等鲜	白岩	姨妈介绍
9	王明祥	30	李珍艳	28	23、21	23、21	等鲜	长舍	老人介绍
10	王明光	24	李廷英	23	19、18	22、21	等鲜	等鲜	打工
11	王天华	25	唐艳	26	19、18	19、18	等鲜	水场乡	
12	李廷江	26	杨玉权	27	19、20	19、20	等鲜	金谷谷朗	亲戚介绍
13	李光念	25	王显英	26	17、18	17、18	等鲜	等鲜	同学
14	李光红	25	王有珍	25	20、20	20、20	等鲜	等鲜	
15	李廷兵	24	陈花	24	21、21	21、21	等鲜	谷朗	
16	陈泽宏	29	唐先珍	31	18、20	18、20	等鲜	火烧寨	
17	陈泽学	25	王小凤	23	19、17	19、17	等鲜	等鲜	
18	陈泽容	25	李**	23	22、20	22、20	等鲜	长舍	
19	李廷明	32	王明*	24	25、17	27、19	等鲜	等鲜	
20	李廷英	30	陈**	23	23、16	24、17	等鲜	中白番	

附录四：水苔村（上排）小谷朗寨婚姻关系调查表

序号	丈夫	年龄(岁)	妻子	年龄(岁)	结婚年龄	当家	男出生地	女出生地	结识形式
1	王永刚	52	王朝芬	50	30、28		小谷咬（上门）	小谷朗	
2	冯*	28	王*	27	24、27		大谷朗（上门）	小谷朗	上一代为亲老表
3	王许亮	58	唐诗芬	53	25、20		小谷朗	塘堡	
4	王昌良	32	唐嘉秀	32			小谷朗	白让	上一代为亲老表

续表

序号	丈夫	年龄(岁)	妻子	年龄(岁)	结婚年龄	当家	男出生地	女出生地	结识形式
5	王昌林	28	王**	27			小谷朗	大谷咬	
6	王先友	83	冯启珍	83	26、26		小谷朗	黑泥巴	
7	王许忠	57	冯四绣	55	25、25		小谷朗	大谷朗	
8	王 冰	28	冯四元	26	23、21		小谷朗	大谷朗	
9	王先芝	53	王永线	51	19、17		小谷朗	幺罗冲	
10	王 友	29	王青献	26	19、16		小谷朗	幺罗冲	幺舅女儿
11	王先元	63	冯秀芬	61	22、20		小谷朗	黑泥巴	
12	王许金	36	冯光芬	38	16、18	20、22	小谷朗	纸厂村	上一辈为亲老表
13	王先井	66	王明芳	74	24、19		小谷朗	小谷咬	
14	王许刚	37	王强秀	36	20、21		小谷朗	小谷咬	
15	王先刚	65	王金书	61	20、16	24、20	小谷朗	坝卡	
16	王许德	41	李友珍	37	21、17		小谷朗	王寨	姨妈女儿
17	王许强	29	冯 嫒	23	26、20		小谷朗	黑泥巴	远亲，错辈婚

附录五：请巴郎酒时唱《巴郎歌》

当把买回来的巴郎牵回家的途中，在经过亲友家时要唱《巴郎歌》，歌词如下：

银子包在身，
哪样也不想，
只想买个好巴郎。

同场主抽签，
才抽到牛牌到高坡牛打场，
当地生意人来看望。

附　录

问是为哪样？
这是苗家抽签买巴郎。……

来到贵阳打手镯，
去黔西大定买巴郎，
那里某家有个好巴郎，
主人是石头。
石头对牛说，
买你去是为哪样？
牛答：苗家有几个牛打场，
让我去牛打场。
石头要银一千一百两。
苗家拿银子几大堆，
石头拿戥子来称，
得一千一百两银。

在黔西大定住一夜，
拉到毕节黄土坡。
脚有盆大。

拉到燕楼、党武，
这是我们的老家乡，
看到我们祖先三百个牛杆，
看到我们祖先三百个牛桩。

来到骑龙赵司，
这里有一条河，
人走桥，
巴郎涉河。

洗去毕节黄土坡水，
一个好巴郎来到家，
请伯爷老叔敲锣打鼓来迎接，
一盆盐水送给它。
左脚先进家，
大家为有个好巴郎喝杯酒庆贺它。

附录六　高坡蒙白人斗牛场及场主名字[①]

（一）是"天机秘诀"上的记录

斗牛场名称	牛场主名字
湾寨	阿的阿尚　播顺播郎
刚度	阿养阿咒　潘应龙 潘应富
羊蹄庄	阿果贡相南 辇胖卓相
甲架	阿养阿他
甲止虚	阿党阿惹阿晒
摆关	阿扬何汪
批弓摆王狗场	山五菜沙
高坡	阿报阿他
羊场老虎头场	阿盖阿扬
狗场园山圃场	阿垒阿少　阿左老鸦
玉把冲猴长寨	杨朝铭　杨朝焕

（二）是"散页抄本"上的记录

斗牛场名称	牛场主名字
湾寨	陈阿详阿阳

---

① 资料来源：岑秀文.苗族（民族知识丛书）[M].北京：民族出版社，2004：190.

续表

斗牛场名称	牛场主名字
刚度	潘惹富
羊蹄庄	潘果共（纳）相
甲止虚	党恙的晒
批弓摆王	潘阿菜阿受
高坡虎场	李阿沙阿他
狗场园山圊场	阿垒阿少　阿左老鸦
玉把冲猴长寨	杨朝铭　杨朝焕
猴长寨	王沙吕（果）
摆金	吴世錞（鳖）
摆置	陈阿斗阿共
仰王	金阿五　阿六
林武	杨阿同　阿买
风门关与把关	杨猜路
启寨	吴阿务
新场	杨阿汪
摆谷六　谷把平寨	唐阿豆　杨阿当
水塘　定水坝	杨阿秧　杨开泰
狗场牛场　甲定	老同　陈阿邦
果里我场　摆马场	吴少他　少五　陈保恙

后　　记

　　这篇书稿是我的博士毕业论文，在书稿即将问世之际，还需向对我论文的完成给予过帮助的各位师友道一声感谢。

　　我在2017年5月完成的毕业论文答辩，但开始准备写论文可以说从2014年就开始了，前后历时近三年半的时间。从最初田野点的选址、论文的选题、构思，到做田野，再到后期资料的搜集与整理，论文的写作与反复修改，直至论文的最终定稿，如果仅靠我一个人是不可能的，它是在多人的帮助与支持下才结的果。所以，我真诚地向那些帮助过我的人表达最真诚的谢意！

　　首先，要感谢的则是我的导师杨正文教授。杨老师思维开阔、学识渊博、学术严谨，但由于学生我资质不高、悟性偏低，常会让杨老师过度的操心与更多的付出。在论文的写作与修改中，杨老师对我论文的指导、给出的修改意见有十多次。每一次他对论文都仔细阅读，认真修改，大到谋篇布局，小到字词标点，用不同颜色、不同字体作为批注，每当看到批注上显示的时间是凌晨一两点，或早上四五点时，真的太心疼杨老师了。杨老师工作繁忙，但他对工作却是一丝不苟，这就是一位学术严谨、对学生负责的老师。

　　其次，要感谢张建世教授和蒋斌教授，张老师温文尔雅、扎实广博的专业知识、实事求是的学术态度，使爱偷懒的我不好意思将宝贵的时间拿去玩。蒋老师严厉而风趣，在蒋老师的严格要求下，多读书、多提问题，打开了思路、拓宽了视野。在论文开题和预答辩中，两位老师都给出了诚恳的修改意见，以使我的论文更加完善。此外还要感谢我的硕士导师吴秋林教授，

后　记

他作为一位本土专家，对我的田野对象黔中苗族的熟识，以及他前期所做的一些研究，对我的田野工作指导和论文写作都提出了很多有建设性的意见。

在田野之中，从实地观察到参与观察，在异乡不仅对"他者"的生活进行体验和感受，也对自己所学的理论进行反思，从 2014 年到 2016 年间，我先后五次下到田野点做调查，在这期间得到了很多人的帮助与支持。在这些人中，有县、乡村干部、仪式专家，也有普通的劳动人民：金子成主席、杨玉玺局长、杨必清站长、下排的李光忠村主任、上排的王许刚村主任和王许强村支书、中排的李林森村主任，以及村民李廷湘、唐玉花、王光兴、李廷忠、王光林、王明宏、李冬、冯美等等，要感谢的人实在太多了。但特别要感谢的是李光忠村主任，他不仅给我安排了温暖的住处，提供了香甜可口的饭菜，还利用闲暇时间用车载我到远一点的寨子进行调查访问。此外，还要感谢一个在当地驻扎、体验当地世外桃源生活的北京人——山覃，他用他的摩托车驮着我在雨中赶路，寻找田野报道人……是他们让我一个外来的人体会到了家的温暖，并使我顺利完成了田野调查工作。

同时还要感谢我的师兄弟姐妹们：杨春艳师姐、王金元师兄、马秋晨、梁宏信、李荣静、许江红、李菲菲、刘超、周丽、李剑峰、余珍、吴晓梅、张瑞、刘菲菲、陈蜀西等。还有已经毕业的师兄师姐以及同学们：杨燕师姐、张力尹师姐、拉马文才师兄、李胜杰。对了还有我的"饭友"谭斯颖，写论文写累了写烦了，吃吃饭、聊聊天、散散步、换换脑，接着再写……真的非常感谢他们，我会铭记在我博士生活中的这些陪我一起走过的人。

最后则要感谢的是我的爸爸和妈妈，一路走来，是他们在背后默默地支持我，回想我这一读博的过程，既有欢笑也有泪水，在难过的时候，是他们的爱和包容成为我坚强的后盾，他们的爱就如山间清爽的风，如古城温暖的阳光，从清晨到夜晚，从山间到书房无时无刻陪伴我。

论文写完了，但这并不是结束，正如最近热播电视剧里的主题歌唱的那样：没有尽处，没有结束，这条路从迈出的第一步……也即是说，这才仅是开始。

郎丽娜
2017 年 5 月 1 日